DESAFÍOS, DIFERENCIAS Y
DEFORMACIONES DE LA CIUDADANÍA

Serie Literatura y Cultura

General Editor: Greg Dawes
Series Editor: Ana Forcinito
Copyeditor: Gustavo Quintero

Desafíos, diferencias y deformaciones de la ciudadanía

Mutantes y monstruos en la producción
cultural latinoamericana reciente

Edición e introducción
de María del Carmen Caña Jiménez

Raleigh, North Carolina

© 2020 María del Carmen Caña Jiménez

All rights reserved for this edition.
© 2020 Editorial A Contracorriente

Library of Congress Cataloging-in-Publication Data
Names: Caña Jiménez, María del Carmen, editor, writer of introduction.
Title: Desafíos, diferencias y deformaciones de la ciudadanía : mutantes y monstruos en la producción cultural latinoamericana reciente / edición e introducción de Maria del Carmen Caña Jiménez.
Other titles: Serie Literatura y cultura.
Description: [Raleigh] : Editorial A Contracorriente, 2020. | Series: Serie literatura y cultura | Includes bibliographical references.
Identifiers: LCCN 2020035446 | ISBN 9781469661711 (paperback) | ISBN 9781469661728 (ebook)
Subjects: LCSH: Latin American literature—History and criticism. | Monsters in literature. | Monsters in motion pictures. | Citizenship in literature. | Citizenship in motion pictures.
Classification: LCC PQ7081.A1 D484 2020 | DDC 860.9/98—dc23
LC record available at https://lccn.loc.gov/2020035446

ISBN: 978-1-4696-6171-1 (paperback)
ISBN: 978-1-4696-6172-8 (ebook)

This is a publication of the Department of Foreign Languages and Literatures at North Carolina State University. For more information visit http://go.ncsu.edu/editorialacc.

Distributed by the University of North Carolina Press
www.uncpress.org

A mis padres, Joaquín y Mari Carmen,
porque a ellos les debo lo que soy

A Vinodh, él sabe por qué

AGRADECIMIENTOS

La semilla de este proyecto se sembró hace ya unos años cuando, conmovida por el universo narrativo del costarricense Fernando Contreras Castro, me aventuré a rastrear la manera en que los procesos de globalización y los vertiginosos cambios sociales ligados a las políticas económicas neoliberales estaban dando lugar a una nueva forma de entender el tradicional concepto de ciudadanía en el contexto de Costa Rica. Un temprano fruto de este trabajo logró ver la luz un poco más tarde con la publicación de "Mutantes, monstruos y esperpentos: hacia una nueva concepción de la ciudadanía en la obra de Fernando Contreras Castro". Agradezco aquí al novelista por cautivarme con sus personajes y por las bonitas conversaciones mantenidas tanto en Blacksburg como en San José, y a *Chasqui* que, por medio de la publicación, hizo visible un proyecto que estaba empezando a germinar.

Poco después tuve la oportunidad de impartir en Virginia Tech un curso sobre mutantes, zombis y ciborgs en la cultura latinoamericana. Este curso hizo posible que pudiera reflexionar, de forma colectiva, sobre la relevancia del tropo del monstruo en conexión con los asuntos de la ciudadanía. A mis estudiantes de este seminario de pregrado y de mi curso de posgrado les agradezco enormemente que, por medio de sus profundas y enriquecedoras discusiones, aportaran el abono necesario para que lo sembrado años atrás siguiera prosperando hasta el punto de animarme a proponer el presente proyecto a la editorial *A Contracorriente*. Extiendo, también, mi más sincero agradecimiento a Ana Forcinito y a Greg Dawes por su inicial interés en el trabajo y por su constante apoyo a lo largo de todo el proceso, y a los anónimos lectores quienes por medio de su evaluación han aportado su granito de arena a este producto. Gracias, igualmente, a cada uno de los autores aquí presentes que con sus trabajos fueron dando forma a un volumen sobre deformaciones. Ha sido un verdadero placer trabajar con cada uno de vosotros y llegar a conoceros, a la mayoría, por medio de este proyecto.

La publicación de este libro ha sido posible gracias al apoyo financiero prestado por el Faculty Book Publishing Subvention Fund at Virginia Tech. Gracias también al College of Liberal Arts and Human Sciences y al Department of Modern and Classical Languages and Literatures de Virginia Tech.

No quiero pasar por alto el constante apoyo brindado por mi siempre amigo y mentor Juan Carlos González-Espitia. Gracias, Juan Carlos, por siempre creer en mí. Gracias, también, a mis queridísimos Oswaldo Estrada, Cristina Carrasco y Birgitte Bønning-Espitia por su infinita amistad y sus fecundas conversaciones siempre alrededor de una acogedora mesa.

Gracias a mi familia, a mis padres y a mi suegra, a mis hermanos y a mis cuñados, a mi yaya y a mis sobrinas, a mi tía y al gran lector de mi tío. Gracias a Duende, fiel compañero en mis horas de escritura. Porque no hay mayor nutriente que vuestro cariño y confianza.

Por último, pero no por ello menos importante, gracias a ti, Vinodh Venkatesh, con quien espero seguir dando frutos.

TABLA DE CONTENIDO

Agradecimientos vii

INTRODUCCIÓN. Desafíos, diferencias y deformaciones de la ciudadanía: mutantes y monstruos en la producción cultural latinoamericana reciente 1
María del Carmen Caña Jiménez

PARTE I: DESECHOS DEL NEOLIBERALISMO

Ciudadanía y abyección: un retrato urbano de Brasil en *O invasor*, de Marçal Aquino 17
Wesley Costa de Moraes

Ética y estética del zombi en *El patrón: radiografía de un crimen*, de Sebastián Schindel 41
María del Carmen Caña Jiménez

PARTE II: ESCRITURAS MONSTRUOSAS

Degradación y muerte en el infierno de Santa Teresa: el sórdido misterio de "La parte de los crímenes" en *2666*, de Roberto Bolaño 75
Lucía Herrera Montero

An-estética de lo monstruoso: Osvaldo Lamborghini y la destrucción ominosa 98
Sergio Villalobos-Ruminott

PARTE III: RESISTENCIAS Y REPARACIONES

Genealogía, vulnerabilidad y mutación en *Iris*,
de Edmundo Paz Soldán 131
Antonio Córdoba

Zonas de la memoria: neoliberalismo, biopolítica y diferencia
indígena en *El botón de nácar*, de Patricio Guzmán 155
Sandra Garabano

PARTE IV: TROPOS Y GÉNEROS

El hambre nueva: Puerto Rico en el capitalismo tardío 183
Persephone Braham

Mutantes, monstruos y zombis en el cine
latinoamericano de superhéroes 205
Vinodh Venkatesh

Sobre los autores 227

INTRODUCCIÓN

Desafíos, diferencias y deformaciones de la ciudadanía: Mutantes y monstruos en la producción cultural latinoamericana reciente

María del Carmen Caña Jiménez
VIRGINIA TECH

Ciudadanía es un status asignado a todos aquellos que son miembros plenos de una comunidad. Todos los que poseen dicho status son iguales con respecto a derechos y deberes.[1]

La ciudadanía y los derechos no hablan únicamente de la estructura formal de una sociedad; además, indican el estado de la lucha por el reconocimiento de los otros como sujetos de "intereses válidos, valores pertinentes y demandas legítimas".[2]

EL DEBATE EN TORNO a la ciudadanía ha constituido, a lo largo de la historia occidental, una piedra angular en el ámbito de la teoría política y de la reflexión sociológica. Teorizado por primera vez en la época de la Grecia clásica por Aristóteles hace aproximadamente unos 2.500 años, el concepto de ciudadanía ha estado ligado desde su origen a la idea de comunidad. Aristóteles concibió al ser humano como un animal cívico o político y, como tal, la única forma en la que este podía alcanzar su plena realización era a partir de su participación, ya fuera política o social, dentro de la comunidad de la que formaba parte. Para participar en dicha comunidad y disfrutar de la condición de ciudadano era imperativo, según el filósofo, el ejercicio de la ética y de la moral. Para Aristóteles, la base de la ciudadanía la constituía la participación del hombre "en la administración de justicia y en el gobierno" y no necesariamente en su pertenencia a un determinado "lugar de residencia".³ Si bien el tema de la ciudadanía desempeñó, durante la época clásica, un papel central en la organización de la vida cotidiana, su vigencia en la estructuración social desapareció con la caída del Imperio Romano y el paso al período medieval, período en el que "la idea de democracia [...fue] sustituida por modelos políticos menos igualitarios".⁴ No es hasta el siglo XVIII, período de la Ilustración y de importantes hitos históricos a ambos lados del Atlántico (Declaración de Independencia de los Estados Unidos en 1776 y Revolución Francesa en 1789, con su consecuente Declaración de los Derechos del Hombre y del Ciudadano) que la idea de ciudadanía quedó finalmente arraigada en la política moderna.⁵

Es en el siglo XVIII, también, y coincidiendo con la Declaración de los Derechos del Hombre y del Ciudadano, cuando tiene lugar la promulgación y el reconocimiento de los derechos civiles —derechos ligados a libertades individuales tales como "la libertad de expresión, de convicción y de culto" y los derechos "de adquirir y proteger la propiedad, [...] de disponer libremente de la fuerza de trabajo" y de acceder a la justicia—.⁶ No es hasta el siglo XIX, sin embargo, que se declaran los derechos políticos —derechos "vinculados a la posibilidad de participar activa o pasivamente, de manera directa o delegada, en los procesos de toma de decisiones públicas"—.⁷ La historia occidental tuvo que esperar hasta el siglo XX para ser testigo, finalmente, del reconocimiento de los derechos sociales, entendiéndose por social "toda la variedad desde el derecho a una medida de bienestar económico y seguridad hasta el derecho de compartir plenamente la herencia social y a llevar la vida de un ser civilizado según las pautas prevalecientes en la sociedad".⁸ Fue también en el siglo XX cuando el concepto actual de ciudadanía quedó explícitamente dispuesto y articulado en una serie de conferencias que el sociólogo inglés Thomas H. Marshall pronunció en Cambridge en el año 1949.⁹ Si bien para Marshall no había ninguna regla universal que estableciera cuáles debían ser esos derechos y deberes, ya que los derechos y deberes no son más que "la imagen de una ciudadanía ideal con la cual puede medirse el logro y hacia la cual deben dirigirse las aspiraciones", sí existían, sin embargo, dos pilares básicos sobre los que se asentaba el concepto de ciudadanía: la pertenencia a una determinada comunidad o territorio político, por un lado, y la posesión y disfrute de una serie de derechos y deberes con el consecuente amparo, protección y defensa de estos derechos por parte del Estado, por otro.[10]

En línea con lo ya puntualizado por Luciano Nosetto, cabe señalar que el trabajo de Marshall respondía, específicamente, a la realidad inglesa, sin tener pretensiones de universalización a otras realidades nacionales.[11] Hernán Cuevas, Felipe González y Juan Pablo Paredes señalan, de hecho, que "[l]a centralidad de la ciudadanía en la época moderna no puede ser simplemente trasplantada a la experiencia de América Latina", ya que la experiencia de la ciudadanía llegó a lo que hoy en día es Latinoamérica "mediad[a] por la fuerte impronta medieval y escolástica que caracterizó la reflexión acerca de las gentes del nuevo mundo y el carácter de encuentro entre las culturas ibérica y precolombinas".[12] Añaden, además, que fue a partir de los movimientos independentistas y las subsiguientes construcciones nacionales de las emergentes repúblicas latinoamericanas que la expansión de la idea de ciudadanía adquirió una mayor presencia en el suelo latinoamericano.[13] Si bien la definición canónica propuesta por Marshall no buscaba ser extrapolable a otras realidades políticas, lo cierto es que esta definición ha abierto "un rico espacio de reflexión teórica en torno a la realidad y a las virtudes de los procesos de ciudadanización en los diferentes órdenes nacionales".[14] Tomando como punto de partida las premisas de Marshall, Nosetto cuestiona, por ejemplo, la posibilidad de pensar en una ciudadanía en el contexto de América Latina. En su opinión, "la teoría de Marshall ha brindado un ideal regulatorio para la crítica de la configuración latinoamericana de la ciudadanía y sus derechos" al tiempo que, simultáneamente y de manera inversa, "la experiencia latinoamericana ha servido para cuestionar la adecuación y plausibilidad de una definición de la ciudadanía como la propuesta [por el inglés]".[15] Carlos Sojo destaca, por su parte, "algunos aportes que desde América Latina [han] contribu[ido] a ampliar la capacidad explicativa y la utilidad práctica del concepto" de ciudadanía para afirmar que "toda aspiración reconstructiva de los ideales de ciudadanía debe partir del reconocimiento de su heterogeneidad semántica y de su connotación de constructo social".[16]

Como se observa en las diferentes naciones que conforman el continente latinoamericano, si bien la definición de ciudadanía propuesta por Marshall asumía la gradual obtención de una serie de derechos y privilegios, la pertenencia a un territorio político, o el disfrute de lo que algunos críticos han llamado "ciudadanía formal", no conlleva, obligatoriamente, la titularidad de ciertos derechos o el disfrute de lo que algunos han llamado "ciudadanía sustantiva".[17] Haciéndose eco de lo planteado por el sociólogo marxista Thomas Bottomore, Sojo señala que "se puede pertenecer a una comunidad nacional [tal es el caso de las mujeres y los grupos étnicos subordinados] y al mismo tiempo encontrarse excluido del disfrute de ciertos derechos", del mismo modo en que se puede gozar de determinados derechos sin ser parte formal de una comunidad nacional.[18] Esto problematiza, sin lugar a dudas, la causalidad sobre la que se asientan las premisas en torno a las cuales se erige el concepto de ciudadanía propuesto por Marshall.

Son muchos también los que han calificado de "estrecha y minimalista" la definición elaborada por Marshall al tiempo que la han concebido como un válido punto de partida en las actuales reelaboraciones del concepto de ciudadanía que se esfuerzan por dar cabida a derechos culturales tales como los derechos de grupos originarios, los derechos relativos a la pluralidad sexual y los derechos de las mujeres, entre muchos otros.[19] La emergencia de estos nuevos derechos desafía el estado de igualdad que conforma la base sobre la que se asienta la comunidad política referida por el inglés, ya que "[h]ablar de derechos culturales es hablar de grupos y comunidades colectivas: el derecho de sociedades y culturas (autodefinidas como tales) a vivir en su propio estilo de vida, a hablar su propio idioma, usar su ropa y perseguir sus objetivos, y su derecho a ser tratadas justamente por las leyes del Estado nación en que les toca vivir".[20] El reconocimiento de los derechos culturales está produciendo, por consiguiente, un claro avance en materia de ciudadanía al tiempo que cuestiona la concepción canónica de la misma.

No obstante, las últimas décadas del siglo XX y las primeras del siglo XXI han presenciado, también, la erosión e, incluso, el retroceso en lo que concierne a la titularidad de derechos y libertades en las diferentes naciones que integran el continente latinoamericano. La irrupción de las dictaduras militares en el último cuarto del siglo XX, por ejemplo, y la consecuente implementación de las políticas económicas neoliberales —apertura de mercados, desregulación estatal, privatización de espacios comunes y bienes públicos, y libertad individual, entre otras muchas medidas—, han dejado y siguen dejando una profunda huella en lo relativo a los asuntos de ciudadanía en numerosas naciones latinoamericanas.[21]

Coincidiendo con la implementación de las políticas neoliberales, ha tenido lugar una emergencia de los estudios sobre la ciudadanía en el campo de las humanidades y de las ciencias sociales. Como bien señalan Engin F. Isin y

Bryan S. Turner, los motivos que impulsan el interés en los asuntos de ciudadanía en estas disciplinas responden a los procesos de globalización y post-modernización y sus concretas manifestaciones.[22] Tal es el caso de la aparición de nuevos regímenes de gobierno internacionales, la aparición de nuevas formas de acumulación del capital, los cada vez más numerosos movimientos sociales y las consecuentes luchas asociadas con cada uno de ellos.[23] Asuntos tales como el de la situación de las mujeres, de las minorías étnicas, de los inmigrantes y los refugiados y del medioambiente, han encontrado un adecuado espacio de discusión en el emergente campo de los estudios sobre la ciudadanía. El creciente interés que ha recibido este campo de estudio en disciplinas tales como las ciencias políticas, la sociología, la antropología, la geografía humana, la teoría crítica y las humanidades ha hecho posible pensar, desafiar y re-articular el concepto de ciudadanía tal y como fue concebido por Marshall. No obstante, "el tema de la ciudadanía ha sido poco abordado desde perspectivas integrales y se ha concentrado mucho más en el análisis de problemas de ciudadanías específicas [... tales como] la cuestión étnica, la cuestión cultural o los problemas políticos y sociales [...] en espacios transnacionales".[24]

El presente volumen, *Desafíos, diferencias y deformaciones de la ciudadanía: mutantes y monstruos en la producción cultural latinoamericana reciente* se inserta dentro del creciente interés en los estudios sobre ciudadanía al tener como objetivo el entender las diferentes formas en las que las políticas económicas neoliberales cuestionan, controvierten e incluso mutan el concepto de ciudadanía y el consecuente derecho a la titularidad de una serie de libertades en un espacio cada vez más privatizado. El enfoque en la ciudadanía en conexión con las prácticas neoliberales ha sido, también, el objeto de estudio de reconocidos trabajos tales como el de Néstor García Canclini, quien en *Consumidores y ciudadanos. Conflictos multiculturales de la globalización* (1995) explora la forma en que los diferentes modos de consumo han alterado el concepto de ciudadanía en el contexto latinoamericano, o el de Mario Sznajder, Luis Roniger y Carlos A. Forment, quienes en *Shifting Frontiers of Citizenship: The Latin American Experience* (2012) recogen una colección de ensayos que busca analizar y cuestionar las bases y características del concepto de ciudadanía en el actual contexto latinoamericano, entre otros. Sin embargo, si bien los trabajos aquí mencionados abordan el tema de la ciudadanía desde el campo de la opinión pública, las políticas sociales, la política urbana, la antropología y la sociología, el enfoque de *Desafíos, diferencias y deformaciones* recae concretamente en el campo de la producción cultural —específicamente en la producción literaria y cinematográfica— y busca mostrar cómo la literatura y el cine conforman espacios privilegiados para representar, problematizar y reflexionar sobre los complicados asuntos de ciudadanía en la era neoliberal. El acercamiento al tema desde el campo de los estudios literarios y cinematográficos hace posible que las estrategias retóricas y los mecanismos discursivos propios de cada disciplina permitan llevar a cabo un acercamiento cultural a la abstracta y teórica problemática de la ciudadanía.

Posiblemente no haya, en el campo de la producción cultural contemporánea, tropos tan prevalentes y aptos como el del monstruo y el mutante para capturar los matices y las vicisitudes de la cambiante naturaleza de la ciudadanía en el presente neoliberal. Transformaciones, evoluciones o duplicaciones de lo humano, los monstruos y los mutantes se erigen, a nivel individual, como metonimias o trasnominaciones de las cambiantes condiciones del cuerpo social bajo los nuevos paradigmas político-económicos. Dicho de otro modo, el monstruo y el mutante como tropos estéticos concretizan, sobre el cuerpo subjetivo, los radicales cambios padecidos por una amplia colectividad en la era neoliberal. Son numerosos los autores que han examinado el lugar central desempeñado por el monstruo en la producción cultural latinoamericana. Cabe señalar, entre otros, el trabajo de Miguel Rojas Mix, *América imaginaria* (1992), que explora cómo "[e]l descubrimiento de América" significó "un enorme desplazamiento geográfico del fantástico medieval [y] un resurgimiento del fantástico clásico e incluso un fantástico originario";[25] *Writing Monsters: Essays on Iberian and Latin American Cultures* (2014), editado por Adriana Gordillo y Nicholas Spadaccini, en el que se exploran las limitaciones y el significado de lo humano en el período que va desde la modernidad temprana a la contemporaneidad; *From Amazons to Zombies. Monsters in Latin America* (2015), de Persephone Braham, que sondea el origen y la evolución de la figura del monstruo en la construcción del continente latinoamericano; y el interdisciplinario y exhaustivo acercamiento a la figura del monstruo elaborado por Mabel Moraña en *El monstruo como máquina de guerra* (2017), que se nutre de postulados teóricos de críticos tales como Michel Foucault, Karl Marx, Julia Kristeva y Sigmund Freud y propone una lectura integral de la figura del monstruo presente en la producción literaria y cinematográfica de la región.[26] Todos estos trabajos constituyen, sin duda alguna, una oportuna intervención crítica en el campo de los estudios literarios latinoamericanos y proveen una valiosísima herramienta teórica para examinar y entender la realidad histórica del continente.

El enfoque temporal de *Desafíos, diferencias y deformaciones* es mucho más limitado que el abarcado por los textos aquí mencionados, ya que se centra, principalmente, en las últimas décadas del siglo XX y las primeras del siglo XXI. A diferencia de los textos arriba referidos, nuestro estudio no busca trazar una genealogía de la figura del monstruo ni teorizar extensamente sobre ella. El objetivo de esta edición crítica es, más bien, explorar la manera en que el concepto de ciudadanía está siendo re-semantizado en el contexto político-económico neoliberal y examinar la manera en que la figura del monstruo se alza como un tropo fructífero para representar en el plano cultural dicha re-sematización.

Del latín *monstruum*, término del que derivan los verbos *monstrare*, *monere* y *demonstrare*, el monstruo advierte, por consiguiente, de aquello que con frecuencia no resulta obvio a simple vista y anuncia momentos de crisis y de ansiedades sociales. En el presente volumen, la figura del monstruo muestra la manera en que la consagrada noción de ciudadanía está pasando por un momento de crisis al ser cuestionada, problematizada y resignificada bajo el actual paradigma político-económico. Así, pues, si bien "en la Antigüedad clásica y en la modernidad todo parecía dispuesto a eliminar la sola posibilidad del monstruo [de la escena social...] con el capitalismo el cuadro se revierte, y esta reversión, con fuerza monstruosa, representa una novedad radical e irreversible".[27] Si el monstruo ocupaba en la época antigua y moderna el espacio del "afuera" (de la sociedad), ahora ha pasado a ocupar el espacio del "adentro", "porque su exclusión política no es consecuencia, sino *premisa* de su inclusión productiva".[28] Como bien señala Antonio Negri, el monstruo "[e]stá dentro de la ambigüedad con la que los instrumentos jerárquicos del biopoder se encargaron de definirlo y fijarlo [tales como] la fuerza del trabajo dentro del capital [y] la ciudadanía dentro del Estado".[29]

Los ensayos a continuación exploran la presencia interna del monstruo como metáfora de las re-significaciones y re-semantizaciones de las que ha sido objeto el concepto de ciudadanía en las naciones latinoamericanas en el contexto neoliberal. A diferencia de lo puntualizado por Sojo unas líneas más arriba, el presente volumen busca abordar el tema de la ciudadanía en el ámbito de la literatura y el cine desde una perspectiva integral, aunque no por ello pretende ser exhaustivo. *Desafíos, diferencias y deformaciones* no se enfoca exclusivamente en una forma específica de ciudadanía, ya sea esta la relativa a cuestiones de género, de diversidad étnica, o de clase social, por ejemplo, sino que son múltiples las formas de ciudadanías culturales, civiles y sociales examinadas en esta antología. De igual modo, el alcance geográfico del proyecto no se limita a un único territorio nacional sino que, sin ser exhaustivo tampoco, recoge muestras de textos literarios y cinematográficos de diferentes regiones del continente latinoamericano.

Desafíos, diferencias y deformidades está dividido en cuatro secciones, cada una de ellas compuesta por dos ensayos. La primera sección, titulada "Desechos del neoliberalismo", se enfoca en la escritura del monstruo y/o lo monstruoso (ya sea de forma literal o figurada) en conexión con los asuntos de clase, la participación ciudadana y las aspiraciones sociales. El primer ensayo de esta sección se titula "Ciudadanía y abyección: un retrato urbano de Brasil en *O invasor*, de Marçal Aquino". En él, Wesley Costa de Moraes examina el registro textual monstruoso que Aquino despliega en su novela y muestra cómo, a partir de lo que él llama "retórica de infrahumanidad", el autor visibiliza los referentes de inclusión y exclusión que definen la participación ciudadana en la sociedad brasileña. Para Costa de Moraes la ciudad, entendida esta como un espacio de desigualdad económica, política y social, se alza "como la entidad monstruosa por excelencia", ya que en ella, la consecución de los derechos que otorga la ciudadanía no se produce a partir de "la reordenación democrática de su distribución y acceso", sino, más bien, como consecuencia de las acciones y prácticas individuales llevadas a cabo por los sectores más excluidos de la sociedad. En el segundo ensayo, "Ética y estética del zombi en *El patrón: radiografía de un crimen*, de Sebastián Schindel", María del Carmen Caña Jiménez propone un acercamiento a la película *El patrón* a partir de diferentes teorizaciones en torno a la figura liminal del zombi para demostrar, en línea con lo establecido por Joanna Page en su estudio sobre la crisis y el capitalismo en el cine argentino contemporáneo, cómo la figura del zombi (presente en *El patrón* de forma metafórica) emerge como una nueva forma de subjetividad que irrumpe en Argentina bajo el paradigma económico neoliberal: la del sujeto biopolíticamente endeudado. Por medio del análisis de los mito-temas en torno al cuerpo abyecto del zombi la autora busca cuestionar y controvertir el maniqueísmo del que ha sido tachada la película, y explorar la manera en que la yuxtaposición tradicional entre el campo y la ciudad es reescrita en este largometraje.

La segunda sección del volumen gira en torno al registro textual de la monstruosidad. Titulada "Escrituras monstruosas", los ensayos aquí recogidos exploran cómo las características estéticas textuales evidencian la dificultad de representar un nivel de violencia que desborda los límites de la razón y cuestionan lo que significa ser ciudadano. En "Degradación y muerte en el infierno de Santa Teresa: el sórdido misterio de 'La parte de los crímenes' en *2666*, de Roberto Bolaño", Lucía Herrera Montero distingue dos ejes articularios en el fragmentado discurso que conforma "La parte de los crímenes": la escritura y la violencia. Según la autora, para mostrar el horror del feminicidio fronterizo, Bolaño crea una "escritura monstruosa" que quebranta "los límites de lo que puede ser dicho con pretensiones de inteligibilidad". Esta poética monstruosa alberga un siniestro espectáculo de cuerpos violentados que cuestiona y problematiza el concepto de ciudadanía. Despojados de los supuestos derechos inalienables que otorga la ciudadanía, estos cuerpos femeninos encarnan ciudadanías mutadas que, desamparados de la protección estatal, se encuentran ubicados en el espacio liminal existente entre lo humano y lo no humano. En "An-estética de lo monstruoso: Osvaldo Lamborghini y la destrucción ominosa", Sergio Villalobos-Ruminott también explora el vínculo existente entre la violencia y la escritura. Para ello, toma como punto de partida el interrogante de cómo interpretar la obra de Lamborghini dentro de un panorama cultural donde la violencia se vincula con un *ethos* de deconstrucción nacional. Villalobos-Ruminott sugiere que la barroca y recargada escritura de Lamborghini, o lo que él llama "an-estética", constituye una suerte de "figuración monstruosa" que tiene como objetivo despertar al lector del efecto anestesiante de la literatura. También añade que esta "an-estética" problematiza las diversas formas en las que se ha configurado el Estado soberano al mismo tiempo que pone en tela de juicio el paradigma tradicional de la representación. Según el autor, al cuestionar dicho paradigma, el escritor argentino plantea horizontes alternativos para pensar el estado democrático contemporáneo.

La tercera sección lleva por título "Resistencias y reparaciones" y recoge ensayos sobre procesos de resistencia indígena, a partir de la figura del mutante, y procesos de reparación de violaciones de derechos humanos a manos del Estado. En "Genealogía, vulnerabilidad y mutación en *Iris*, de Edmundo Paz Soldán", Antonio Córdoba explora la figura del mutante como expresión visible y material de las prácticas necropolíticas que definieron al colonialismo, y como avatar de lo mesiánico, al articular dentro de sí los procesos de resistencia y rebelión anti-imperialistas no solo de las Américas, sino de todo el Sur Global. Según Córdoba, ya que el mutante suele ser el resultado de efectos secundarios no previstos o de una evolución inesperada, el cuerpo del mutante en *Iris* controvierte las formulaciones frecuentes que emanan de la relación existente entre el poder soberano y el biopolítico. En "Zonas de la memoria: neoliberalismo, biopolítica y diferencia indígena en *El botón de nácar*, de Patricio Guzmán", Sandra Garabano arguye que *El botón de nácar* desarticula la perspectiva positivista sobre la naturaleza y el indígena construida durante el siglo XIX. Esta desarticulación, defiende la autora, problematiza la modernización neoliberal de la que se ha congratulado, hegemónicamente, la nación chilena desde la llegada al poder de Augusto Pinochet, además que propone "una ética y política de lo impersonal centrada en la naturaleza" como mecanismo de justicia reparador de las violaciones de los derechos humanos a manos de la violencia estatal chilena. Para Garabano, el papel central que ocupa la naturaleza en el documental permite repensar el concepto de ciudadanía al condenar el hecho de que bajo el paradigma neoliberal solo las vidas consideradas productivas merezcan la protección estatal.

"Tropos y géneros" es el nombre que recibe la última sección que integra este volumen. A diferencia de los anteriores, los ensayos aquí recogidos exploran una multiplicidad de textos a partir de un determinado tropo o género que nos invita a repensar el actual significado de términos tales como ciudadanía y subjetividad. En "El hambre nueva: Puerto Rico en el capitalismo tardío", Persephone Braham examina "la condición atópica" de la isla a partir del análisis del tropo del hambre presente en textos históricos, políticos y literarios desde la época colonial española hasta la "atopía estadounidense". Este hambre, materializada en la forma de monstruos (ya sean literales o metafóricos), visibiliza y hace tangible el vacío y el desamparo que ha definido al puertorriqueño quien, si bien es poseedor de la condición de ciudadano que su pertenencia a Estados Unidos le otorga, no ha logrado al día de hoy participar de pleno en el estado de ciudadanía. En "Mutantes, monstruos y zombis en el cine latinoamericano de superhéroes", Vinodh Venkatesh examina el *boom* del género cinematográfico del superhéroe y comenta que este coincide con el momento económico global del neoliberalismo. Venkatesh establece una importante distinción entre los superhéroes estadounidenses y los latinoamericanos: si bien los superhéroes estadounidenses tienen como prioridad rescatar y mantener el *status quo*, los latinoamericanos buscan lo contrario al constituirse como actores biopolíticos defensores de la justicia y la igualdad. Estos últimos, defiende el autor, urgen a la audiencia a cuestionar asuntos relativos a la "ciudadanía y la subjetividad" e invitan a desafiar la lógica que impera en la contemporaneidad neoliberal.

Como ya se apuntó un poco más arriba, el presente volumen no busca ser exhaustivo ni en su tratamiento de la ciudadanía en sus heterogéneas manifestaciones ni en su alcance geográfico. Sí busca, sin embargo, contribuir críticamente al campo cultural de los estudios latinoamericanos así como al de los estudios de la ciudadanía al proponer herramientas útiles con las que pensar los desafíos, las diferencias y las deformaciones que padece en la actualidad este concepto. La aproximación a la ciudadanía a partir de lo monstruoso pretende también visibilizar los procesos menos evidentes que trae consigo la implementación de las políticas neoliberales y la globalización.

Notas

1. Thomas Marshall, *Ciudadanía y clase social* (Buenos Aires: Losada, 2005), 18.
2. Néstor García Canclini, *Consumidores y ciudadanos. Conflictos multiculturales de la globalización* (México, D.F.: Grijalbo, 1995), 21.
3. Juan Antonio Horrach Miralles, "Sobre el concepto de ciudadanía: historia y modelos", *Factótum* 6 (2009): 5, http://www.revistafactotum.com/revista/f_6/articulos/Factotum_6_1_JA_Horrach.pdf.
4. Horrach Miralles, "Sobre el concepto de ciudadanía...", 9.
5. Hernán Cuevas, Felipe González y Juan Pablo Paredes, "Neoliberalización y Ciudadanía(s) en el Sur Global", *Polis, Revista Latinoamericana* 49 (2018): 7, https://scielo.conicyt.cl/pdf/polis/v17n49/0718-6568-polis-17-49-00005.pdf. Cabe señalar que ni las mujeres ni los esclavos se encontraron amparados bajo esta Declaración de Derechos. Los derechos de las mujeres fueron reconocidos en 1791 con la proclamación de la Declaración de los Derechos de la Mujer y la Ciudadanía, y no fue hasta 1794 que la esclavitud quedó abolida en el contexto de la Revolución Francesa. Si bien la Declaración de los Derechos del Hombre y del Ciudadano no incluyó a todos los miembros de la sociedad, sí desempeñó, sin embargo, un lugar central como base de la posterior y ahora vigente Declaración Universal de los Derechos Humanos.
6. Luciano Nosetto, "Variaciones latinoamericanas en torno al concepto de ciudadanía", *Factótum* 6 (2009): 83, http://www.revistafactotum.com/revista/f_6/articulos/Factotum_6_6_Luciano_Nosetto.pdf.
7. Nosetto, "Variaciones latinoamericanas...", 77, 83.
8. Marshall, *Ciudadanía...*, 21.
9. Nosetto, "Variaciones latinoamericanas...", 77.
10. Marshall, *Ciudadanía...*, 37.
11. Nosetto, "Variaciones latinoamericanas...", 77.
12. Cuevas, González y Paredes, "Neoliberalización y Ciudadanía(s)...", 7.
13. Para más información sobre el concepto de ciudadanía en conexión con los

procesos de construcción nacional de las naciones latinoamericanas, véase el trabajo editado por Hilda Sabato, *Ciudadanía política y formación de las naciones: perspectivas históricas de América Latina* (México D.F.: Fondo de Cultura Económica, 1999).

14. Nosetto, "Variaciones latinoamericanas...", 78.

15. Nosetto, "Variaciones latinoamericanas...", 78.

16. Carlos Sojo, "La noción de ciudadanía en el debate latinoamericano", *Revista de la CEPAL* 76 (2002): 25, 37, https://www.cepal.org/es/publicaciones/10799-la-nocion-ciudadania-debate-latinoamericano.

17. Sojo, "La noción de ciudadanía...", 29-30.

18. Sojo, "La noción de ciudadanía...", 30.

19. Cuevas, González y Paredes, "Neoliberalización y Ciudadanía(s)...", 11.

20. Elizabeth Jelin, "¿Ciudadanía emergente o exclusión? Movimientos sociales y ONGs en los años 90", *Revista Mexicana de Sociología* 56, n.º 4 (1994): 98, https://www.jstor.org/stable/3541084?seq=1#metadata_info_tab_contents.

21. La implementación de las políticas neoliberales no ha sido un proceso homogéneo que se haya producido a lo largo y ancho del continente latinoamericano. Esto no quita, sin embargo, que el impacto de estas políticas en el cuerpo social de cada uno de estos territorios muestre firmes semejanzas.

22. Engin F. Isin y Bryan S. Turner, "Citizenship Studies: An Introduction", *Handbook of Citizenship Studies*, ed. by Engin F. Isin y Bryan Turner (London: Sage Publications, 2002), 1.

23. Isin y Turner, "Citizenship Studies...", 1.

24. Sojo, "La noción de ciudadanía...", 33. Véase, por ejemplo, Juan Velásquez Atehortúa y Rickard Lalander, "La ciudadanía insurgente de las mujeres de los barrios populares en Venezuela: reflexiones sobre los consejos comunales y las salas de batalla social", *Espacio Abierto* 24, n.º 3 (2015): 45-68; y Maxine Molyneux, "Justicia de género, ciudadanía y diferencia en América Latina", *Studia Historica. Historia Contemporánea* 28 (2010): 181-211, entre otros.

25. Miguel Rojas Mix, *América imaginaria* (Barcelona: Lumen, 1992), 125-26.

26. No quiero obviar aquí el trabajo realizado en torno a monstruos o contextos latinoamericanos específicos, tales como Juan Ansión, ed., *Pishtacos. De verdugos a sacaojos* (Lima: Tarea, 1989); Gabo Ferro, *Barbarie y civilización. Sangre, monstruos y vampiros* (Buenos Aires: Marea, 2008); Carlos Jáuregui, *Canibalia. Canibalismo, antropofagia cultural y consumo en América Latina* (Madrid: Iberoamericana, 2008); y J. Andrew Brown, *Cyborgs in Latin America* (Basingstoke, U.K.: Palgrave MacMillan, 2010), entre otros.

27. Antonio Negri, "El monstruo político. Vida desnuda y potencia", en *Ensayos sobre biopolítica. Excesos de vida*, ed. de G. Giorgi y F. Rodríguez, trad. de J. Ferreira y G. Giorgi (Buenos Aires: Paidós, 2007), 100.

28. Negri, "El monstruo político...", 118.
29. Negri, "El monstruo político...", 118.

Obras citadas

Ansión, Juan, ed. *Pishtacos. De verdugos a sacaojos*. Lima: Tarea, 1989.

Braham, Persephone. *From Amazons to Zombies. Monsters in Latin America*. Lewisburg: Bucknell UP, 2015.

Brown, J. Andrew. *Cyborgs in Latin America*. Basingstoke, U.K.: Palgrave MacMillan, 2010.

Caña Jiménez, María del Carmen. "Mutantes, monstruos y esperpentos: hacia una nueva concepción de la ciudadanía en la obra de Fernando Contreras Castro". *Chasqui: Revista de Literatura Latinoamericana* 27 (2016): 234-48.

Cuevas, Hernán, Felipe González y Juan Pablo Paredes. "Neoliberalización y Ciudadanía(s) en el Sur Global". *Polis, Revista Latinoamericana* 49 (2018): 5-25. https://scielo.conicyt.cl/pdf/polis/v17n49/0718-6568-polis-17-49-00005.pdf.

Ferro, Gabo. *Barbarie y civilización. Sangre, monstruos y vampiros*. Buenos Aires: Marea, 2008.

García Canclini, N. *Consumidores y ciudadanos. Conflictos multiculturales de la globalización*. México, D.F.: Grijalbo, 1995.

Gordillo, Adriana y Nicholas Spadaccini, eds. *Writing Monsters: Essays on Iberian and Latin American Cultures, Hispanic Issues On Line* 15 (2014). https://cla.umn.edu/hispanic-issues/online/writing-monsters.

Horrach Miralles, J. A. "Sobre el concepto de ciudadanía: historia y modelos". *Factótum* 6 (2009): 1-22. http://www.revistafactotum.com/revista/f_6/articulos/Factotum_6_1_JA_Horrach.pdf.

Isin, Engin F. y Bryan S. Turner. "Citizenship Studies: An Introduction". En *Handbook of Citizenship Studies*. Edición de Engin F. Isin y Bryan S. Turner. London: Sage Publications, 2002.

Jáuregui, Carlos. *Canibalia. Canibalismo, antropofagia cultural y consumo en América Latina*. Madrid: Iberoamericana, 2008.

Jelin, Elizabeth. "¿Ciudadanía emergente o exclusión? Movimientos sociales y ONGs en los años 90". *Revista Mexicana de Sociología* 56, n.º 4 (1994): 91-108. https://www.jstor.org/stable/3541084?seq=1#metadata_info_tab_contents.

Marshall, T. *Ciudadanía y clase social*. Buenos Aires: Losada, 2005.

Molyneux, Maxine. "Justicia de género, ciudadanía y diferencia en América Latina". *Studia Historica. Historia Contemporánea* 28 (2010): 181-211.

Moraña, Mabel. *El monstruo como máquina de guerra*. Madrid: Iberoamericana, 2017.

Negri, Antonio. "El monstruo político. Vida desnuda y potencia". En *Ensayos sobre biopolítica. Excesos de vida*. Edición de G. Giorgi y F. Rodríguez. Traducción de J. Ferreira y G. Giorgi, 93-139. Buenos Aires: Paidós, 2007.

Nosetto, L. "Variaciones latinoamericanas en torno al concepto de ciudadanía". *Factótum* 6 (2009): 77-97. http://www.revistafactotum.com/revista/f_6/articulos/Factotum_6_6_Luciano_Nosetto.pdf.

Rojas Mix, Miguel. *América imaginaria*. Barcelona: Lumen, 1992.

Sabato, Hilda. *Ciudadanía política y formación de las naciones: perspectivas históricas de América Latina*. México D.F.: Fondo de Cultura Económica, 1999.

Sojo, Carlos. "La noción de ciudadanía en el debate latinoamericano". *Revista de la CEPAL* 76 (2002): 25-38. https://www.cepal.org/es/publicaciones/10799-la-nocion-ciudadania-debate-latinoamericano.

Sznajder, Mario, Luis Roniger y Carlos A. Forment, eds. *Shifting Frontiers of Citizenship: The Latin American Experience*. Leiden, Netherlands: BRILL, 2012.

Velásquez Atehortúa, Juan y Rickard Lalander. "La ciudadanía insurgente de las mujeres de los barrios populares en Venezuela: reflexiones sobre los consejos comunales y las salas de batalla social". *Espacio Abierto* 24, n.º 3 (2015): 45-68.

Parte I
Desechos del neoliberalismo

Ciudadanía y abyección:
Un retrato urbano de Brasil en *O invasor*,
de Marçal Aquino

Wesley Costa de Moraes
STATE UNIVERSITY OF NEW YORK AT GENESEO

Una lectura de la sociedad brasileña:
de reportero policíaco a escritor multifacético

MARÇAL AQUINO (N. 1958) es un escritor brasileño contemporáneo cuyas obras representan las grandes ciudades del país desde una perspectiva marcada por la influencia de la profesión que el autor ha mantenido desde antes de consagrarse como escritor ficcional: reportero y editor de páginas policíacas de periódicos en São Paulo. Después de un fugaz comienzo con la poesía a mediados de los años ochenta, y de una serie de libros exitosos para el público adolescente en la década del noventa, Aquino encuentra en el cuento y la novela los formatos que le han permitido desarrollar dicha perspectiva y que han cautivado a sus lectores adultos. El periodismo le ha otorgado un acceso directo a la realidad urbana de la mayor ciudad brasileña en su lado más nefasto y ha servido como manantial de ideas e inspiración. Aliado a su capacidad de observación y su interés por las causas recónditas de la criminalidad, sus tramas ágiles se caracterizan por un estilo seco y punzante, moldeado por la concisión del texto periodístico. En ellas pulsa un retrato intimista de la corrupción de los valores morales que impregna las portadas y también los pliegues anónimos de una gran urbe latinoamericana.

En su obra, el retrato descarnado de la violencia y la asignación relativamente puntual de los roles de criminal y víctima, características comunes en la literatura urbana brasileña de las postrimerías del siglo pasado, ceden el paso a un refinado juego literario que revela las zonas grises de la psique humana. A pesar del vasto repertorio temático extraído de la vida real, el estilo del autor dispensa el exceso estético de lo brutal como recurso discursivo. Aquino evita, por así decirlo, las fórmulas narrativas que privilegian la descripción de los actos de violencia en sí, las cuales han popularizado otros textos brasileños como *Cidade de Deus* (1997), de Paulo Lins. El retrato gráfico del horror en las narrativas de Aquino es reemplazado por una fina conciencia de la complejidad de lo social, lo que se observa desde sus títulos, frecuentemente provocativos o ambiguos.[1] Tal es el caso de "Famílias terrivelmente felizes", un cuento de 2003, y *O invasor*, la novela publicada por primera vez en 2002 que es el objeto de este análisis.

Aquino es un ejemplo paradigmático de cómo los escritores brasileños en la actualidad son, a menudo, individuos polivalentes, bien sea debido a su versatilidad artística o a la diversificación de sus fuentes de ingreso y espacios de promoción personal.[2] Aclamada por sus lectores, su obra literaria fue galardonada también por la crítica especializada, si bien el autor no ha publicado desde su última novela, *Eu receberia as piores notícias dos seus lindos lábios*, de 2005.[3] El hiato se explica por su intensa actividad como guionista en los tres últimos lustros. Aquino ha llevado a la pantalla algunas de sus obras literarias y ha escrito, también, guiones de películas y series de televisión populares. Por ejemplo, su primera novela, *O invasor*, cuenta con una versión fílmica lanzada un año antes de su publicación. En este caso, el escritor solo pudo decidirse por el final de la novela después de producir la película con Beto Brant, cineasta brasileño que lo ha acompañado en otros proyectos similares.

El eje diegético de *O invasor* es un crimen encomendado por Ivan y Alaor, empresarios de una adinerada zona de São Paulo, quienes contratan a Anísio, un sicario de la pobre y violenta periferia este de la ciudad. El crimen es descrito mínimamente y la narrativa se concentra en los aspectos morales y los trastornos psicológicos que lo anteceden y suceden, así como en las diferencias físicas entre personajes de distintas zonas y estratos sociales. Dentro de la pauta de este volumen, *O invasor* utiliza un registro textual que bordea lo monstruoso para representar a la mayor ciudad de Brasil como escindida en clases y corroída por la desigualdad económica y el individualismo. Propongo que esta retórica de infrahumanidad acentúa referentes de inclusión y exclusión que visibilizan, a partir de lo abyecto, los marcos de participación ciudadana profundamente desiguales que permean la sociedad brasileña. Al hablar del concepto de ciudadanía en este ensayo problematizo el conjunto de deberes y derechos legales inscritos en la constitución brasileña vigente, la cual asegura el acceso a la educación, el trabajo y la vivienda. Hago eco aquí de lo expuesto por Saskia Sassen, quien señala que el contexto de globalización de las últimas décadas ha puesto énfasis en aspectos que van más allá de los marcos legales, como la ciudadanía cultural, la identidad y la solidaridad.[4] De hecho, en *O invasor* la ciudadanía no se restringe a dichos derechos y deberes legales (y tampoco presupone sus cumplimientos), sino que se define por el acceso a los valores preciados por el grupo social económicamente dominante, el cual representa, en el plano concreto, este referente de ciudadanía en su plenitud.

Un mapa geográfico y corporal de la sociedad

Como es sabido, la importancia de la urbe en la construcción de los imaginarios latinoamericanos se puede rastrear al período anterior a la independencia de las naciones de la región, aunque adquiere creciente significado principalmente a partir de la conquista de relativa autonomía. En su trabajo seminal, Ángel Rama expone que los signos atribuidos a esta ciudad imaginada, inspirada en la concepción griega de la polis, preconizaban los medios urbanos como focos civilizadores.[5] Una vez que el mito colombino del paraíso terrenal se sustituye por la realidad de extensas áreas geográficas marcadas por la dialéctica de la civilización contra la barbarie, las nacientes urbes se convierten en polos catalizadores del avance de toda la nación. Sin embargo, los ideales de ciudades eficientes, pacíficas y pacificadoras, lejos de su incumbencia original, son trastocados por la realidad de centros que reproducen, dentro de su propio seno, la misma dialéctica fundacional entre el orden y el caos.

El sociólogo Helio Jaguaribe afirma que el éxodo rural a las grandes ciudades brasileñas, ocurrido principalmente entre 1960 y 1980, no solo amplió radicalmente el porcentaje urbano de la población del país, sino que también contribuyó a formar regiones de miseria en dichas áreas.[6] Este proceso se intensificó en las décadas finales de siglo pasado por la implantación apresurada de la doctrina económica neoliberal en los países de la zona. En el caso brasileño, Jaguaribe destaca que este sistema ha resultado en "amplio desempleo, desplazamientos negativos de todo tipo, pérdida de identidad colectiva y desatención general de los individuos".[7] No obstante, no todos han sido perjudicados por la implantación de dicha agenda económica y la urbe evidencia este hecho. Dividida en espacios de desarrollo y de retraso, de acumulación material y de escasez, la ciudad se ha convertido en una manifestación visible del pastiche de políticas elitistas que definen la historia de Latinoamérica como discontinua.[8]

Para Atilio Boron, la etapa actual del desarrollo del capitalismo está signada por una mayor concentración de renta que en el pasado, además de la precarización del empleo y la disminución de la oferta de trabajo, lo que contrasta con el crecimiento demográfico vertiginoso de las zonas urbanas.[9] La inseguridad creciente ha influido en la geografía de las urbes, favoreciendo la conformación y expansión de regiones habitadas por masas de individuos mayormente excluidos del sistema productivo formal. Por añadidura, esto ha impactado en las relaciones sociales que ocurren en la ciudad, las cuales reflejan el perfeccionamiento de una economía de explotación. Este escenario de *apartheid* social, como ha sugerido Slavoj Žižek, anuncia el tono de *O invasor* ya en su párrafo inicial.[10] Ivan, el protagonista y narrador, acaba de adentrarse en la periferia de la ciudad con Alaor, su socio empresarial: "[i]ncluso siguiendo las instrucciones de Anísio, nos llevó un buen rato encontrar el bar, en una calle estrecha y oscura de la zona este. Un lugar horrible".[11] Ivan y Alaor le encargan al asesino matar a Estevão, el tercer miembro y socio mayoritario de la empresa constructora fundada por los tres ex compañeros de una universidad de ingeniería. Estevão se opone a firmar un contrato irregular con un agente del gobierno federal brasileño, razón por la cual sus socios planean su muerte.

La ciudad narrada es fiel a la concreta: una extensa parte del este de São Paulo es habitada por migrantes de otras regiones empobrecidas del país y sus descendientes, lo que revela la reproducción de un esquema de escasas posibilidades de movilidad social. Elevados índices de criminalidad, desamparo social, falta de infraestructura y aislamiento geográfico y psicológico impuesto por su condición periférica han penalizado históricamente a las poblaciones que tienen que instalarse en el extremo este de la ciudad. La dificultad de encontrar el bar y la apariencia degradada del lugar sugieren la distancia de un supuesto centro territorial y estético, como si se explicara su exclusión de una cartografía de desarrollo debido a sus coordenadas y apariencia *bárbaras*, evidentes a primera vista. Se trata de un sitio "sin ninguna vocación para tarjeta postal", dictamina Ivan, el narrador protagonista.[12]

La sucinta descripción del área periférica es seguida por el detenimiento textual en las características del sicario. Anísio es un tipo bajo y corpulento, de brazos fuertes, manos grandes, piel bastante morena y cabellos rizados: "una de esas mezclas que el Noreste brasileño produce con cierta frecuencia".[13] La procedencia geográfica de Anísio, inferida por las pistas textuales, no se cita por casualidad: el flujo migratorio del empobrecido noreste brasileño hasta las dos principales ciudades del sureste del país, São Paulo y Rio de Janeiro, supera un siglo de historia y sirve como permanente recordatorio de las disparidades económicas que se perpetúan y que separan ambas regiones.[14] Este fenómeno exhibe una nación plasmada por formaciones sociales desfasadas, cuyo enfrentamiento se arrastra hasta el presente y se expresa, por ejemplo, en la concentración de inmigrantes y descendientes de nordestinos que viven en las regiones periféricas de dichas ciudades y en los prejuicios hacia esta población. Es más, la percepción del sicario como una mezcla sugiere una condición impura y recuerda que el racismo es un elemento constitutivo del proceso civilizatorio latinoamericano, el cual "exige la presencia de una blanquitud de orden ético o civilizatorio como condición de la humanidad moderna".[15]

Este contexto de desigualdad brasileño, el cual se reproduce dentro de su principal ciudad, es el telón de fondo del primer evento de invasión sugerido en el título de la novela. El desplazamiento desde la región noble donde está ubicada la empresa de los socios a una de las zonas más pobres de São Paulo también se traduce en la apariencia física de los personajes, en este caso, Ivan y Alaor. El sicario efectúa una lectura física de sus posturas y afirma que le basta un apretón de manos para atestar si alguien ha tenido una vida dura o fácil: "se le nota por la mano. Suave, suave".[16] Ahora bien, si estos territorios están demarcados por subjetividades que se definen según la zona que a cada uno le toca vivir, entonces el cuerpo de los personajes ratifica, de modo objetivo, los presupuestos de tal asignación geográfica, económica y social. En este sentido, Regina Dalcastagnè relata la tendencia en la literatura brasileña actual a dispensar los relatos minuciosos de los lugares narrativos, los cuales servían tanto para proveer las características de los ambientes en los que transcurre la trama como para matizar psicológicamente a los personajes.[17] Los reemplazan las descripciones de los cuerpos de los personajes —un repertorio de rasgos físicos que revela, con exactitud, la procedencia de los individuos—.[18] Los aspectos físicos del personaje informan sobre su lugar geográfico y, mediante el círculo vicioso que se genera, el lugar geográfico también moldea la apariencia del individuo, por ejemplo, a través de la falta de recursos materiales o de acceso a cuidados médicos u odontológicos, o debido a las duras condiciones de trabajo a las que uno tenga que someterse.

En *O invasor*, las descripciones, transformaciones y posibilidades planteadas por los cuerpos protagónicos dentro del espacio de la ciudad son complementadas por los roles sociales que ejercen los personajes. El trinomio "cuerpo–espacio–función social" configura el núcleo elemental de existencia y sentido en la ciudad, y en cuyo territorio una vez más el contraste es densamente simbólico: a un lado, los ingenieros oriundos de una zona rica; al otro, el individuo de aspecto embrutecido que sobrevive de su actividad criminal. La separación social que se contempla en todos los ámbitos del trinomio viabiliza el contexto de invasión que impregna la novela. En efecto, se explicita una red de interdependencia económica bidireccional entre clases sociales que en principio se antagonizan. La acumulación y la precariedad material, como verso y anverso del neoliberalismo en acción, preservan o transforman a los cuerpos, los cuales son, por sí mismos, una prueba irrefutable de estatus social. Lo físico no posibilita errores interpretativos ni circunloquios: ¿cómo argumentar contra la objetividad de cuerpos segregados y degradados en contraste con otros que lucen ventajas sociales?

Para que la corporalidad sirva plenamente como signo de opresión y también de degeneración moral, se requieren otros referentes culturales que les otorguen sustancia. Me refiero a los ideales de constitución física que en América Latina reproducen esquemas de dominación históricos y que privilegian no solo una visión cultural y política eurocéntrica, sino también la apariencia física del hombre europeo. En el nivel ontológico, esto funda categorías de alteridad que se traducen como la infrahumanidad de personajes con patentes deficiencias respecto a dichos ideales. En el caso brasileño, como suele ocurrir en toda América Latina, estas características físicas fraguan la división social y de poder. Pese a la existencia, un tanto idealizada, de un discurso oficial de mestizaje e igualdad, en la práctica los individuos con un color de piel más oscuro han sido históricamente desprovistos de la condición de sujetos sociales y políticos.[19] De modo análogo, al subrayar características físicas degradadas, el texto revela un proceso de deshumanización que establece vínculos connotativos con lo incivilizado, lo abyecto, lo animal y lo monstruoso. Más que detalles visuales que el texto aporta, estas características aluden a la pérdida o la negación de atributos que definen al género humano, como la capacidad de razonamiento y, por ende, la ciudadanía.

Los trámites y tensiones de la contratación del sicario y la inminencia misma del crimen ponen de relieve la amenaza a la vida de Estevão, lo que pasa por alto la deshumanización del sicario que se infiere del contexto de exclusión geográfica de la novela. Aquino fortalece esta percepción sesgada para subvertirla en el transcurso del texto. Para tal efecto, el autor la reitera mediante otras descripciones físicas que parecerán justificar la segregación de los moradores del este de la ciudad, las actividades económicas inhumanas de algunos de ellos e incluso su déficit de ciudadanía. Durante el primer encuentro en el bar, Anísio llama la atención de Ivan y Alaor a las huellas estéticas de vivir a las orillas de una ciudad y de una sociedad escindida: "Fíjense en la gente de este sitio: tipos jodidos, de piel manchada, pelo rizado, les faltan dientes, uñas negras".[20]

La abyección como signo de exclusión

Como observan Marinês Andrea Kun et al., las descripciones físicas de los personajes de *O invasor* exhiben estereotipos constituyentes del imaginario de la clase media alta paulista.[21] La prevalencia social de estos prejuicios ha influido en las demarcaciones objetivas y subjetivas de la ciudad a lo largo de su historia. Esta coyuntura reitera la falta de vínculos solidarios entre las clases sociales brasileñas como uno de sus elementos fundacionales y duraderos. El aspecto degenerado de los individuos funciona como subterfugio que explica no solo su confinamiento en un espacio periférico, sino también la dificultad de acceder a los sistemas educativos, productivos y a la esfera del poder formal. Además, la posibilidad de un contrato ilícito con el gobierno brasileño confirma las prerrogativas de las clases privilegiadas en el texto.

Del otro lado del espectro social, marcada y discriminada por sus rasgos físicos, la gente pobre está sentenciada a una vida que cobra visibilidad en su propio cuerpo que, como una etiqueta social, delata su exclusión y se traduce como deficiencia de humanidad. La oposición fundamental entre Anísio (y los demás clientes del bar) e Ivan y Alaor ubica al primero en el espacio liminar —geográfico y taxonómico— de la civilización. Julia Kristeva arguye que para la modernidad occidental, la abyección representa la impureza de lo primitivo, un aspecto extremo que hace que el individuo a quien se le asocie sea percibido como una amenaza.[22] Lo que está en riesgo no es la estabilidad social, en la que cada uno se acomoda o se resigna a su espacio asignado, sino la falacia de un proyecto de nación que preconiza determinados individuos —en el plano corporal, educativo y económico— como más aptos para llevar a cabo el desarrollo del país hacia la superación de la dicotomía entre la civilización y la barbarie.

Nízia Villaça y Fred Góes observan que la dimensión corporal se ha constituido como lugar de observación privilegiado de lo social, lo que problematiza el "discurso moderno instrumental del cuerpo productor a servicio del capital".[23] Los cambios causados por la coyuntura actual, en la que economías cada vez más volátiles han provocado la creciente precarización o la falta total del trabajo, han puesto en jaque dicho papel esencial del cuerpo como productor y, con ello, sus estructuras de apoyo: la educación, la socialización, los papeles de género, la familia, la ocupación productiva. La desarticulación entre el cuerpo y el trabajo formal, incluso teniendo en cuenta la creciente participación de la mujer en el mercado laboral, ha producido respuestas ambiguas. En este sentido, la cuestión moral del asesinato encomendado entronca con el juzgamiento sobre la actividad económica de Anísio. Está claro que la actividad de sicario señala el uso criminal que el personaje realiza de su propio cuerpo como herramienta productiva, pero también destaca cómo esta *mano de obra* es apropiada por una élite. Lo que el texto inicialmente elabora desde una dimensión física, con sus marcos hasta entonces suficientemente claros, empieza a disolverse por fuerza de las circunstancias económicas.

Los vínculos entre los flujos y procesos globales del capital y las particularidades del trasfondo histórico brasileño se constatan en el nivel racional y también corpóreo, es decir, desde la conciencia y consistencia orgánicas del existir. Esto implica reconocer que los individuos están completamente sujetos a la materialidad de sus cuerpos, y que esta sujeción refleja el potencial de preservación o deformación del sistema económico en que están insertos. Donna Haraway afirma que los seres humanos manifiestan en su propia piel las perversidades de dicho sistema. Para la crítica estadounidense, somos cíborgs, o sea, seres (re)formados en el espacio entre lo natural y lo artificial.[24] En esta frontera se realizan las experiencias tanto de la ciencia como de la política occidentales, las cuales obedecen a "la tradición del capitalismo racista y dominado por el hombre; la tradición del progreso; la tradición de la apropiación de la naturaleza como recurso para la producción de la cultura".[25] Estas tradiciones, las cuales sientan las bases ideológicas de la dominación, conforman a la ciudad y recurren a la demonización de parte de sus habitantes como un parámetro antitético de lo civilizado.

Los autores latinoamericanos contemporáneos son eminentemente urbanos, lo que reafirma, desde lo cultural, la primacía de las ciudades.[26] No obstante, una parte significativa de esta literatura se dedica a reconocer lo problemático y lo precario de la ciudad latinoamericana como símbolo de superación de lo arcaico o bárbaro.[27] A pesar de la determinación de alcanzar y representar el progreso, la desigualdad histórica —y las trabas, privilegios y equívocos políticos— ha generado ciudades donde impera la fragmentación espacial y la segregación social. Como propone Ricardo Greene, es "difícil comprender la urbe sin atenerse a la conformación de estigmas territoriales, sin explicar su disconformidad ciudadana".[28] En este sentido, Aquino parte de estos encuentros entre humanidades resguardadas y humanidades ultrajadas para plantear la ciudad como paradigma de desajuste económico, político y social; en otras palabras: como la entidad monstruosa por excelencia. Como recurso simbólico, lo abyecto proporciona el inmediato reconocimiento de estas circunstancias debido a su penetración como signo, lo que cuestiona la racionalidad que subyace en la formación de la ciudad y que se pliega a la realidad a través de la sistematización de la vida colectiva.[29]

Aquino realiza dicho cuestionamiento a través de sucesivos movimientos de invasión, los cuales transgreden las estructuras fijas de lo social y desvelan sus cimientos. El asesinato ocurre pocos días (y páginas) después del primer encuentro con Anísio. Los cuerpos de Estevão —y también de su esposa, Silvana— son encontrados en un auto abandonado cerca de un vertedero en otra región periférica de São Paulo. La víctima adicional y el inicio de las investigaciones policiales empujan a Ivan hacia un precipicio de emociones. Convencido de que han realizado la maniobra necesaria con la contratación del sicario, Alaor observa el descalabro psicológico y el trastorno moral que pasan a afectar a Ivan. Lo abyecto empieza a cruzar las fronteras: Ivan nota que cierto hedor emana de su cuerpo precisamente cuando, sin saberlo, los cadáveres del socio mayoritario y su esposa son abandonados cerca de un basurero. La práctica es común en los crímenes perpetrados en São Paulo, debido a la profusión de vertederos irregulares ubicados en las zonas periféricas, lo que añade significado al hecho de que ahora sean estos cuerpos foráneos, oriundos de otra región y clase social, los que empiezan su proceso de deterioro en una de estas áreas. Una vez más, el cuerpo es utilizado en la diégesis como metáfora de una política de exclusión que manifiesta el sustrato grotesco de la cartografía urbana. El crimen atrae la atención de la prensa escrita y el medio televisivo, lo que contrasta con las muertes anónimas de los sujetos periféricos. Es más, el conflicto ético que se desprende del crimen exhibe lo que Achille Mbembe entiende como formas contemporáneas de subyugación en las cuales se observa tanto el control de la vida como de la muerte.[30] Como aquellos que detienen el poder formal, bien sea la política o la necropolítica de Mbembe, también el sicario pone en práctica, aunque de modo más palpable, su capacidad de determinar quiénes viven y quiénes mueren.

Michel de Certeau caracteriza el sistema urbano como una batalla de represión y expresión, en la que los individuos subyugados buscan evadir los ordenamientos físicos impuestos por las estructuras de poder.[31] Contra las estrategias que rigen el espacio de la urbe, estos individuos crean sus tácticas, cuya consigna de oportunismo invierte las relaciones de poder "como victorias de los 'débiles' sobre los 'fuertes' (ya sea la fuerza de las personas poderosas o la violencia de las cosas o de un orden impuesto)".[32] Como los cuerpos sin vida del empresario y su esposa desechados en el sitio más despreciable de la periferia, el cuerpo de Anísio —y sus abyectas huellas de marginalidad— pasa también a ser una presencia indebida y oportunista en un área noble de la ciudad. Luego de que el abuelo y la joven hija de la pareja asesinada comienzan a reordenar la administración de la constructora con Ivan y Alaor, el sicario empieza a hacerles visitas inesperadas a sus contratantes en la empresa. Al principio, la violación de los fundamentos más elementales de la ciudadanía, como el derecho a la vida, es negociado por el criminal, ya sea por la capacidad del sicario de realizar el servicio o como subterfugio que Ivan y Alaor utilizan para ablandar su propia culpa. Sin embargo, el sicario no se da por satisfecho con este arreglo y avanza en su transgresión de las fronteras geográficas y sociales. El secreto que posee respecto a los idealizadores del crimen le hace sentirse a gusto y Anísio ironiza la situación de los socios: "[p]uedo encargarme de la seguridad de ustedes".[33]

Múltiples contextos de invasión

Con la invasión realizada por el sicario, poco a poco Aquino subvierte los signos de la relación establecidos en su contratación, en los cuales el conflicto de clases reproduce la neta jerarquía de poder entre quien puede pagar y quien ofrece un servicio. El crimen, ejecutado en carácter de urgencia, todavía no se ha pagado por completo, e Ivan y Alaor se apresuran a reunir el monto final y así borrar la figura de Anísio de sus vidas. Para su sorpresa, el sicario les pide que cuiden del dinero que ya ha recibido, pues no lo necesita. Para colmo, dictamina que va a cuidar de la seguridad de los socios a pesar de su rechazo: "[e]mpiezo mañana, hoy todavía tengo algunas cosas por resolver. Voy a trabajar derecho, ya verán".[34] "Tuve que apretar aquella mano enorme antes de que él se fuera", recuerda Ivan.[35]

La visibilidad cobrada por el cuerpo de Anísio es análoga con su invisibilidad como ciudadano. Al echar luces sobre las injusticias que persisten en la ciudad, el texto reclama el reposicionamiento ético del lector mediante la yuxtaposición de las causas y efectos de humanidades violadas y desfiguradas, es decir, a través de una gramática de sensibilización que mezcla la cara y la contracara del desarrollo. A pesar de las excelsas prédicas del proyecto civilizador, y de las medidas políticas y económicas implantadas bajo su influencia, se establece una relación directa entre los métodos del capital y las dinámicas de la vida pública y privada. Como puntualiza Pierre Bourdieu, el agresivo *modus operandi* del sistema económico "tarde o temprano coincide con suicidios, crimen y delincuencia, drogadicción, alcoholismo y toda una serie de pequeños y grandes actos de violencia cotidiana".[36]

Desorientado y pavorido, Ivan intenta abandonar la sociedad empresarial, como si se hubiera dado cuenta, a partir de la amenaza a su propia libertad, de esta red de influencia deletérea. Sin embargo, ni Alaor ni mucho menos Anísio le permiten hacerlo. Es demasiado tarde para exonerarse de su culpa e incluso de su pasividad frente a la explotación ajena. Sin conseguir escapar del desdoblamiento de los eventos y del remolino psicológico que lo atraganta, el protagonista admite que el maniqueísmo social en el que creía se ha disuelto hasta tal punto que él ya no se reconoce más a sí mismo: "[u]n hombre de bien...yo lo era".[37]

Mediante este contexto de invasión, la trama enfatiza el movimiento como un índice críptico y apocalíptico de la realidad social brasileña. Para Leila Lehnen, la ampliación de las posibilidades del desplazamiento en el espacio de la ciudad materializa el empoderamiento del individuo.[38] Es más, confirma que no se pueden eliminar las zonas de contacto y las vías de comunicación entre los distintos territorios humanos de la urbe. *O invasor* revela que una movilidad líquida conecta todas las partes de la ciudad, bien sea a través del sudor frío de los apretones de mano que siegan vidas o la sangre de una élite que se derrama en la periferia. En estos eventos de contacto y contagio, se deshace también cualquier separación puntual entre el bien y el mal, entre lo noble y lo abyecto como rasgos de una sociedad *naturalmente* dividida. Esto refleja el complejo reto de identificar los orígenes de la violencia urbana brasileña, los cuales se distribuyen por todos sus estratos sociales.

La invasión realizada por el sicario, y que Alaor e Ivan intentan suprimir, alcanza su momento de clímax con otro evento inesperado de transgresión. Anísio se acerca a la joven hija del socio asesinado y, acto seguido, Ivan descubre que están manteniendo una relación: "[s]e besaron. Él entró en la empresa constructora sin verme. Ella arrancó con el coche".[39] El contacto íntimo entre

Anísio y Marina es el punto álgido de la provocación del autor, ya que desmantela tenaces prejuicios de clase social. Está claro que el autor busca superar el retrato estigmatizado de los sujetos marginados al trastocar juicios preestablecidos. La presencia y la influencia del sicario en aquella zona noble, entre su gente y ahora desde lo más íntimo, agranda el asco que Ivan siente por el sicario. El que alguien de su alto nivel económico y social admita el contacto sexual con una materia orgánica que el protagonista considera repudiable señala el descontrol absoluto de su clase, y la erradicación de las normas implícitas de la urbanidad que se despliega ahora en un ámbito microscópico. Ivan comprende que el área ha sido tomada por todos los flancos, invadida por un individuo oriundo de una ciudad que, hasta entonces, estaba perfectamente aislada geográfica, social y sexualmente. Luis Ernesto Cárcamo Huechante señala que en Latinoamérica pervive una "lógica de retroalimentación entre barbarie y sexualidad como espacios de descontrol", razón por la cual la actividad sexual de Anísio presenta un ataque evidente al orden en vigor.[40]

El valor diegético que Aquino atribuye a este evento recalca que la sexualidad, como uno de los núcleos de sentido y referencia del individuo, también se engrana en las circunstancias de la vida pública a pesar de su carácter esencialmente privado. Como señala Eve Kosofsky Sedgwick, la cultura de la modernidad occidental "ha colocado lo que se llama sexualidad en una relación cada vez más privilegiada con nuestros constructos más preciados de identidad individual, verdad y conocimiento".[41] Si bien el texto retrata a Marina como una joven rebelde, usuaria de drogas y sin el menor interés por encargarse de los negocios heredados del padre, su relación con Anísio permite al sicario avanzar en la invasión hacia una reversión de su condición original de individuo excluido y objeto de repulsión. Es más, Anísio tiene la posibilidad de redefinir su propia identidad a través de la intimidad con Marina.

Fluidos sexuales y fluidez de identidad

Ivan observa que Anísio empieza a llevar las prendas de vestir del difunto: "[l]levaba una camisa suelta: el dobladillo cubría la cintura de sus pantalones y las mangas largas casi escondían sus manos. Me imaginé que estaba armado. Pero lo que más me preocupó en este momento fue reconocer aquella camisa".[42] Dentro de la propuesta de la trama de enfatizar la invasión y la inversión de valores, es significativo que la posibilidad de que el sicario ocultara un arma trastorna menos que constatar el ataque sutil y contundente que ya se realiza. De hecho, el sicario carga un arma por debajo de sus prendas, pero se trata de un dispositivo con el que Ivan no contaba y cuyo daño lo pilla absolutamente desprevenido: el pene. Juan Carlos Quintero Herencia sostiene que la sexualidad ofrece un medio de escapar a las convenciones sociales, pues representa una línea de fuga para una humanidad confinada a una corporalidad tensa y prisionera.[43]

En efecto, la comodidad del sicario en su nuevo espacio apunta a la superación definitiva de esta tensión elemental. Además, la práctica sexual con Marina resulta en una reorganización de las jerarquías masculinas en la ciudad. Hay que recalcar que el espacio urbano consuma una lógica masculina pues en la sociedad patriarcal el falo es una presencia inmanente, concreta o metafórica, que sienta las bases de la división social misma.[44] La sexualidad es solamente una faceta del proceso de realización del varón, pues tanto el ámbito privado como público son determinantes de su identidad y valoración como hombre. Por un lado, se puede concluir que el sicario, como figura subalterna, codicia las posesiones materiales del ente dominador (la ropa de Estevão), y se apropia de ellas para reinventarse como sujeto masculino teniendo como referente el patrón prevalente. Sin embargo, es preciso considerar que en ningún momento Anísio busca camuflar su origen, deificando la idiosincrasia de la élite, sino que se proyecta a sí mismo con otros tintes de identidad como gesto despectivo que demuestra su capacidad de trastocar la estructura jerárquica.

La lógica masculina dominante requiere mecanismos de preservación de su influencia para que se mantengan sus prerrogativas de género y clase. El hecho de haber sido mayormente concebida y erigida por los grupos masculinos y de estar regulada por ellos no exenta a la urbe de contradicciones: está plagada de desequilibrios en sus relaciones entre e intra géneros y clases sociales. No obstante, como señala Raewyn Connell, las disputas de poder entre grupos masculinos no dejan de resultar provechosas a todos ellos, ya que se benefician de la subyugación general de la mujer.[45] Si bien la infrahumanidad del sicario difiere en especie, confirma también cierta infrahumanidad de los personajes femeninos. Los cuerpos de estos personajes incluso constituyen espacios y objetos de negociación en estas contiendas entre grupos de hombres. En cualquier caso, estos cuerpos femeninos funcionan como importante locus de (re)construcción de la subjetividad masculina pues, como bien observa Tina Escaja, reafirman el discurso falocéntrico.[46] Sin embargo, Marina también efectúa una conquista de autonomía de otro ente marginado, la mujer, pero el repudio que el protagonista siente respecto a sus acciones equivale al coeficiente de monstruosidad conferido a Anísio. Marina ejerce su autonomía tanto cuando decide relacionarse con Anísio (aunque ignora la responsabilidad del sicario en el asesinato de sus padres) como cuando rechaza los negocios de la constructora. Para Biruté Ciplijauskaité, estos giros narrativos confirman que el cuerpo femenino está aflorando en la literatura como una entidad plurivalente que supera modelos de dominación y su función instrumental dentro de la lógica patriarcal: "pasar de sujeción a ser fuente —y eso parece importante en los tiempos postmodernos— no sólo de placer sino también del poder".[47]

La actitud de Marina se puede interpretar como una contestación de las estructuras económicas que la afectan desde diferentes niveles, tanto el núcleo del negocio familiar como también la estratificación social que indirectamente la victimiza. Esto exige que el lector reconsidere las motivaciones del crimen y efectúe una evaluación más amplia de las circunstancias mismas que culminan con la muerte de los padres de Marina. De todos modos, el conflicto entre grupos masculinos y la expresión de relaciones de dominación de género una y otra vez afloran en el universo narrativo de Aquino. Sus protagonistas son hombres, pero el papel de los personajes femeninos es clave de sentido de estos embates, ya que su intervención en las historias y sus cuerpos mismos sirven de radiografía de lo colectivo.[48] En el caso de *O invasor*, la afrenta de Marina al orden simbólico de la urbe deja claro que, a pesar de las deficiencias que Ivan identifica en Anísio, en realidad no se consigue impedir que este ocupe en definitiva un sitio que no le corresponde en la estructura social de la trama. Por supuesto que las prendas de Estevão le quedan grandes, pero también aquí el personaje parece ironizar los criterios para que uno acceda al poder económico formal y sus representaciones simbólicas. Ya no importa más la falta de proporción entre las partes de su cuerpo, resultado de su mezcla genética, sino que el sicario ahora posee la ropa que viste la clase alta y, pese al desajuste en la talla, se apropia de su significado en su medida exacta. Para Anísio, más que solo un símbolo de estatus económico, dicha ropa representa el goce pleno de la ciudadanía que se le niega al personaje.

En el contexto latinoamericano, la necesidad de un determinado arquetipo de hombre que cumpla las exigencias de orden y progreso es reforzada mediante la persistencia de la dialéctica entre civilización y barbarie. No obstante, los giros narrativos de *O invasor* desestabilizan los criterios de dicho arquetipo y su incumplimiento. El falo es el criterio que se basta y, sea cual fuere el estrato del individuo varón, es algo que puede manifestar su potencial en cualquier momento. Alaor, quien se ocupa de lidiar directamente con los obreros, advierte dicho potencial cuando lleva a Ivan a un sitio en construcción: "[m]ira el Cícero, por ejemplo, Alaor meneó la cabeza para señalar al encargado. Parece un tipo inofensivo, ¿no? [...] Cícero puede parecer tonto, pero, si es preciso, se torna una fiera. Basta tener la oportunidad. Él solo te respeta pues sabe que tienes más poder que él".[49]

La animalización del obrero recalca dicha amenaza latente y exhibe otra faceta de la deshumanización del individuo marginado. Las categorías de lo abyecto, lo monstruoso y lo animal remiten al dualismo cartesiano, es decir, a la división entre el cuerpo y la mente que postula al ser humano como poseedor de razonamiento, con la consecuente reducción de los animales a categorías inferiores como la de autómata o materia prima. Como se observa en el texto, una plétora de términos correlativos se puede reunir bajo el paraguas de la animalidad, lo que está profundamente vinculado al nexo operante de la cultura occidental para la cual lo animal ha servido como índice de caos, desorden, salvajismo e inferioridad.[50] La animalidad latente en el personaje Cícero reafirma la necesidad de vigilar y cuidar de la reproducción de la estructura patriarcal y sus presupuestos de superioridad racional. Esta tarea se muestra psicológicamente dispendiosa para Ivan, razón por la que busca inútilmente evadir su papel en la preservación de sus privilegios de clase.

Las instancias de invasión de la narrativa se basan en antagonismos bien constituidos, pero conectados por puentes igualmente sólidos. Para que existan dominados y se proyecten los dominadores, es necesario que existan vías de contacto, aunque circunscritas a áreas limítrofes, geográficas o no, y en las cuales pulse la posibilidad permanente de la transgresión. En el contexto de la obra, estos puentes dejan claros los vínculos entre diversos factores que se intercomunican y se afectan entre sí: el género, el cuerpo, lo económico, lo político, lo social. Dentro de esta compleja economía, como sugiere Vinodh Venkatesh, el cuerpo masculino funciona como capital pues, por un lado, es un recurso productivo, y, por el otro, se negocia en el proceso de construcción de la subjetividad de los hombres.[51] Se puede contemplar al Anísio de comienzos de la narrativa como un individuo parcialmente descapitalizado en este esquema patriarcal, en el que cada característica es valorada por el conjunto de la sociedad y que alguna no se identifique en un individuo varón significa un evento de castración simbólica.

Las acciones de Anísio que suceden a la realización del crimen retratan, bajo los signos despectivos de la ironía y el desprecio, la contestación de estas circunstancias castradoras. Su gesto más contundente es la actitud ambigua respecto a los símbolos de una masculinidad dominante a la que él finalmente accede. No le importa lo que pueda hacer en posesión de estos elementos —el dinero del crimen o la ropa de Estevão—, sino el estatus de poder que emana de la posición que él ahora mantiene. Al ocupar el lugar de un hombre exitoso, se le permite al sicario alcanzar la realización personal prescrita a los varones dentro del encuadre normativo de la sociedad patriarcal. Sin embargo, el reemplazo de la figura paterna de Estevão corrompe, desde una perspectiva incestuosa y edípica, el estatuto religioso que también opera como fundamento moral del patriarcado. La decisiva contribución de Marina a esta reconfiguración también señala la pérdida de control patriarcal sobre el cuerpo y la voluntad de la mujer, revelando la capacidad del sujeto femenino de interferir y redibujar las jerarquías sociales que también definen su espacio y sus papeles. A esta altura de la narrativa, para la desesperación de Ivan, la monstruosidad de Anísio deriva menos de su aspecto físico que del vigor con que pisotea estos valores preciados por la masculinidad dominante, que se han valorado aun más con el aumento de la desigualdad social promovida por la implantación de una agenda neoliberal en Brasil.

Una versión monstruosa de la sociedad patriarcal

Ahora bien, si la coyuntura económica actual refuerza valorativamente los símbolos materiales del grupo masculino dominante, Anísio demuestra que estos pueden ser conquistados a través de la actividad criminal, pero que eso no palia las desigualdades que están en la raíz de su privación. Los símbolos en sí no le interesan, claro está, sino el poder que antecede su concretización a través de objetos de deseo y consumo, como ocurre con el reloj Rolex de Estevão que el sicario pasa a usar. El personaje tiene conciencia de que todo orbita alrededor de dicho poder, el cual actúa como una fuerza gravitacional que determina la posición de cada uno en el espacio de la urbe y regula la voluntad ajena.

Anísio ejerce este poder adquirido al organizar un churrasco en la mansión de los padres de Marina, ubicada en el rico barrio de Morumbi. El sicario invita a Ivan y enfatiza que cuenta con su presencia en el evento, al cual acudirán varios de sus amigos de la periferia. Para Ivan, eso significará ser testigo de una etapa más de la invasión iniciada por el sicario, una puerta de entrada que ahora se ensancha para que ingrese toda su gente. La inminencia de acompañar la multiplicación exponencial de la monstruosidad es lo último, e Ivan elabora un plan desesperado de huida, pero la sensación de sentirse vigilado y amenazado por Anísio no le ofrece alternativa al protagonista. En otra provocación de la trama, el sujeto periférico es ahora quien determina las posibilidades reales de movimiento del protagonista en el espacio geográfico y social de la urbe. Ivan se encuentra impedido de salir del esquema de la empresa y del crimen, y pronto falla su plan de huir de São Paulo. Además, sospecha que Alaor y Anísio se han aliado, lo que compromete cualquier noción de solidaridad que le proveía arraigo dentro de la jerarquía patriarcal. Ivan está acorralado en su propia zona y se siente cada vez más entregado a su desgraciada suerte.

Para Kun et al., este momento de la narrativa —marcado por la erosión y reconfiguración de los lazos sociales y, por ende, del sujeto mismo—, ofrece al protagonista una posibilidad real de intervención en la estructura social.[52] En un mundo de principios éticos, morales y ciudadanos desfigurados, Ivan concluye que ya no tiene nada que perder y que solo le queda ir a la comisaría y denunciarse a sí mismo y a los demás involucrados en el asesinato. La certeza de ser encarcelado representará una prueba fehaciente de la suspensión de gran parte de sus derechos ciudadanos y de las prerrogativas del grupo social que el personaje aprovechaba. Al fin y al cabo, independientemente del estrato al que uno pertenezca, queda siempre algo de voluntad y de ética individual que puede desestabilizar el orden social consolidado —el sacrificio personal que cabe a cada uno hacia la construcción de una sociedad más transparente y justa—. Sin embargo, esta creencia en una autonomía residual es severamente reprimida por el desenlace de los hechos. Luego de revelar lo que sabe a las autoridades, Ivan es esposado e introducido en el asiento trasero de un carro de la policía. El comisario lo lleva a la mansión de Estevão, donde están Anísio y Alaor. El investigador entonces les dice a estos: "[s]i mi gente no estuviera de turno, ustedes estarían jodidos. El tipo dio el servicio completo".[53]

De forma cíclica, la incertidumbre y la sensación de inseguridad que caracterizan el párrafo inicial (cuando Ivan está en el auto que se adentra en la periferia) se imprimen en el cierre suspensivo de la trama: "[e]l investigador puso en marcha el motor del vehículo policial. Entonces, abrí los ojos".[54] Antecede el momento de despertar protagónico la constatación de que los mismos valores corroídos de la sociedad nunca dejan de funcionar, reforzando el nihilismo imputado a este momento histórico en Brasil. La alianza que se confirma entre Alaor y Anísio y el respaldo de la policía corrupta comprueban que el sicario ha ocupado en definitiva su nueva posición, aunque esto no elimina lo abyecto de su identidad periférica, según la construye el texto. Por un lado, se puede concluir que el sicario consigue superar en gran medida las circunstancias limitantes que todavía afectan a los individuos de su zona de origen, o sea, que logra conquistar determinados privilegios de clase o derechos ciudadanos, como el de ir y venir por dondequiera. Siguiendo lo postulado por James Holston, esto concretiza una ciudadanía insurgente, es decir, una conquista de derechos que no adviene de la reordenación democrática de su distribución y acceso, sino como consecuencia de las acciones realizadas por, y desde, los niveles sociales carentes de ciudadanía formal, aunque, en el caso de Anísio, con la connivencia de otros grupos sociales.[55] El proceso, advierte Holston, no es necesariamente contrahegemónico, ya que puede vincularse a la ciudadanía gozada por los grupos privilegiados y preservar la desigualdad en sus prácticas.[56] En este sentido, Aquino parece indicar que, en efecto, más que los rasgos físicos del sicario, las instancias de violencia e incluso la invasión que retrocede hasta el nivel molecular de lo sexual, lo más aberrante que el sistema social vigente puede generar es esta ciudadanía disforme.

En este encuadre radical de la trama, el trastrocamiento de las nociones de territorialidad que moldean la sociedad paulista, pese a lo que el sicario consigue con su invasión, no socava las bases reales de la desigualdad. La reducción simplista a un esquema de lucha de clases es insuficiente para explicar la complejidad de relaciones sociales que han superado cualquier hermetismo ideológico. Ello parece contradecir el contexto de invasión que ordena la diégesis, el cual se reduce a un juego de apariencias. Sin embargo, es precisamente su reducción a un nivel superficial lo que expone su carácter instrumental en una sociedad que promueve el discurso —y no la implementación— del pleno acceso a la ciudadanía, a pesar de los cambios en la letra de la ley.[57] La persistencia de la exclusión es lo que justifica este discurso y sostiene la red de intereses que se negocian a lo largo y ancho de la urbe, tal y como Aquino ficcionaliza.

No por azar la figura del sicario es poderosamente simbólica en *O invasor*, incluso más que los rasgos de la pobreza o los objetos de la riqueza, pues sintetiza las relaciones y propósitos cada vez más individualistas y pragmáticos entre las polaridades de lo social. Presencia recurrente en la literatura latinoamericana, el sicario es una figura alegórica que provee una interpretación profunda de los problemas sociopolíticos, un personaje sintomático que, como sugiere Miguel Cabañas, "nos ayuda a percibir las contradicciones, las hipocresías y las trampas de los códigos morales y sociales".[58] Anísio no es el único invasor que sugiere el título de la novela, y su irrestricto desplazamiento por zonas urbanas y erógenas acorta también las distancias entre los roles de asesino a sueldo y justiciero social. Su modo de actuación corrobora los principios elementales del capitalismo, los cuales encuentran su expresión más eficiente en el modelo neoliberal: la absoluta primacía de la oferta y la demanda, el alto costo humano que subyace en la libre operación del mercado y, principalmente, la supresión de las fronteras.

Notas

1. Fábio Marques Mendes, "A linguagem da violência no conto 'Onze jantares' de Marçal Aquino" (tesis doctoral São José do Rio Preto, UNESP, 2014), https://repositorio.unesp.br/bitstream/handle/11449/122237/000814037.pdf?sequence=1).

2. Otro ejemplo es el autor Daniel Galera, quien ha traducido obras de autores anglosajones como Zadie Smith y John Cheever al portugués.

3. En 2000 el autor recibió el Jabuti, el más prestigioso premio literario brasileño, en la categoría de libros de cuentos con *O amor e outros objetos pontiagudos*, publicado el año anterior.

4. Saskia Sassen, "Towards Post-Nationalist and Denationalized Citizenship", en *Handbook of Citizenship Studies*, ed. de Engin F. Isin y Bryan S. Turner (London: Sage, 2002), 280.

5. Ángel Rama, *La ciudad letrada* (Hanover: Ediciones del Norte, 1984), 16.

6. Helio Jaguaribe, *Brasil, homem e mundo* (Rio de Janeiro: Topbooks, 2000), 77.

7. Jaguaribe, *Brasil, homem e mundo*, 81. "Amplo desemprego, em deslocamentos negativos de toda a sorte, em perda de identidade coletiva, e num desamparo geral dos indivíduos". Las traducciones son mías.

8. Josefina Ludmer, *Aquí América Latina: una especulación* (Buenos Aires: Eterna Cadencia, 2010), 75.

9. Atilio Boron, *Empire and Imperialism: A Critical Reading of Michael Hardt and Antonio Negri* (New York: Zed Books, 2005), 51.

10. Slavoj Žižek, *Demanding the Impossible* (Cambridge: Polity, 2013), 75.

11. Marçal Aquino, *O invasor* (São Paulo: Companhia das Letras, 2011), 9. "Mesmo seguindo as indicações de Anísio, demoramos um bocado para encontrar o bar, numa rua estreita e escura da Zona Leste. Um lugar medonho".

12. Aquino, *O invasor*, 9. "Sem nenhuma vocação para cartão-postal".

13. Aquino, *O invasor*, 10. "Uma dessas misturas que o Nordeste brasileiro produz com certa frequência".

14. La región noreste es la segunda más poblada de Brasil después del sureste, y está mayormente compuesta por mestizos, negros e indígenas. A pesar de algunos ciclos económicos favorables, la economía de la región ha dependido esencialmente de productos agrícolas (cacao, caña de azúcar, caucho) y mineros y, más recientemente, el turismo. Sequías prolongadas y la falta de políticas públicas de desarrollo han contribuido a la pobreza y la falta de perspectivas de vida e impulsado la migración masiva a otras regiones del país.

15. Bolívar Echeverría, "Imágenes de la 'blanquitud'", en *Sociedades icónicas. Historia, ideología y cultura en la imagen,* ed. Diego Lizarazo (México D.F.: Siglo XXI, 2007), 15-32.

16. Aquino, *O invasor*, 11. "Dá pra ver isso pela sua mão. Lisinha, lisinha".

17. Regina Dalcastagnè, "Cruzando fronteiras: três invasões na narrativa brasileira contemporânea", *Revista Cerrados* 12, n.º 15 (2003), 57-66.

18. Dalcastagnè, "Cruzando fronteiras...", 57.

19. Marilena Chauí, *Brasil: mito fundador e sociedade autoritária* (São Paulo: Fundação Perseu Abramo, 2007), 27.

20. Aquino, *O invasor*, 11. "Dá só uma olhada no povo deste lugar: tudo cara fodido, de pele manchada, cabelo ruim, faltando dente, unha preta".

21. Marinês Andrea Kun, Daniel Conte y Ana Paula de Oliveira, "*O invasor*: espaço urbano e violência", *Literatura em Debate* 7, n.º 12 (2013): 230-46.

22. Julia Kristeva, *Pouvoirs de l'horreur. Essai sur l'abjection* (Paris: Éditions du Seuil, 1980), 20.

23. Nízia Villaça y Fred Góes, *Em nome do corpo* (Rio de Janeiro: Rocco, 1998), 39. "Discurso moderno instrumentalizante do corpo produtor a serviço do capital".

24. Donna Haraway, *Simians, Cyborgs, and Women: The Reinvention of Nature* (New York, NY: Routledge, 1991), 150.

25. Haraway, *Simians...*, 150. "The tradition of racist, male-dominant capitalism; the tradition of progress; the tradition of the appropriation of nature as resource for the production of culture".

26. Carlos Monsiváis, *Aires de familia: cultura y sociedad en América Latina* (Barcelona: Anagrama, 2000), 26.

27. Entre los textos que se esfuerzan en derrocar el paradigma urbano en la región cabe citar *Las teorías salvajes* (2008), de la argentina Pola Oloixarac, con un registro paródico que problematiza la desigualdad y la violencia en Buenos Aires, y *Hasta que me orinen los perros* (2008), del peruano Fernando Ampuero, una narrativa que explora la criminalidad como signo de exclusión social y también de codicia.

28. Ricardo Greene, "Imaginando la ciudad: revisitando algunos conceptos

claves", en *Estética y ciudad: cuatro recorridos analíticos*, ed. de Patricio Rodríguez-Plaza (Santiago de Chile: Frasis, 2007), 51-70.

29. Patricio Rodríguez-Plaza, "La ciudad latinoamericana: apuntes sobre su conocimiento teórico y sus usos cotidianos", en *Estética y ciudad: cuatro recorridos analíticos,* ed. de Patricio Rodríguez-Plaza, 11-50.

30. Achille Mbembe, "Necropolitics", *Public Culture* 15, n.° 1 (2003): 11-40.

31. Michel de Certeau, *The Practice of Everyday Life*, trad. por Steven Rendall (Berkeley, CA: U California P, 1984), 30.

32. Certeau, *The Practice...*, xix. "Like victories of the 'weak' over the 'strong' (whether the strength be that of powerful people or the violence of things or of an imposed order)".

33. Aquino, *O invasor*, 76. "Posso cuidar da segurança de vocês".

34. Aquino, *O invasor*, 77. "Começo amanhã, hoje eu ainda tenho umas coisas para resolver. Eu vou trabalhar direito, vocês vão ver".

35. Aquino, *O invasor*, 78. "Tive de apertar aquela mão enorme antes que ele saísse".

36. Pierre Bourdieu, *Acts of Resistance*, trad. por Richard Nice (Cambridge, MA: Polity, 1998), 40. "Is matched sooner or later in the form of suicides, crime and delinquency, drug addiction, alcoholism, and a whole host of minor and major everyday acts of violence".

37. Aquino, *O invasor*, 107. "Um homem de bem...eu era".

38. Leila Lehnen, *Citizenship and Crisis in Contemporary Brazilian Literature* (New York, NY: Palgrave, 2013), 160.

39. Aquino, *O invasor*, 87. "Eles se beijaram. Ele entrou na construtora sem me ver. Ela arrancou com o carro".

40. Luis Ernesto Cárcamo Huechante, "Cuerpos que (se) queman: mujer, indio y propiedad sexo-cultural en *Rosa Guerra*", en *Sexualidad y nación,* ed. de Daniel Balderston (Pittsburgh, PA: Pittsburgh UP, 2000), 35.

41. Eve Kosofsky Sedgwick, *Epistemology of the Closet* (Berkeley, CA: U California, 1990), 3. "Has placed what it calls sexuality in a more and more distinctively privileged relation to our most prized constructs of individual identity, truth, and knowledge".

42. Aquino, *O invasor*, 91. "Vestia uma camisa folgada — a barra cobria a cintura da calça e as mangas compridas quase escondiam suas mãos. Calculei que estava armado. Contudo o que mais me perturbou nessa hora foi reconhecer aquela camisa".

43. Juan Carlos Quintero Herencia, "Virgilio Piñera: los modos de la carne", en *Sexualidad y nación*, ed. de Daniel Balderston (Pittsburgh, PA: Pittsburgh UP, 2000), 116.

44. Pierre Bourdieu, *Masculine Domination*, trad. por Richard Nice (Stanford, CA: Stanford UP, 2001), 12.

45. Raewyn Connell, *Masculinities* (Berkeley, CA: U of California P, 2005), 76.

46. Tina Escaja, "Autoras modernistas y la (re)inscripción del cuerpo nacional", en *Sexualidad y nación*, ed. de Daniel Balderston (Pittsburgh, PA: Pittsburgh UP, 2000), 62.

47. Birutė Ciplijauskaité, *La construcción del yo femenino en la literatura* (Cádiz: Universidad de Cádiz, 2004), 355.

48. Luana Fernandes Sofiati y Gilvan Procópio Ribeiro, "Mulher e brasilidade: uma análise das personagens femininas em *Eu receberia as piores notícias dos seus lindos lábios*, de Marçal Aquino", *Darandina* 10, n.º 1 (2017): 2.

49. Aquino, *O invasor*, 49. "Veja o Cícero, por exemplo, Alaor apontou o encarregado com um movimiento de cabeça. Parece um sujeito inofensivo, não é? [...] O Cícero até pode ter essa cara de sonso, mas, se precisar, ele vira bicho. Basta surgir uma boa oportunidade. Ele só te respeita porque sabe que você tem mais poder que ele".

50. Steve Baker, *Picturing the Beast: Animals, Identity, and Representation* (Manchester: Manchester UP, 1993), 104.

51. Vinodh Venkatesh, *The Body as Capital: Masculinities in Contemporary Latin American Fiction* (Tucson, AZ: Arizona UP, 2015), 6.

52. Kun, Conte y Oliveira, "*O invasor...*", 239.

53. Aquino, *O invasor*, 122. "Se não tivesse gente minha no plantão, vocês estavam fodidos. O cara deu o serviço completo".

54. Aquino, *O invasor*, 122. "O investigador ligou o motor da viatura. Eu abri os olhos".

55. James Holston, *Insurgent Citizenship: Disjunctions of Democracy and Modernity in Brazil* (Princeton, NJ: Princeton UP, 2008), 13.

56. Holston, *Insurgent...*, 13.

57. Lehnen, *Citizenship...*, 8.

58 Miguel Cabañas, "El sicario en su alegoría: la ficcionalización de la violencia en la novela colombiana de finales del siglo XX", *Taller de Letras* 31 (2002): 8.

Obras citadas

Aquino, Marçal. *O invasor*. São Paulo: Companhia das Letras, 2011.

Baker, Steve. *Picturing the Beast: Animals, Identity, and Representation*. Manchester: Manchester UP, 1993.

Berger, John. *About Looking*. London: Writers and Readers, 1980.

Boron, Atilio. *Empire and Imperialism: A Critical Reading of Michael Hardt and Antonio Negri*. New York: Zed Books, 2005.

Bourdieu, Pierre. *Acts of Resistance*. Traducido por Richard Nice. Cambridge, MA: Polity, 1998.

———. *Masculine Domination*. Traducido por Richard Nice. Stanford, CA: Stanford UP, 2001.

Cabañas, Miguel. "El sicario en su alegoría: la ficcionalización de la violencia en la novela colombiana de finales del siglo XX". *Taller de Letras* 31 (2002): 7-20.

Cárcamo Huechante, Luis Ernesto. "Cuerpos que (se) queman: mujer, indio y propiedad sexo-cultural en *Rosa Guerra*". En *Sexualidad y nación*. Edición de Daniel Balderston, 27-42. Pittsburgh, PA: Pittsburgh UP, 2000.

Certeau, Michel de. *The Practice of Everyday Life*. Traducido por Steven Rendall. Berkeley, CA: U of California P, 1984.

Chauí, Marilena. *Brasil: mito fundador e sociedade autoritária*. São Paulo: Fundação Perseu Abramo, 2007.

Ciplijauskaité, Biruté. *La construcción del yo femenino en la literatura*. Cádiz: Universidad de Cádiz, 2004.

Connell, Raewyn. *Masculinities*. Berkeley, CA: U of California P, 2005.

Dalcastagnè, Regina. "Cruzando fronteiras: três invasões na narrativa brasileira contemporânea". *Revista Cerrados* 12, n.º 15 (2003): 57-66.

Echeverría, Bolívar. "Imágenes de la 'blanquitud'". En *Sociedades icónicas. Historia, ideología y cultura en la imagen*. Edición de Diego Lizarazo, 15-32. México D.F.: Siglo XXI, 2007.

Escaja, Tina. "Autoras modernistas y la (re)inscripción del cuerpo nacional". En *Sexualidad y nación*. Edición de Daniel Balderston, 61-75. Pittsburgh, PA: Pittsburgh UP, 2000.

Fernandes Sofiati, Luana y Gilvan Procópio Ribeiro. "Mulher e brasilidade: uma análise das personagens femininas em *Eu receberia as piores notícias dos seus lindos lábios*, de Marçal Aquino". *Darandina* 10, n.º 1 (2017): 1-12.

Greene, Ricardo. "Imaginando la ciudad: revisitando algunos conceptos claves". En *Estética y ciudad: cuatro recorridos analíticos*. Edición de Patricio Rodríguez-Plaza, 51-70. Santiago de Chile: Frasis, 2007.

Haraway, Donna. *Simians, Cyborgs, and Women: the Reinvention of Nature*. New York, NY: Routledge, 1991.

Holston, James. *Insurgent Citizenship: Disjunctions of Democracy and Modernity in Brazil*. Princeton, NJ: Princeton UP, 2008.

Jaguaribe, Helio. *Brasil, homem e mundo*. Rio de Janeiro: Topbooks, 2000.

Kosofsky Sedgwick, Eve. *Epistemology of the Closet*. Berkeley, CA: U California P, 1990.

Kristeva, Julia. *Pouvoirs de l'horreur. Essai sur l'abjection*. Paris: Éditions du Seuil, 1980.

Kun, Marinês Andrea, Daniel Conte y Ana Paula de Oliveira. "*O invasor*: espaço urbano e violência". *Literatura em Debate* 7, n.º 12 (2013): 230-46.

Lehnen, Leila. *Citizenship and Crisis in Contemporary Brazilian Literature*. New York, NY: Palgrave, 2013.
Ludmer, Josefina. *Aquí América Latina: una especulación*. Buenos Aires: Eterna Cadencia, 2010.
Marques Mendes, Fábio. "A linguagem da violencia no conto 'Onze jantares' de Marçal Aquino". Tesis doctoral. São José do Rio Preto: UNESP, 2014. https://repositorio.unesp.br/bitstream/handle/11449/122237/000814037.pdf?sequence=1.
Mbembe, Achille. "Necropolitics". *Public Culture* 15, n.º 1 (2003): 11-40.
Monsiváis, Carlos. *Aires de familia: cultura y sociedad en América Latina*. Barcelona: Anagrama, 2000.
Quintero Herencia, Juan Carlos. "Virgilio Piñera: los modos de la carne". En *Sexualidad y nación*. Edición de Daniel Balderston, 111-29. Pittsburgh, PA: Pittsburgh UP, 2000.
Rama, Ángel. *La ciudad letrada*. Hanover: Ediciones del Norte, 1984.
Rodríguez-Plaza, Patricio. "La ciudad latinoamericana: apuntes sobre su conocimiento teórico y sus usos cotidianos". En *Estética y ciudad: cuatro recorridos analíticos*. Edición de Patricio Rodríguez-Plaza, 11-50. Santiago de Chile: Frasis, 2007.
Sassen, Saskia. "Towards Post-National and Denationalized Citizenship". En *Handbook of Citizenship Studies*. Edición de Engin F. Isin y Bryan S. Turner, 277-91. London: Sage, 2002.
Venkatesh, Vinodh. *The Body as Capital: Masculinities in Contemporary Latin American Fiction*. Tucson, AZ: Arizona UP, 2015.
Villaça, Nízia y Fred Góes. *Em nome do corpo*. Rio de Janeiro: Rocco, 1998.
Žižek, Slavoj. *Demanding the Impossible*. Cambridge: Polity, 2013.

Ética y estética del zombi en *El patrón, radiografía de un crimen*, de Sebastián Schindel

María del Carmen Caña Jiménez
VIRGINIA TECH

El contrato mediante el cual vendió su fuerza de trabajo al capitalista demostró en blanco y negro, por así decirlo, que era libre de disponer de sí mismo. Pero cuando se concluyó la transacción, se descubrió que no era un "agente libre"; que el período de tiempo durante el cual él fue libre de vender su fuerza de trabajo es el período de tiempo durante el cual se vio obligado a venderla, que de hecho el vampiro no la soltará "mientras quede un solo músculo, tendón de gota de sangre para ser explotada".[1]

ESTRENADA EN 2013 y galardonada con numerosos y distinguidos premios, *El patrón, radiografía de un crimen* es una coproducción argentina-venezolana (Magoya Films/ Cooperativa Estrella Films) y es también el primer largometraje de ficción del director, productor, guionista y documentalista Sebastián Schindel.[2] Con muy ligeras modificaciones argumentales —los nombres fueron modificados y algunas situaciones adaptadas— la historia narrada gira en torno a un hecho real acaecido en 1984 y documentado en la homónima novela de Elías Neuman (1932-2011), ilustre criminólogo y catedrático de victimología de la Facultad de Derecho de la Universidad de Buenos Aires que dedicó su vida al estudio del sistema penal argentino y a la lucha por cambiarlo.[3] Defensor de los derechos del sector más marginado de la sociedad, impulsor de "nuevas formas alternativas y sustitutivas a la cárcel tradicional" y sostenedor de que a la cárcel solo van personas "que provienen de hogares disociados o eyectores [y] no [...] los delincuentes económicos, porque la corrupción no se castiga", Neuman toma como base de su novela las conversaciones mantenidas con su defendido: un carnicero, quien harto de los abusos físicos, psicológicos y emocionales a los que lo había tenido sometido su patrón durante dieciocho años, pone fin a esta situación de injusticia y atropello por medio del asesinato.[4]

Tomando como base la historia real contenida en el trabajo de Neuman, la acción en el filme se organiza a partir de dos ejes temporales paralelos: el del presente, centrado en los esfuerzos del ambicioso abogado Marcelo Di Giovanni (Guillermo Pfening) por defender al acusado, y el del pasado, a través del cual se reconstruyen minuciosamente los motivos que desencadenaron el crimen de la carnicería. Hermógenes Saldívar (Joaquín Furriel), nombre que el carnicero adopta en la ficción cinematográfica, es un humilde trabajador de campo procedente del interior de Argentina, más concretamente de la provincia de Santiago del Estero. En compañía de Gladys (Mónica Lairana), su joven esposa, este llega a Buenos Aires con lo puesto en busca de las oportunidades que la capital parece prometerles.[5] Analfabeto, sumiso e "inapto" —calificativo este último que, según el protagonista, le fue asignado en el servicio militar y que quedó patentado en su documento nacional de identidad a modo de cromosoma en su ADN— Saldívar acepta, en primer lugar, un puesto de carnicero en una de las pequeñas sucursales de Latuada (Luis Ziembroski) para, posteriormente, acceder a hacerse cargo de otra motivado por las falsas y esclavizantes promesas de su patrón —un pequeño empresario ambicioso y carente de escrúpulos que obliga al joven santiaguino a adulterar la carne en mal estado para prolongar su período de venta y asegurar así el máximo beneficio económico del producto—. El proceso de adulteración de la carne corre en paralelo al proceso de despojo de subjetividad del que es víctima Saldívar a manos de su patrón, proceso que va a ocupar un lugar central en el análisis que aquí se presenta.

Como algunos críticos han señalado, la historia acaba con lo que podría interpretarse como un final feliz o romántico: por medio de un estremecedor y emotivo discurso en el juzgado, Di Giovanni consigue defender con éxito al acusado ante la fiscalía y devolverle, así, la libertad —una libertad que, sin embargo, dista mucho del estado de no sujeción y no subordinación que es la esencia de su definición—. Liberado de la cárcel, acompañado por su esposa e hija y despedido en una estación de autobuses por el abogado y su familia, Hermógenes Saldívar abandona la capital y emprende, sin opciones alternativas aparentes, su camino de regreso al campo. Los últimos minutos del filme otorgan un total protagonismo al personaje y a su conexión con el campo al mostrar a un Hermógenes melancólico y solitario que deambula en medio de la naturaleza mientras carga herramientas propias del trabajo agrícola.

Si bien la película ha sido fuertemente aplaudida por la crítica —prueba de ello son los múltiples premios recibidos y los comentarios positivos contenidos en diferentes reseñas cinematográficas, tales como "película interpeladora",[6] "guión sólido"[7] y "personajes potentes [y] muy bien descritos"[8]—, el largometraje también ha sido parcialmente desacreditado. Horacio Bilbao comenta, por ejemplo, que "le faltan matices a estos personajes, que son cien por cien sumisos, o viles, o comprometidos".[9] En relación a las dos líneas argumentales que convergen en la trama, Hernán Gómez señala que la subtrama, aquella que relata el "presente proceso judicial [...] no termina de funcionar y se le advierten los hilos de cierta construcción no del todo lograda".[10] Alonso Díaz de la Vega critica, por su parte, el maniqueísmo y la conclusión romántica que, a su parecer, "le hacen mucho daño" a la película.[11]

No del todo de acuerdo con las detractoras afirmaciones en relación al maniqueísmo de los personajes, al romántico desenlace y al no funcionamiento de la subtrama, las páginas a continuación exploran, en línea con lo postulado por Joanna Page en torno al capitalismo en el cine argentino contemporáneo, los nuevos, o mejor dicho, renovados modos de subjetividad que emergen en Argentina a la luz del paradigma económico neoliberal. Para ello, proponen un acercamiento al filme a partir de diferentes postulados teóricos en torno al cuerpo en descomposición del zombi y a las ansiedades económicas y sociales que registra esta figura liminal. El análisis del largometraje a partir de estas aproximaciones teóricas permite, por un lado, explorar las relaciones de poder que el protagonista mantiene con su patrón y su abogado y cuestionar tanto el maniqueísmo del que el filme ha sido tachado como el ambiguo funcionamiento de la subtrama que ha sido también objeto de la crítica. Por otro, permite examinar la forma en que el campo y la ciudad —divisiones geográficas y sociales tradicionalmente yuxtapuestas en el contexto argentino— se reescriben en este largometraje, lo que hace posible establecer un diálogo crítico con la más extensa tradición cultural del país. Esto, por su parte, permite también problematizar el carácter romántico que le ha sido adscrito al desenlace de la película.

EN *CRISIS AND CAPITALISM in Contemporary Argentine Cinema* (2009), Page señala que desde mediados de la década del noventa, la industria cinematográfica argentina ha experimentado un *boom* que ha ido acompañado, a su vez, por una aclamada recepción crítica.¹² Si bien no es el propósito de Page explicar las causas de dicho incremento en la producción cinematográfica, sí apunta, sin embargo, a que la aprobación de la "Ley de Cine" en 1995 contribuyó de forma muy positiva a este aumento, ya que reguló la actividad cinematográfica nacional y proveyó financiamiento económico a través del INCAA (Instituto Nacional de Cine y Artes Visuales).¹³ Además, añade a esto la recuperación de festivales de cine internacional celebrados en Argentina, tal como el Festival de Mar del Plata en 1996 —festival que llevaba veintiséis años sin ser celebrado— y la inauguración en 1999 del Buenos Aires Festival Internacional de Cine Independiente (BAFICI), que concedió un espacio a la exhibición de películas menos comerciales.¹⁴ La celebración en 2009 de la primera edición de Ventana Sur, el más importante mercado de contenidos audiovisuales de América Latina, creó un importante "espacio de reunión para negociar, intercambiar e impulsar proyectos" cinematográficos.¹⁵

Por su parte, el incremento en la producción y la calidad de la cinematografía reciente han venido acompañados —desde un punto de vista temático y social— por la profunda preocupación por el creciente desempleo, el aumento de la delincuencia y la propagación desmesurada de la economía informal.¹⁶ La economía informal es, de hecho, un denominador común que *El patrón* comparte con el cine analizado por Page, pues, como muy bien señala Di Giovanni en la defensa del acusado, Latuada se erige como patrón y no empleador porque "jamás existió relación laboral alguna...la única relación que existió fue la de la esclavitud...Hermógenes ha sido incapaz de deci[r]...cuál era su salario...el señor Saldívar recibía a fin de mes como salario una ilusión... la ilusión de una casa que nunca llegó porque nunca existió".¹⁷ Tampoco Gladys, su esposa, recibe un salario por el trabajo que desempeña como personal del servicio doméstico en la casa de Latuada sino, únicamente, "regalos" de ropa usada que la señora de Latuada le cede en un gesto de solidaridad. Para Page, el cine argentino de las últimas décadas se erige como un testigo serio de la problemática social que se desprende del actual modelo económico. Prueba de ello se observa, por ejemplo, en *Pizza, birra, faso* (1997), de Israel Adrián Caetano y Bruno Stagnaro, *Mundo grúa* (1999), de Pablo Trapero, *La fe del volcán* (2001), de Ana Poliak, y *Bolivia* (2001), de Caetano —filmes rigurosamente analizados por Page en su esfuerzo por explorar la manera en que este cine reciente ha registrado y, "de hecho, ha ayudado a construir ciertos modos de subjetividad relacionados con la experiencia argentina del capitalismo, el neoliberalismo y la crisis económica"—.¹⁸

Son precisamente estos diferentes modos de subjetividad engendrados bajo el paradigma económico del neoliberalismo lo que me interesa explorar en *El patrón, radiografía de un crimen*. Para ello, enfoco mi estudio en el análisis de su protagonista a partir de diversas teorizaciones en torno al cuerpo abyecto del zombi. Si bien es cierto que la apariencia física de Hermógenes Saldívar no responde a la imagen tradicional del zombi, un estudio minucioso de las acciones y de la psicología del protagonista, de las dinámicas de poder que mantiene con el resto de los personajes y de la circulación afectiva que comparte con el espectador me va a permitir hablar de Saldívar como un cuerpo zombi que registra un modo de subjetividad históricamente presente (aunque con frecuencia invisibilizado) en el contexto argentino, que se encuentra aquí únicamente renovado a la luz del actual modelo económico.

Antes de pasar adelante y examinar al protagonista desde esta perspectiva teórica, conviene preguntarse: ¿qué es un zombi? ¿Qué marcas fisionómicas y estéticas conforman su escritura tradicional? ¿Qué ansiedades —políticas, económicas o sociales— registra su cuerpo en descomposición?

CONSIDERADOS COMO "LAS PRIMERAS criaturas sobrenaturales" no procedentes de "una tradición gótica europea", los zombis tienen su origen en los rituales religiosos y las "prácticas folklóricas de los esclavos africanos que llegan, tras su desarraigo y padecimiento, a Haití y las islas del Caribe" durante la época colonial.[19] El primer hallazgo de la palabra "zombi" data de 1765 y aparece en una descripción de África contenida en un texto francés.[20] El término "zombi" procede de la palabra "ndzumbi" de la tribu Mitsogho de Gabon, en el África Occidental —palabra que se usa para referirse al cadáver de un muerto—.[21] Si bien el origen del término está conectado a las prácticas folklóricas, la imagen del zombi haitiano —imagen construida a partir de los discursos orales, literarios y cinematográficos estadounidenses— aparece con mucha frecuencia asociada con el "imaginario del esclavo sobreexplotado [...] un ser al que incluso levantan de la tumba [por medio de la acción de un bokor] para que siga trabajando durante toda su muerte, durante toda la eternidad"[22] a modo de "cuerpo sin voluntad ni conciencia".[23] No obstante, en línea con lo postulado por Raphael Hoermann, cabe señalar que la analogía comúnmente establecida entre el zombi y el esclavo es, como mínimo, problemática,[24] dado que esta imagen del zombi como esclavo sin alma ni conciencia, sujeto a las órdenes de su amo, no es más que una invención llevada a cabo por soldados, expatriados y misioneros quienes, en su regreso a casa durante el período de la ocupación estadounidense de Haití (1915-1934), trajeron consigo "historias de extrañas ceremonias de vudú y bokors misteriosos e, incluso, rumores de zombis".[25] La literatura y el cine estadounidenses también se hicieron eco de estas ficciones, como se hace evidente a partir de la extensa producción cultural en torno a esta criatura.[26] En contraposición con el mensaje de sumisión que estas historias se esforzaban en transmitir, es preciso destacar que:

> los rituales de vudú se usaban comúnmente para comunicar y motivar el sentimiento anti-blanco que condujo a la Revolución Haitiana [...] hay incluso sugerencias de que las hordas que se levantaron para deshacerse del yugo de la opresión se convirtieron, a través de las prácticas del vudú, insensibles al dolor.[27]

Registrada como la única revolución exitosa a manos de los esclavos, la Revolución Haitiana (1791-1804) marcó, sin duda alguna, uno de los más importantes hitos en el período de las revoluciones. El éxito de la Revolución Haitiana significó la pérdida de la colonia más productiva que tenía Francia, supuso una gran amenaza para la economía transatlántica —una economía con base en el comercio de esclavos y el trabajo en las plantaciones—, y marcó el reconocimiento del negro como una categoría política.[28] Como forma de contrarrestar el éxito de la rebelión y evitar una posible insurrección similar durante el período de trabajo forzado impuesto a los haitianos en los años de la ocupación estadounidense, durante esta época tiene lugar el nacimiento, tanto en el cine como en la literatura estadounidenses, de la figura del zombi haitiano —figura que protagonizaría desde entonces numerosas narrativas contra-revolucionarias—. El zombi, erigido "como trabajador no muerto, [como] persona controlada por otro",[29] tenía como función principal prevenir a los haitianos de rebelarse en contra de sus patronos "al equiparar la revolución anticolonial a la zombificación, el terror y la muerte".[30] La figura del zombi como un esclavo sobreexplotado debe ser vista, por consiguiente, como un acto neocolonialista de re-esclavitud simbólica de los haitianos auto-emancipados, o dicho de otro modo, como una construcción gótica, caricaturesca y racista del haitiano.[31]

En línea con el discurso racista construido en torno a Haití, Gina Athena Ulysse comenta que:

> Haití y los haitianos siguen siendo una manifestación de la negrura en su peor forma porque, simplemente, el rebelde terrible de las Américas desa-

fió todas las probabilidades europeas y creó un desorden de todas las cosas coloniales. Haití tuvo que convertirse en la leyenda del colonialismo para que la santidad de la blancura siguiera siendo incuestionable.³²

En conexión con la desestabilización de las relaciones de poder (Europa-colonias) resultantes del triunfo de la Revolución Haitiana, la auto-emancipación del pueblo haitiano puso en tela de juicio el papel redentor de los mismos colonizadores ya que:

> la mayoría de las aboliciones de la esclavitud en el mundo atlántico fueron promulgadas por los colonizadores [...] [y] la Revolución Haitiana hizo estallar el mito propagandístico de los blancos y divinos emancipadores [...] otorgando gentilmente la libertad al suplicante esclavo.³³

Frantz Fanon critica al respecto la muy común imagen del blanco libertador "acariciando el pelo rizado del dócil negro cuyas cadenas se acaban de romper" —imagen que, a un nivel simbólico, va a ser de gran importancia en el análisis de la película argentina que aquí nos concierne—.³⁴

Con el estreno de *Night of the Living Dead* (1968), de George A. Romero, se lleva a cabo una nueva reelaboración de la figura del zombi, que da lugar a lo que comúnmente se conoce como el zombi apocalíptico.³⁵ Este nuevo zombi de Romero se aleja de "la problemática concreta de la sobreexplotación de los esclavos negros para desarrollar un discurso general sobre las relaciones humanas bajo el capitalismo en Norteamérica".³⁶ Haciendo eco de lo expuesto por Jesús Palacios, Sara Molpeceres señala que este nuevo zombi combina el concepto del muerto-vivo con otros elementos procedentes de diferentes géneros.³⁷ Entre ellos se encuentran el elemento de la radiación como el origen de la plaga, proveniente del género de la ciencia ficción apocalíptica; la pérdida de la identidad individual, de las películas de extraterrestres; la estética visual del zombi, de los EC Comics; el tropo del contagio, del género vampírico tradicional; la naturaleza caníbal, del mito del demonio necrófago; y la condición de descerebrado, del zombi de la tradición voodoo.³⁸ Si el zombi haitiano estaba íntimamente asociado con la rebelión de los esclavos y la consecuente contranarrativa anti-emancipatoria, el zombi apocalíptico está ahora ligado a la forma de esclavitud engendrada bajo el capitalismo tardío. Esta forma de esclavitud está materializada en "el desempeño mecanicista del trabajador de la fábrica [mercado], [y] en el sujeto mentalmente muerto e ideológicamente alimentado por el servicio a la industria [mercado]";³⁹ una forma de esclavitud dual encarnada tanto en el trabajador capitalista como en el consumidor atrapado dentro del constructo ideológico que asegura su supervivencia dentro del sistema;[40] una forma de esclavitud disfrazada de libertad, que pone fin a la esencia del sujeto, dado que el sujeto y objeto pasan a convertirse en categorías ineficientes, "ya que el fetiche de la mercancía anima objetos, y la reificación cosifica al trabajador".[41]

Este proceso de cosificación conlleva, simultáneamente, lo que podríamos denominar una relación de endeudamiento biopolítico entre el sujeto (y más específicamente su cuerpo o fuerza laboral) y las promesas contenidas en la estructura metafórica de sustituciones (u ontología del capitalismo, como bien apunta McNally) —estructura en la que una cosa (el dinero, por ejemplo) es reemplazada por otra,[42] ya sea esta una mercancía o producto básico a un nivel concreto o una determinada estructura de sentimiento a un nivel más abstracto, como se verá en el análisis del filme—.[43] Privado de la subjetividad y biopolíticamente endeudado, el zombi —metáfora aquí del trabajador alienado— acaba irremediablemente excluyéndose de la vida social y se convierte en un no-muerto, ya que como apunta Karl Marx, "su comunidad [...], de la que lo separa su propio trabajo, es la vida misma, la vida física e intelectual, la moral humana [...], la actividad humana, el disfrute humano, la naturaleza humana".[44]

Estéticamente hablando, una característica distintiva del zombi es que es esclavo de su propio cuerpo, es más, es única y exclusivamente un cuerpo. Al haber perdido su conciencia y voluntad, el zombi es "un ánima vacía", ya que la humanidad es definida por la conciencia individual y su agencia personal; ser un cuerpo sin una mente es ser subhumano o animal, y ser humano sin agencia es ser prisionero o esclavo.[45] Reducido a su corporalidad física, el zombi no es más que una mera colección de carne, sangre, músculo y tejido sujeta a una fácil explotación.[46] El zombi expone aquello que supuestamente había de quedar oculto, lo abyecto, aquello que la sociedad niega y rechaza de sí. En definitiva, el zombi visibiliza "lo que se quiere extirpar", esto es, el zombi materializa "el otro yo negado".[47]

Identidad de no-muerto, falta de voluntad, descomposición corporal, abyección, esclavitud, sobreexplotación laboral, alienación, opresión racial, cosificación, inhumanidad, desigualdad, revolución, otredad, endeudamiento biopolítico y pérdida de la subjetividad son solo algunos de los tropos éticos y estéticos o mito-temas contenidos en las dos versiones del zombi (el zombi haitiano y el zombi apocalíptico) que coexisten, de una manera u otra, en el personaje de Hermógenes Saldívar y, de forma más extensa, en el filme en su totalidad.[48]

IDENTIFICADAS LAS PARTICULARIDADES ÉTICAS y estéticas (o mito-temas) subyacentes a las dos versiones del zombi que coexisten en el personaje de Saldívar conviene proceder al minucioso estudio del filme. Empezaré para ello diseccionando metafóricamente el mensaje contenido en el mismo título. Como bien señala Díez Martínez, *El patrón, radiografía de un crimen* (título también de la homónima novela) remite al espectador a *Anatomía de un asesinato* [*Anatomy of a Murder*] (1959), película estadounidense dirigida por Otto Preminger que relata la vida de Paul Biegler (James Stewart), un fracasado abogado de provincia que acepta la defensa de un teniente militar acusado del asesinato del supuesto violador de su esposa.[49] En *El patrón* se hace presente una cierta intertextualidad argumental, pues como ocurre en el filme estadounidense, la película argentina también narra la historia de un abogado (en este caso muy ambicioso) que decide hacerse cargo de la defensa de un acusado que, motivado por extenuantes y extremas circunstancias, acaba cometiendo un asesinato.

A diferencia del largometraje estadounidense, a nivel gráfico el título argentino está dividido en dos partes separadas mediante el uso de una coma —signo de puntuación que introduce una aposición—. "Radiografía de un crimen", pensamiento contenido en la segunda mitad del título, explica o modifica el mensaje presente en la primera parte "El patrón". Si bien la referencia al patrón podría remitirnos única y exclusivamente al personaje de Latuada, un detallado análisis de los primeros cinco minutos de la película sugiere, sin embargo, otra posible y paralela interpretación.

No es hasta el minuto 4:43, aproximadamente, que el título aparece en la pantalla de forma fragmentada: "El patrón", primero; segundos más tarde, y acompañadas por un pausado toque de un instrumento de cuerda —que en el contexto argentino remite al espectador al sonido de la vihuela—, aparecen las palabras "radiografía de un crimen". Sobre un fondo negro y con caligrafía blanca parcial que gradualmente es teñida de rojo, la aparición del título sugiere la exteriorización de las estructuras internas del cuerpo a modo de radiografía. El espectador accede a la realidad subyacente en la base de la trama a modo de facultativo que, por medio de los rayos X, permite vislumbrar también la estructura ósea y órganos interiores del cuerpo. Desde el mismo título, el filme problematiza la idea de la corporalidad humana como una entidad cerrada al invitar al espectador, por medio de la alusión a la radiografía, a explorar aquello oculto bajo la dermis del cuerpo (social), poniendo al descubierto aquello que debería permanecer velado en la interioridad corporal y enfrentándolo a la abyección que subyace bajo la imagen ideal que el ser humano tiene de sí mismo y, por extensión, de la sociedad que habita. Al acceder a la realidad plasmada en la diégesis, Schindel, al igual que hizo Marx en el *Capital* por medio de su referencia a *Fausto* de Goethe, nos incita a que abandonemos la escena en la que todo es visible, "donde todo sucede en la superficie y a la vista de todos",[50] y nos adentremos en la cueva, el dominio de la oscuridad, el espacio de las fuerzas invisibles y emprendamos un viaje "de la esfera de [...] la forma de valor [...] al dominio de los cuerpos y sus labores".[51]

Un claro ejemplo de este viaje a la oscuridad se materializa cuando tras la visita de su señoría a la carnicería con el propósito de tomarle declaración al acusado en el lugar del crimen, Di Giovanni le dice al letrado que le "gustaría mostrarle el cuartito donde vivía el acusado" con el objetivo de añadir, así, nuevos datos que apoyen su defensa. Cabe señalar, sin embargo, que el hallazgo de este lugar por parte de Di Giovanni fue accidental, al igual que el hacerse cargo de la defensa del acusado. Hasta este momento a Di Giovanni no se le había ocurrido la posibilidad de indagar en las condiciones de vida precaria del acusado. Únicamente accede a esta cruda realidad cuando, interrumpido por el timbre de su celular, se aleja del lugar donde se está llevando a cabo la reconstrucción del crimen para atender la llamada telefónica de su esposa. A medida que su señoría y el espectador acceden (por lados opuestos) al espacio angosto, frío y oscuro que constituye la pieza del acusado, Di Giovanni comenta que "[l]as condiciones habitacionales [...] son extremas, al margen de las presiones constantes que recibía el acusado de maquillar y comercializar carne en descomposición". Esto pretende hacernos ver que oculta bajo las apariencias existe una realidad con frecuencia ignorada (nótese el correlativo con la carne maquillada y adulterada) —una realidad que Di Giovanni traerá a la luz por medio de su exitoso discurso de defensa al final del largometraje—. Resulta importante señalar que este discurso materializa, por su parte, la exteriorización —a modo de radiografía— de la oscura realidad que habitan tanto Hermógenes Saldívar como muchos otros que, desposeídos de subjetivad y reducidos a su mera corporalidad, ocupan el espacio invisible que subyace al dominio del mercado.

Volviendo de nuevo al título, la pequeña pausa entre las diferentes partes se hace también evidente desde un punto de vista narrativo durante los primeros minutos del largometraje. En los créditos de apertura y hasta la aparición del título, el presente narrativo se erige como el marco temporal de la acción; el protagonismo, en esta parte, lo detenta Marcelo Di Giovanni. El espectador accede a él primero de forma auditiva —por medio de la técnica del *prelapping*— al escuchar la conversación telefónica que este mantiene con su interlocutor acerca de lo que parece ser un expediente legal. Si bien el acceso a la información por parte del espectador es limitado, es evidente que el dinero es el único móvil que motiva sus acciones. Prueba de ello se observa cuando el personaje comenta: "[y]o no empiezo si no cobro gastos de inicio" y "[y]o menos de eso no cobro". Acto seguido, el espectador puede, por fin, acceder visualmente al abogado cuando el personaje hace su entrada en el juzgado con andar acelerado y ataviado con chaqueta y corbata para entregarle a su compañera una "copia del pedido del juez español por la extradición de Pérez-Ramallo" y convencerla de la urgencia de que el juez vea el informe esa misma semana. Como se desprende de las maneras que el abogado gasta con la letrada y de la respuesta que esta le da ("Me halaga, Di Giovanni, pero en mi juzgado las cosas no funcionan así"), el licenciado se presenta como un ser ambicioso y sin escrúpulos dispuesto a lo que sea necesario para conseguir lo que se propone. Tal como sugiere el caso que lleva entre manos, esto es: el reconocimiento internacional, ya que la referencia al juez español por un caso de extradición remite al espectador al trabajo llevado a cabo por el famoso juez de la Audiencia Nacional de España, Baltasar Garzón, en relación al arresto y detención de Augusto Pinochet en Londres entre 1998-2000.[52]

El objetivo de este trabajo no es explorar las implicaciones que conlleva la referencia a esta autoridad legal dentro del contexto argentino, pero sí es importante, sin embargo, señalar que por medio de esta breve referencia, el director inserta su obra dentro de "una geopolítica global de la memoria", esto es, "una topología imaginada de referentes de duelo, recuerdo y esclarecimiento que establecen una cartografía ética global".[53] Por medio de esta breve referencia la película parece apelar, desde un primer momento, a lo global y transnacional cuando, en realidad, bajo este aparente semblante subyacen ocultos todavía los arraigados binarismos centro/periferia que tradicionalmente han contestado la exitosa articulación de un discurso nacional en Argentina. Cabe señalar al respecto que la sección de créditos de apertura, anterior a la aparición del título en la pantalla, acaba con Di Giovanni accediendo a considerar la petición de su colega de aceptar la defensa de un tipo de Santiago del Estero que ni siquiera cuenta con el apoyo de un defensor público —defensa que va a hacer posible visibilizar, a modo de radiografía, el mal interno que aqueja a la sociedad argentina—. Lejos del compromiso ético que podría esperarse de un abogado que acepta la defensa de un acusado, la defensa del hombre de Santiago del Estero —sin nombre, sin voz y casi sin rostro en esta primera parte de la película— se erige únicamente como moneda de cambio para que la letrada acceda a aligerar los trámites con el juez en torno al asunto del magistrado español. Así se lo hace ver el mismo abogado a su esposa cuando unos minutos más tarde esta le reprocha el haber aceptado un nuevo caso, a lo que él responde que es solo algo que hace a cambio de la aceleración de la extradición.

Como bien aclara Schindel en una entrevista con Óscar Ranzani, "el personaje que interpreta Guillermo Pfening [Di Giovanni] no tiene nada que ver con Elías Neuman [... ya que] Elías [e]ra un tipo muy reconocido que solía tomar casos extremos de forma totalmente gratuita".[54] Esta modificación argumental no solo responde al deseo del director de no mostrar al "letrado como un héroe", sino como "un abogado frívolo de clase media a quien le interesa sólo el dinero"; me atrevería a decir que, incluso, evidencia la más sincera preocupación mostrada por Neuman en relación a la profesión de la abogacía.[55] En su opinión, "[l]os graduados ni siquiera saben como [sic] hablar con los cientos de miles de personas excluidas. En el fondo, es un problema de clases. Y en las facultades de derecho se transmite el saber como quien trasmite el poder".[56] Este desconocimiento que tanto preocupó a Neuman queda registrado claramente en la película por medio del incómodo lenguaje corporal que Di Giovanni demuestra en su primera cita con el acusado —lenguaje que antepone la identidad burocrática del acusado, es decir, los datos registrados en la documentación legal, a la real presencia del acusado en la sala—. La falta de contacto visual que el abogado demuestra con su cliente —contacto que, por el contrario, sí mantiene Hermógenes en relación al abogado (y, en cierta medida, a nosotros como espectadores)—, así como el ritmo acelerado de la información que el abogado comparte con el protagonista, pone de manifiesto el hecho de que Hermógenes no es más que un trámite burocrático. La falta de humanidad y empatía que en este momento Di Giovanni muestra con su cliente evidencia lo señalado por Neuman en relación a la deficitaria formación de los abogados en lo relativo al trato con las personas excluidas de la sociedad. No es hasta que el humilde peón de campo rompe en sollozos y comenta "la vida es un destino a cumplir", palabras que denotan un inevitable determinismo existencial, que el abogado hace una pausa en su monólogo y da un respiro al cliente y al espectador.

Si bien este gesto podría interpretarse como un acto de empatía por parte del abogado, no debe obviarse que es la muestra de vulnerabilidad por parte de Hermógenes lo único que frena el acelerado ritmo del letrado y, lo que es aun más importante, es solo a partir de la vulnerabilidad de su cliente que por fin el abogado levanta la vista y lo mira cara a cara mientras le ofrece un pañuelo y le comenta "tranquilícese, hombre. Yo estoy aquí para ayudarle". El enfoque de la cámara, en este momento, está en un Hermógenes cabizbajo y roto de dolor que acepta, sin ninguna otra opción, el pañuelo que Di Giovanni pone en sus manos. La única parte del cuerpo del abogado que aparece en la pantalla es la mano con la que extiende el pañuelo. Este gesto sitúa a Hermógenes como objeto de la mirada y de la solidaridad del magistrado y sirve como recordatorio del gesto paternalista referido por Fanon aludido al comienzo de este trabajo: un gesto que más que ayudar perpetúa la posición de inferioridad del sujeto subalterno y reafirma la relación de dependencia biopolítica de este con su defensor; dependencia o endeudamiento biopolítico, si se prefiere, que el acusado también había mantenido con Latuada.

Como se comentó anteriormente, en vez de recibir un determinado salario por el trabajo desempeñado en la carnicería, la fuerza laboral del carnicero era retribuida, más bien, por medio de una cadena de ilusiones (la consecución de una casa) y estructuras de sentimientos (lo que el poseer una casa significa) que más que hacerle libre lo terminaron esclavizando. Si bien por medio del asesinato Hermógenes logró liberarse de la violencia ejercida por su perpetrador, aunque esto significó la consecuente pérdida de libertad por medio de su encarcelamiento, la relación que este mantiene a partir de ahora con su abogado va a probar ser un endeudamiento biopolítico sin salida, pues tras defenderlo sin cobrarle nada, le compra los boletos de autobús para que este emprenda su viaje de vuelta al campo. Es justo en este momento cuando Hermógenes le comenta a su abogado, "Yo no sé cómo hacer para agradecer todo lo que usted está haciendo por mí, Doctor, por nosotros [...] Cuente conmigo para lo que usted mande [...] yo estoy acostumbrado a hacer todo trabajo muy duro [...] así que lo que usted necesite, yo...yo estoy". Estas palabras son referidas por la esposa del abogado cuando tras despedir al carnicero en la estación de autobuses le dice a su marido, "¿viste cómo te trató? [...] como si fueses su nuevo patrón".

Como se desprende de estas palabras, el endeudamiento biopolítico que Hermógenes y su familia tienen para con el letrado queda aquí sellado de por vida y materializado en la corporalidad y fuerza física del peón de campo. Este endeudamiento biopolítico, que constituye uno de los mito-temas del cuerpo del zombi, se erige también como una nueva (o mejor dicho, renovada) forma de sumisión, explotación y esclavitud. En este caso, la deuda que Hermógenes y su familia tienen para con el abogado les obliga a aceptar, sin posibilidad de barajar posibles alternativas, su regreso al campo a sabiendas de las limitaciones que conlleva la vida ahí. El regreso impuesto al campo evidencia, además, las aun vigentes divisiones geográficas y sociales —campo y ciudad— presentes en Argentina. Y, por último, pone de manifiesto cómo todavía hoy, en pleno siglo XXI, las divisiones sociales que previnieron la integración de los grupos marginados de la población en la "idea de unión y democracia" defendida por los escritores decimonónicos siguen, de una manera u otra, vigentes.[57] En el momento de la despedida, la referencia de Hermógenes a su costumbre de hacer trabajo duro sirve como recordatorio de cómo "la clase popular sólo [...] se concibe como puro cuerpo"[58] y "quien sólo tiene un cuerpo es un animal, un monstruo [...] un trabajador [o un zombi]".[59] La imposición del retorno al campo evidencia, de forma renovada, las fuertes contradicciones de los liberales decimonónicos, esto es, "la necesidad de proporcionar el progreso eliminando los rasgos 'bárbaros' de la población" así como "el deseo de mantener las fuertes divisiones sociales".[60] Encarnación del modelo de civilización europeo (téngase en cuenta su nombre de origen italiano y su apariencia física), Di Giovanni logra, por medio de la defensa de Saldívar y su consecuente retorno al campo, imponer (como ya lo hiciera Esteban Echeverría) "la nueva barbarie de la 'civilización'".[61] En esta nueva forma de barbarie, "la riqueza [es] simplemente uno de los privilegios legítimos de los que disfrutan las clases iluminadas en una sociedad bien ordenada porque está iluminada; gobernar a los que no lo son [es] también parte de su derecho de nacimiento".[62] En línea con lo postulado por Josefina Ludmer en lo relativo a la construcción del género gauchesco, por medio de su erudito discurso de defensa Di Giovanni (civilización) lleva a cabo "la apropiación letrada" del discurso de Saldívar (barbarie), una apropiación que tiene como objetivo último el control biopolítico del defendido, mostrando así cómo, lejos de las apariencias, Di Giovanni se erige como un nuevo patrón sobre el humilde carnicero.

La conexión de Hermógenes Saldívar con el sujeto bárbaro de la tradición cultural argentina se hace más evidente tras la desaparición del título en la pantalla. Es justo en este momento cuando el espectador accede al tiempo narrado de la acción —tiempo contenido en el expediente que la letrada le entrega a Di Giovanni unos segundos antes—. La escena se abre con un plano que muestra la fachada de una carnicería de barrio y la llegada de un camión de mercancía. De la carnicería salen dos personas: el humilde peón de campo ahora convertido en carnicero y un señor mayor de edad, Armando (Germán de Silva), quien parece tener más experiencia en el negocio de la carne y desempeña las funciones de mentor de Hermógenes. Del camión se apea su conductor quien abre las puertas traseras del vehículo para que el nuevo carnicero de la sucursal descargue el pesado género. En este momento escuchamos por primera vez la voz de Hermógenes, cuando se presenta al camionero mediante un sumiso apretón de manos. El nombre del personaje es recibido con un gesto de desdén, desafecto e, incluso, superioridad por parte del camionero quien, con un cierto tono de mueca, repite el nombre dejando entrever su indiferencia. La indiferencia hacia el nombre del nuevo trabajador no es una novedad. Esta ya se hizo evidente en la escena anterior, en la conversación entre la letrada y Di Giovanni, para quienes el trabajo del carnicero, su procedencia, su ignorancia y su dependencia legal ("El tipo es de Santiago del Estero [...] está solo, trabajaba en una carnicería, no entiende nada, necesita ayuda") constituían sus principales señas de identidad. Nótese aquí, de hecho, la conexión geográfica de este con una provincia del interior y la referencia a su oficio, conexiones que no son arbitrarias en una nación marcada por la dicotomía civilización y barbarie.

Minutos después, será Latuada el que de forma explícita le arrebate al personaje la identidad que le otorga su nombre. Al entrar a la sucursal, le pregunta a Armando, "¿cómo va el santiagueño?", para posteriormente dirigirse a él y preguntarle "¿cómo era que te llamabas vos?". No satisfecho con la respuesta del aludido —"Hermógenes Saldívar"— Latuada le dice que no se puede llamar así y que allá se va a llamar Santiago. Por medio de este comentario se hace evidente una forma de violencia que problematiza lo que Judith Butler y Athena Athanasiou entienden como "ontología de la subjetividad humana", esto es, "la inteligibilidad de las normas que nos constituyen como seres humanos".[63] Según Athanasiou, si el acto de nombrar conlleva un riesgo lacerante, "abstenerse de nombrar no es inmune a tal peligro tampoco", ya que el hecho de no nombrar correctamente tiene como resultado "[la producción de] un régimen apropiado de no nombrar [...] con todas sus implicaciones de idealización, exotización, romantización y piedad discursiva" —implicaciones que reiteran, por su parte, la lógica del silenciamiento—.[64] Al serle negado el nombre que le fue dado en su nacimiento, Hermógenes Saldívar esta siendo víctima de un doble acto de desposesión, ya que el ser nombrado por otro al nacer ya implica una cierta desposesión desde su origen. No obstante, al ser arrebatado este nombre original e impuesto el de Santiago, la identidad de Hermógenes queda convertida en un simple reducto de alteridad en el que no tiene cabida la singularidad. La pérdida de la singularidad o despersonalización (característica que se erige, también, como mito-tema del zombi) es, por su parte, un aspecto crucial de la biopolítica. Dado que la singularidad individual conlleva una separación o diferenciación "que podría funcionar como una invitación a una comunidad (política)",[65] la desposesión del nombre de Hermógenes Saldívar, ya sea implícita o explícitamente, podría interpretarse como un acto de despojo de su singularidad y, en consecuencia, como un intento de prevenir su participación como sujeto político dentro de la comunidad (sociedad bonaerense y, por extensión, argentina) de la que forma parte —intento del que también le previene, por su parte, Di Giovanni al conseguirle los boletos de regreso al campo—. El intento de prevenir su participación en la comunidad de la que forma parte supone el despojo de una de las premisas básicas del ciudadano tal y como lo concebía Aristóteles.

No se debe pasar por alto, sin embargo, que en el momento en que se lleva a cabo la reconstrucción de lo acaecido en el lugar del crimen ante el juez el carnicero comenta:

> [y]o lo recuerdo bien. El patrón me llama por mi nombre, yo no quería que él me nombrara. Yo no quería que él me llamara por mi nombre. Me acerqué, estaba trabajando con el cuchillo [y nótese aquí el énfasis en el objeto que conecta con una larga tradición cultural en el país], y le di...Y le di.

Si la desposesión del nombre original convirtió a Hermógenes Saldívar en una especie de autómata reducido a un mero cuerpo (al igual que ocurre con el zombi), el volver a escuchar su nombre suscita en el protagonista un momentáneo acto de rebelión hacia su patrón. Habiendo perdido no solo la identidad que le proveía su nombre, sino también la identidad que le otorgaba el sentirse esposo y compañero de Gladys, y la identidad de pícaro carnicero que había desarrollado a partir de los consejos de Armando, la mención de su nombre parece concientizar a Hermógenes de la esencia (casi desaparecida) que todavía subyace a la corporalidad física a la que ha sido reducido.[66] Contrario de lo que el abogado y la psicóloga (esposa del abogado) desde un principio se esfuerzan en demostrar —que el asesinato es simplemente un episodio de emoción violenta transitoria— yo lo entiendo, más bien, como un significativo acto de rebelión del personaje, quien harto de las humillaciones aun posee un pequeño grado de conciencia y dignidad.

Es justo en el momento en que Latuada lo llama por su nombre de pila que Hermógenes se da cuenta de que el trato "especial" que hasta el momento había recibido de su patrón no era más que un gesto paternalista que lo intentaba mantener en una posición de sumisión y obediencia. Es justo en este momento, también, que Hermógenes parece percatarse de que a menos que se rebele, a él le espera la misma suerte que a Gladys —a quien Latuada se refiere como una "negra hija de puta", y tras ser humillada verbalmente por el patrón acaba teniendo prohibida la entrada en la carnicería— y que a su predecesor en el puesto de encargado de la carnicería, el "paraguayo de mierda [y...] piojoso" al que Latuada golpea brutalmente y expulsa de la sucursal para cederle el cargo a Saldívar. Ya con anterioridad, en otro momento de tensión con una cliente insatisfecha, Latuada se había referido al carnicero con el calificativo de "negro ignorante" al que no sabía cómo enseñarle porque no entendía nada, y el mismo Armando le había prevenido de que a menos que se animara a continuar con el proceso de adulteración de la carne, Latuada pondría a otro en su lugar. Todo esto pone de manifiesto la naturaleza desechable de su cuerpo y la cosificación del individuo —característica esta compartida también por el cuerpo del zombi—.

Este acto de rebeldía, comparable al acto emancipatorio de los esclavos haitianos —pues "¿Qué mayor disparador [hay] que la esclavitud?"—[67] acaba siendo resemantizado, como también ocurrió con la exitosa Revolución Haitiana y su representación en las narrativas contra-revolucionarias estadounidenses, por medio del emotivo discurso de defensa del abogado. Si el espectador hace un esfuerzo por no dejarse llevar por la emoción contenida en el tan ansiado discurso y analiza de forma crítica las palabras encerradas en él verá cómo por medio de su defensa, más que otorgarle libertad, Di Giovanni está sometiendo a Hermógenes Saldívar a una nueva forma de esclavitud de la que, ahora sí, parece no tener salida.

Detengámonos un momento para reproducir las palabras del abogado. En respuesta a la acusación de la fiscalía, Di Giovanni comenta que "cuando Hermógenes escucha su nombre en boca de Latuada, ya sabía lo que se venía. La presión acumulada hizo el resto y desató un *huracán emocional* que *anuló sus frenos inhibitorios, oscureció su conciencia*, y precipitó el crimen", acto seguido, solicita que "el delito de homicidio sea calificado bajo *la emoción violenta*" (el énfasis es mío), y añade que, en vista del tiempo que el acusado ya ha cumplido en prisión, le sea concedida su libertad inmediata. Como se desprende del elocuente vocabulario usado por el letrado, no hay lugar a dudas de que debido a las circunstancias (y obsérvese aquí un cierto determinismo) el carnicero se dejó llevar por sus pasiones, faltando así a la razón e incurriendo en un acto de cruda violencia. Visto de esta manera y teniendo en cuenta que la inaptitud que Hermógenes lleva patente a modo de ADN (nótese aquí también el determinismo decimonónico) le va a prevenir siempre de acceder a posiciones laborales que no impliquen una cierta explotación del individuo que pueda, llegado el momento, desatar una nueva ola de violencia o un "huracán emocional que [pudiera] anul[ar] sus frenos inhibitorios", si se prefiere, el único lugar seguro para este que garantice el orden social conseguido con tanto esfuerzo es el campo.

Las palabras proferidas por el letrado hacen prevalecer los instintos primarios del carnicero, instintos que subrayan el lado más animal/bárbaro del personaje. Esta conexión del personaje con lo animal (o incluso monstruoso) queda establecida desde el comienzo del largometraje cuando Hermógenes sale de la carnicería para descargar el género del camión frigorífico. Es en este momento cuando Armando, su mentor, le echa una amplia tela sobre sus hombros al tiempo que le comenta, "vení, Hermógenes, vení, así no te manchás la camperita". Acto seguido, Hermógenes carga sobre sus hombros una pesada pieza de vacuno mientras se aleja camino a la carnicería. El acto de portar la carne sobre los hombros (acto repetido en numerosas instancias a lo largo del filme) podría interpretarse como un acto de sutura del género vacuno sobre el personaje, lo que establece una conexión intrínseca entre ambos que ya era habitual entre los bárbaros de la narrativa decimonónica argentina. En esta escena, también cabe señalar que conforme Hermógenes se aleja de la cámara para adentrarse en la carnicería, el enfoque recae en el efecto que la pesada carga tiene sobre el cuerpo "inapto", y más concretamente, en la cojera del personaje y su musculatura. Lo muscular, o lo físico de la corporalidad, desempeña un papel muy importante a lo largo de toda la película, ya que pone de manifiesto cómo la identidad de Hermógenes Saldívar queda reducida a la materialidad corporal.

Son varias las ocasiones en las que Hermógenes destaca su inclinación hacia el trabajo duro. Un ejemplo claro de ello es cuando Latuada le pregunta si tiene documento y este le responde, "[y]o estoy acostumbrado a hacer trabajos muy duros, siempre he trabajado muy duro" mientras saca de su bolsillo el documento y le comenta, "soy inapto, pero no le voy a fallar, patrón". Una vez dentro de la carnicería y después de descargar el camión frigorífico, la cámara se enfoca en el trozo de carne que ahora cuelga de la pared y en el garfio y el cuchillo (atributo característico del gaucho tradicional) que a modo de prolongación de las extremidades superiores cumplen su función en el despiece del género. Poco a poco la cámara cede paso, de forma fragmentada, al cuerpo del recién estrenado carnicero. Si bien el espectador tiene acceso visual a los tejidos que componen el trozo de carne que cuelga en la carnicería, accede fenomenológicamente (hago aquí eco de los postulados teóricos propuestos por Vivian Sobchack, Jennifer Barker y Laura Marks) a los tensos tejidos musculares del personaje cuando, por medio de un movimiento de la cámara, el espectador logra empatizar con el esfuerzo físico que el acto de descuartizar la carne tiene para el carnicero.[68]

Del mismo modo en que el cuerpo del vacuno queda reducido a sus diferentes partes una vez descuartizado en la carnicería, el filme se sirve de muy acertados ángulos de la cámara para probar cómo la totalidad del protagonista queda reducida a diferentes partes de su corporalidad —partes cuyo único interés reside (al igual que las del vacuno) en el valor productivo que estas puedan generar—. Lo que interesa no es el trabajador en sí (ya lo dejó claro Latuada cuando se quitó del medio al paraguayo que antes ostentaba el puesto de Saldívar), sino su fuerza laboral —de ahí el constante enfoque de la cámara en fragmentos de una corporalidad que denota esta fuerza física—. David McNally comenta que:

> como unidades idénticas e intercambiables de fuerza de trabajo homogénea, las habilidades y los cuerpos de los trabajadores se diseccionan, se fragmentan, se cortan en piezas separables sometidas a la dirección de una fuerza alienígena, representada por una legión de supervisores.[69]

Y se hace eco de Marx al señalar que el capitalismo "mutila al trabajador [...] convirtiéndolo en un fragmento de sí mismo".[70] En definitiva, y como bien señala Peter Dendle, lo que el capital hace con los trabajadores es "reducir a la persona a un mero cuerpo, reducir su comportamiento a sus funciones motoras [y] reducir su utilidad social al trabajo bruto".[71]

La reducción de Hermógenes Saldívar a sus funciones motoras y a una corporalidad aparentemente carente de conciencia no es, sin embargo, el único mito-tema mediante el cual el cuerpo del personaje remite al espectador al del zombi. La intrínseca conexión de este con el género vacuno que se despacha en la sucursal de Latuada queda suturada a partir de los afectos que se desprenden de la carne en descomposición que el carnicero adultera. Para acceder a la pieza que Hermógenes comparte con Gladys en la trastienda de la carnicería, este tiene que pasar por un espacio por el que, según Latuada, "se va a cagar de frío". La oscuridad del espacio y la frialdad referida por el patrón remiten al espectador a las cámaras frigoríficas en las que se almacena la carne. Así se establece una conexión entre la carne y el personaje, y su pieza y la cámara frigorífica. Cabe señalar aquí que el hecho de que Hermógenes acepte vivir en la trastienda y de acuerdo a las condiciones impuestas por Latuada — "te voy descontando del sueldo [el precio por alojarse ahí], no te preocupes por eso" y "te voy a cobrar un kilo de carne por día, lo comas o no" — pone de manifiesto, a su vez, la manera en que Hermógenes está vendiendo su vida a su patrón como forma de asegurar su propia subsistencia, ya que:

> lo que el trabajador vende [...] es su energía vital; y esa energía (y su portador, el trabajador) está sujeta al capital de la vida contratada en el acto de consumo/producción [...y] más allá de una expresión de libertad, el intercambio de trabajo con el capital acaba negando la vida.[72]

Para Marx, la vida para el trabajador comienza "donde cesa esta actividad, en la mesa, en el bar, en la cama".[73] Conforme avanza la película vemos, sin embargo, que aquellos momentos que conceden vida a Hermógenes —aquellos compartidos con su joven esposa— van desapareciendo como resultado del control que ejerce sobre este Latuada, lo cual muestra cómo, gradualmente, el personaje va siendo despojado de la vida y convirtiéndose en un muerto en vida.[74]

La presencia constante de la carne en descomposición a lo largo de la película transfiere sus afectos, a modo de contagio y como resultado del constante contacto físico, al cuerpo del carnicero. Esto provoca una constante sensación de asco en el espectador. El asco, por su parte, "registra los estados de transición donde la integridad de un organismo comienza a desmoronarse, como cuando un cadáver putrefacto manifiesta el cambio de lo que era vivo y humano a una masa de fango indiferenciado".[75] En línea con todo lo teorizado en torno al cuerpo en descomposición del zombi, la sutura entre el cuerpo en descomposición del género vacuno y el del carnicero nos lleva a pensar aquí en otro posible mito-tema que Hermógenes comparte con el muerto viviente: la abyección corporal.

Abyección corporal, cosificación, esclavitud, falta de voluntad, revolución, endeudamiento biopolítico, pérdida de subjetividad y sobreexplotación son mito-temas éticos y estéticos que Hermógenes Saldívar comparte con el tropo del zombi. En Hermógenes Saldívar se fusionan la rebeldía del zombi haitiano y la falta de voluntad del zombi apocalíptico, mostrando así cómo, lejos del maniqueísmo del que ha sido tachado el personaje, Saldívar es un personaje sumamente complejo que pone de manifiesto una (renovada) forma de subjetividad: la del ciudadano biopolíticamente endeudado y cosificado del paradigma económico neoliberal. No obstante, y como he intentado mostrar a lo largo de estas páginas, este tipo de subjetividad no es nueva sino más bien la renovación de una ya presente desde los inicios de la República. En el protagonista confluyen, así, dos líneas temporales —la del pasado y la del presente— y en esta confluencia se pone al descubierto, a modo de abyección, aquello que la sociedad argentina ha negado de sí históricamente en sus esfuerzos de construirse como nación.

De igual modo, el personaje de Di Giovanni dista mucho de ser un personaje maniqueo como algunos han apuntado. Si bien el espectador (individuo neoliberal sujeto a la imperante política de la compasión y solidaridad) puede sentirse sobrecogido por su incesante persecución de la justicia en defensa del humilde Hermógenes Saldívar y estremecido por su erudito y elocuente discurso al final del filme, también puede sentirse repelido por su perpetua ambición y por el control que acaba ejerciendo sobre Hermógenes y su familia. Al igual que Saldívar, en Di Giovanni se fusionan pasado y presente: un pasado caracterizado por los esfuerzos civilizatorios de la nación y un presente en el que, más que hacer posible el cambio social, la "solidaridad" y "la compasión" perpetúan estructuras que no permiten que el que está abajo pueda acceder a la movilidad social. En línea con esto, estoy en desacuerdo con las críticas que el filme ha recibido en lo relativo al mal funcionamiento de la subtrama. Como he intentado demostrar a lo largo de estas páginas, Di Giovanni es el nuevo y definitivo patrón, ya que no existe ninguna posibilidad de rebelarse contra él, pues el agradecimiento que Saldívar debe al abogado se erige como su permanente deuda con respecto al sistema que lo ha excluido y sigue excluyendo.

Para terminar, me atrevería a decir que calificar el desenlace de romántico —entendido este como final tierno y sentimental, ya que es así como fue usado el término por la crítica— es sumamente reduccionista. Más que de romanticismo debería hablarse de determinismo naturalista en línea con lo teorizado por Émile Zola, pues el personaje está condicionado a nivel biológico (por su inaptitud), a nivel medioambiental (por su procedencia de las provincias del interior), y por sus instintos primarios (materializados en su capacidad de desinhibirse pasionalmente y desatar su violencia). La única opción posible para Hermógenes y el futuro de su familia es permanecer en el ciclo de explotación y falta de posibilidades en el que nació.[76] Esta imposibilidad de cambio o determinismo deja entrever, por su parte, que el tipo de dialéctica que el zombi encarna "no es la que conlleva una resolución", ya que el zombi "por definición, es anticatarsis [y] antiresolución".[77]

Notas

1. Karl Marx, *Capital*, vol I, trad. Ben Fowkes (Harmondsworth: Penguin Books, 1976), 415-16. "The contract by which he sold his labour-power to the capitalist proved in black and white, so to speak, that he was free to dispose of himself. But when the transaction was concluded, it was discovered that he was no 'free agent'; that the period of time for which he is free to sell his labour-power is the period of time for which he is forced to sell it, that in fact the vampire will not let go 'while there remains a single muscle, sinew of drop of blood to be exploited'". Todas las traducciones que aparecen en este ensayo son mías.

2. Sebastián Schindel nació en Buenos Aires en 1975 y ejerce como profesor de cine documental en la Universidad de San Martín y en la Escuela Nacional de Experimentación y Realización Cinematográfica. Si bien *El patrón* es su primer largometraje de ficción, Schindel cuenta con una establecida carrera como director, guionista y documentalista. Cabe destacar, dentro de su producción, los documentales y cortometrajes *Rerum Novarum* (2001), *Cuba plástica* (2004), *Germán* (2005), *Que sea rock* (2006), *Mundo alas* (2008) y *El rascacielos latino* (2012). Entre los premios recibidos por *El patrón* se encuentran a la mejor película y al mejor actor (Joaquín Furriel) otorgados en el Festival Internacional de Cine de Guadalajara (2015) y en los Premios Cóndor de Plata (2016); los premios al mejor actor, mejor guion adaptado (Nicolás Batlle, Javier Olivera y Sebastián Schindel) y mejor maquillaje y caracterización (Karina Camporino) recibidos en los Premios Sur (2015) y los premios al mejor largometraje de ficción, mejor director (Sebastián Schindel) y mejor público concedidos en el Festival Internacional de Cine de Viña (2015).

3. Pedro Lipcovich, "El hombre que aportó otra visión", *Página 12*, 9 de abril de 2011, acceso el 10 de abril de 2018, https://www.pagina12.com.ar/diario/sociedad/3-165911-2011-04-09.html.

4. Sebastián Lafón, "'Nuestro país tiene una pena': entrevista al criminólogo Elías Neumann", *Alterinfos*, 25 de sept. de 2007, acceso el 10 de abril de 2018, http://www.alterinfos.org/spip.php?article1675.

5. Por medio de su interpretación de Hermógenes Saldívar, Furriel se aleja del papel que hasta el momento le había otorgado un lugar destacado en la pequeña pantalla argentina. Me refiero al de "galán de telenovelas que tras horas de caracterización quedó transformado en un ser apocado, inseguro, con algunas marcas en la

cara, los dientes chuecos y cierta cojera". Lucero Solórzano, "Guadalajara 30", *Excelsior*, 11 de marzo de 2015, acceso el 10 de abril de 2018, https://www.excelsior.com.mx/opinion/lucero-solorzano/2015/03/11/1012797.

6. Horacio Bilbao, "*El patrón…: carne podrida*", *Clarín*, 26 de feb. de 2015, acceso el 23 de abril de 2018, https://www.clarin.com/cine/critica-cine-patron-radiografia-crimen-joaquin-furriel-sebastian-schindel_0_ryqEAmcDmx.html.

7. Alejandro Lingenti, "*El patrón: radiografía de un crimen*. Un patrón violento, un Furriel notable", *La Nación*, 26 de feb. de 2015, acceso el 14 de abril de 2018, https://www.lanacion.com.ar/espectaculos/un-patron-violento-un-furriel-notable-nid1771370.

8. Solórzano, "Guadalajara 30".

9. Bilbao, "*El patrón…*".

10. Hernán Gómez, "*El patrón: radiografía de un crimen*", *Hacerse la crítica: escritura crítica de cine*, acceso el 15 de abril de 2011, https://www.hacerselacritica.com/el-patron-radiografia-de-un-crimen-por-hernan-gomez/.

11. Alonso Díaz de la Vega, "La 60 muestra de la cineteca: parte II", 30 de marzo de 2016, acceso el 15 de abril de 2018, http://www.eluniversal.com.mx/blogs/alonso-diaz-de-la vega/2016/03/30/la-60- muestra-de-la-cineteca-parte-ii.

12. Joanna Page, *Crisis and Capitalism in Contemporary Argentine Cinema* (Durham: Duke UP, 2009), 1.

13. La Ley de Cine para el "Fomento y Regulación de la Actividad Cinematográfica Nacional" aumentó, de forma considerable, las subvenciones destinadas al apoyo de la producción cinematográfica nacional. Esto fue posible, en gran medida "through a 10 percent tax on video rentals and sales and on other taxes relating to the broadcasting of films on television and cable channels. Like previous legislation, it also provided for a screening quota, under which exhibitors were obliged to screen one Argentine film for every six foreign films". Page, *Crisis…*, 201.

14. Page, *Crisis…*, 3.

15. "¿De qué habla el Nuevo Cine Argentino?", *Cinema 23*, acceso el 15 de abril de 2018, https://cinema23.com/en/trayecto23/nuevo-cine-argentino/.

16. Page, *Crisis…*, 3.

17. *El patrón, radiografía de un crimen*, dir. Sebastián Schindel, Magoya Films, Estrella Films y Habanero Film Sales, 2014. Todas las referencias a la película a lo largo del ensayo tienen la misma referencia bibliográfica.

18. Page, *Crisis…*, 3. "and indeed helped to construct, certain modes of subjectivity relating to Argentina's experience of capitalism, neoliberalism, and economic crisis".

19. Glòria Salvadó-Corretger, Santiago Fillol y N. Bou, "El imaginario del zombi cinematográfico en la representación de los desamparados: del esclavo del clasicismo hollywoodense al inmigrante en la contemporaneidad europea", *Communica-

tion & Society 29, n.° 1 (2016): 55-56, http://dadun.unav.edu/bitstream/10171/40178/1/Santiago%20Fillol.pdf.

20. Sara Molpeceres, "The Zombie: A New Myth in the Making. A Political and Social Metaphor", *Journal of Comparative Literature and Aesthetics* 40, n.° 2 (2017): 153, http://www.ucm.es/siim/journal-of-comparative-literature-and-aesthetics.

21. Salvadó-Corretger, Fillol y Bou, "El imaginario...", 55-56.

22. Salvadó-Corretger, Fillol y Bou, "El imaginario...", 56.

23. Alicia Montes, *De los cuerpos travestis a los cuerpos zombis: la carne como figura de la historia* (Buenos Aires: Argus-a, 2017), 74.

24. Raphael Hoermann, "Figures of Terror: The 'Zombie' and the Haitian Revolution", *Atlantic Studies* 14, n.° 2 (2017): 2, https://www.tandfonline.com/doi/full/10.1080/14788810.2016.1240887.

25. Jeffrey Shanks, "Dawn of the Zombie Genre", en *Zombies from the Pulps: Twenty Classic Tales of the Walking Dead*, ed. de Jeffrey Shanks (Tallahassee: Skelos Press, 2014), 3. "tales of strange voodoo ceremonies and mysterious bokors and even rumors of zombies".

26. Entre los primeros textos estadounidenses que mencionan al zombi en conexión con la figura del esclavo se encuentran *The Magic Island* (1929), de William Seabrook, *Life in a Haitian Valley* (1937), de Melville Herskovits y el estudio de Zora Neale Hurston titulado *Tell My Horse* (1938).

27. Sarah Juliet Lauro and Karen Embry, "A Zombie Manifesto: The Nonhuman Condition in the Era of Advanced Capitalism", *Boundary* 2 (2008): 87, https://www.thing.net/~rdom/ucsd/Zombies/ZombieManifesto.pdf. "Voodoo rituals were commonly used to communicate and motivate anti-white sentiment leading up to the Haitian Revolution [...] [i]n many accounts, there is some suggestion that the hordes that rose up to throw off the yoke of oppression had, through Voodoo practices, rendered themselves insensible to pain".

28. Hoermann, "Figures of Terror...", 2-3.

29. Hoermann, "Figures of Terror...", 9. "as a labouring undead person controlled by another".

30. Hoermann, "Figures of Terror...", 8. "by equating the anti-colonial revolution with zombification, terror and death".

31. Hoermann, "Figures of Terror...", 1-3.

32. Gina Athena Ulysse, *Why Haiti Needs New Narratives: A Post-quake Chronicle* (Middletown: Wesleyan UP, 2015), 28. "Haiti and Haitians remain a manifestation of blackness in its worst form, because, simply put, the unruly *enfant terrible* of the Americas defied all European odds and created a disorder of all things colonial. Haiti had to become colonialism's *bête noire* if the sanctity of whiteness were to remain unquestioned".

33. Hoermann, "Figures of Terror...", 4. "[m]ost abolitions of slavery in the Atlantic world were enacted by the colonisers [...] [and] [t]he Haitian Revolution exploded the propagandistic myth of the white, god-like, emancipator [...] graciously granting freedom to the supplicating slave".

34. Frantz Fanon, *Black Skin, White Masks* (New York: Grove, 1967), 195. "caressing the frizzy hair of the docile black man whose chains have just been broken".

35. Molpeceres, "The Zombie...", 157.

36. Salvadó-Corretger, Fillol y Bou, "El imaginario...", 58.

37. Molpeceres, "The Zombie...", 155.

38. Molpeceres, "The Zombie ...",158. Si bien se debe a Romero el nacimiento de una nueva versión del zombi, el zombi como tal nunca aparece nombrado en la película. Como comenta el director: "We never thought of the creatures in our films as 'zombies' because, like everyone else at the time, we believed 'zombies' to be those bug-eyed, soulless beings that wandered the fields in Haiti. Our monsters were flesh-eating corpses acting on their own, not commanded by a sorcerer, and they were ordinary people, the butcher, the baker, the candlestick maker. In that sense, I guess we *did* create the modern 'zombie'. But we never used the word. In my second film, *Dawn of the Dead*, after much had been written about *Night*, I did use the word, eagerly and gratefully" (George A. Romero, Introduction to the *Magical Island*, by William Seabrook (NY: Dover Publications, 2016), xix. Es este zombi apocalíptico el que, por su parte, ha tenido mayor impacto en la producción literaria, cinematográfica y cultural actual. Prueba de ello se observa en el *boom* del género zombi desde comienzos del siglo XXI con videojuegos tales como *Resident Evil* (2002), seriales televisivos tales como *The Walking Dead* (2013), películas tales como *World War Z* (2013) y *Warm Bodies* (2013), así como las adaptaciones de obras clásicas al género zombi como es el caso de *Quijote Z* (2010) y *Pride and Prejudice and Zombies* (2016).

39. Lauro y Embry, "A Zombie Manifesto...", 92. "the factory [market] worker's mechanistic performance, [and] the brain-dead, ideology-fed servant of the industry [market]".

40. Lauro y Embry, "A Zombie Manifesto...", 99.

41. Lauro y Embry, "A Zombie Manifesto...", 92. "as the commodity fetish animates objects, and reification objectifies the worker".

42. David McNally, *Monsters of the Market: Zombies, Vampires and Global Capitalism* (Chicago: Haymarket Books, 2011), 120.

43. Hago aquí uso del término estructura de sentimiento acuñado por Raymond Williams en *Marxism and Literature* (Oxford: Oxford UP, 1977).

44. Karl Marx, *Early Political Writings*, ed. Joseph O'Malley (Cambridge: Cambridge UP, 1994), 113. "[t]his community [...] from which *his own labour* separates

him, is *life* itself, physical and intelectual life, human morality [...], human activity, human enjoyment, *human nature*".

45. Lauro y Embry, "A Zombie Manifesto...", 89-90. "blank-animate".

36. McNally, *Monsters of the Market*..., 4.

47. Montes, *De los cuerpos*..., 2.

48. Al hablar de mito-temas (*mythemes* en inglés) estoy haciendo eco aquí de lo postulado por Sara Molpeceres en torno al zombi como mito. Según Molpeceres, "la urgencia de un mito es eterna, y esto se debe al hecho de que los mitos no son meras narraciones antiguas hermosas, sino una forma de pensar [...] una forma de entender la realidad" ("[h]uman urge for myth is eternal, and that is due to the fact that myths are not mere beautiful ancient narratives, but a way of thinking [...] a way of understanding reality"). Molpeceres, "The Zombie...", 151. El estudio de los mitos permite descubrir y entender los miedos, preocupaciones, deseos y aspiraciones de una determinada sociedad. La autora añade, además, que "los mitos se pueden deconstruir en unidades más pequeñas, mito-temas, que cambian y se adaptan a diferentes contextos" ("myths can be deconstructed in smaller units, mythemes, which change and adapt to different contexts") y comenta, también, que estos mito-temas son susceptibles de ser usados a modo de metáforas en los discursos sociales. Molpeceres, "The Zombie...", 152. Al hablar de mito-temas (*mythemes*), Molpeceres parte de lo teorizado por Lévi-Strauss en *Antropología estructural* (México: Siglo XXI, 1979).

49. Ernesto Díez Martínez, "60 muestra internacional de cine/I", *Vértigo*, acceso el 18 de abril de 2018, http://www.ernestodiezmartinez.com/2016/03/60-muestra-internacional-de-cinei.html.

50. Marx, *Capital*..., 279. "where everything takes place on the surface and in full view of everyone".

51. McNally, *Monsters of the Market*..., 134. "from the sphere of [...] value-form [...] to the domain of bodies and their labours".

52. Si bien la historia real que sirve como base a la película acaeció en Argentina en la década de los ochenta, el filme sitúa la acción en la contemporaneidad del siglo XXI.

53. María del Carmen Caña Jiménez, "Los paseos por Auschwitz de Héctor Abad Faciolince", *Romance Notes* 54, n.º 1 (2014): 42.

54. Óscar Ranzani, "Una esclavitud sin candados ni cadenas", *Página 12*, acceso el 11 de abril de 2018, https://www.pagina12.com.ar/diario/suplementos/espectaculos/5-34808-2015-02-25.html.

55. Ranzani, "Una esclavitud...".

56. Citado en Gómez, "*El patrón*...".

57. Jennifer Linda Monti, "La visión del otro: racismo y ostracismo en *El mata-

dero y Facundo". *Catedral Tomada: Revista de crítica literaria latinoamericana/ Journal of Latin American Literary Criticism* 1, n.º 1 (2013), http://catedraltomada.pitt.edu/ojs/index.php/catedraltomada/article/view/8.

58. Déborah Cinthia Balé, "La barbarie de la civilización. Usos y tensiones del discurso logocarnofalocéntrico en la construcción del enemigo político en Argentina", *Instantes y Azares. Escrituras nietzscheanas* 9 (2011): 155.

59. Paola Cortés Rocca citada en Balé, "La barbarie de la civilización...", 155.

60. Monti, "La visión del otro...".

61. Balé, "La barbarie de la civilización...", 148.

62. Tulio Halperín Donghi et al., *Sarmiento: Author of a Nation* (Berkeley: U of California P, 1994), 23. "wealth [is] simply one of the rightful privileges that the enlightened classes enjoy in a well-ordered society because they are enlightened; rule over the illeterate [is] also a part of their birth right".

63. Judith Butler y Athena Athanasiou, *Dispossession: The Performative in the Political* (Cambridge: Polity Press, 2013), 135. "the intelligibility of the norms that constitute us as human beings".

64. Butler y Athanasiou, *Dispossession...*, 136. "[the production of] an appropriative regime of no-naming [...] with all its implications of idealization, exoticization, romantization, and discursive piety".

65. Butler y Athanasiou, *Dispossession...*, 134. "which might work as an invitation to a (political) community".

66. Recuérdese aquí que Latuada despidió a Gladys del trabajo no remunerado que esta hacía en su casa y le prohibió la entrada en las instalaciones de la carnicería y, por extensión, a la pieza que habitaba con su marido. En conexión con su identidad como pícaro carnicero, no debe pasarse por alto el consejo que le da Armando en su proceso de aprendizaje del oficio: que "el éxito de una carnicería no está en la carne, está en la simpatía del carnicero [para ganarse a la clientela]", y como se hace evidente segundos antes del asesinato, Hermógenes había perdido, también, el respeto de su clientela harta ya de comprar carne en mal estado.

67. Palabras proferidas por el abogado durante el juicio como respuesta a la acusación de la fiscalía.

68. Más adelante en la película Hermógenes confiesa que fue pateado por un caballo fiero en Santiago del Estero y que debido a esto se le quedó la pierna mala que hizo difícil su anterior trabajo como sebero ya que "era un trabajo muy pesado [...] porque había que subir y bajar los tachos [del camión]".

69. McNally, *Monsters of the Market...*, 14. "as identical and interchangeable units of homogeneous labour-power, workers' skills and bodies are dissected, fragmented, cut into separable pieces subjected to the direction of an alien-force, represented by a legion of supervisors".

70. McNally, *Monsters of the Market*..., 15. "mutilates de worker [...] turning him into a fragment of himself".

71. Peter Dendle, "The Zombie as Barometer of Cultural Anxiety", en *Monsters and the Monstrous: Myths and Metaphors of Enduring Evil*, ed. de Niall Scott (Amsterdam, NY: Rodopi, 2007), 48. "to reduce a person to a body, to reduce behaviours to basic motor functions, to reduce social utility to raw labour".

72. McNally, *Monsters of the Market*..., 146. "What the labourer sells [...] is her life-energies; and those energies (and its bearer, the worker) are subjected to the capital of the contracted life of the act of consumption/production [... and] [r]ather than an expression of freedom, the exchange of labour with capital turns out to be life-denying".

73. Karl Marx, *Wage Labour and Capital* (Moscú: Progress Publishers, 1952), 20. "where this activity ceases, at table, in the public house, in bed".

74. Es también significativo al respecto que para entrar en lo que ahora es su casa, Hermógenes y Gladys tengan, por tratarse de una puerta muy pequeña, que agacharse (nótese aquí una vez más el enfoque en lo muscular de su corporalidad). Esto demuestra lo señalado por Fanon, que "[l]a ciudad [o hábitat] del colonizado es una ciudad agachada, una ciudad de rodillas". Frantz Fanon, *Los condenados de la tierra* (Ciudad de México: Fondo de Cultura Económica, 1963), 34.

75. Aurel Kolnai, *On Disgust* (Chicago: Open Court, 2004), 18. "records the transition states where the integrity of an organism begins to fall apart, as when a putrefying corpse manifests the change from that which was living and human to a mass of undifferentiated, stinking ooze".

76. Emile Zola, *The Experimental Novel and Other Essays* (Victoria: Abebooks, 2002).

77. Lauro y Embry, "A Zombie Manifesto...", 94. "is not the one that strives for resolution" ya que el zombi "by its very definition, is anticatharsis, antiresolution".

Obras citadas

Balé, Déborah Cinthia. "La barbarie de la civilización. Usos y tensiones del discurso logocarnofalocéntrico en la construcción del enemigo político en Argentina". *Instantes y Azares. Escrituras nietzscheanas* 9 (2011): 139-56.

Barker, Jennifer. *The Tactile Eye: Touch and Cinematic Experience*. Berkeley: U of California P, 2009.

Bilbao, Horacio. "*El patrón*...: carne podrida". *Clarín*. 26 de feb. 2015. Acceso el 23 de abril de 2018. https://www.clarin.com/cine/critica-cine-patron-radiografia-crimen-joaquin-furriel-sebastian-schindel_0_ryqEAmcDmx.html.

Butler, Judith y Athena Athanasiou. *Dispossession: The Performative in the Political*. Cambridge: Polity Press, 2013.

Caña Jiménez, María del Carmen. "Los paseos por Auschwitz de Héctor Abad Faciolince". *Romance Notes* 54, n.° 1 (2014): 41-49.

"¿De qué habla el Nuevo Cine Argentino?". *Cinema 23*. Acceso el 15 de abril de 2018. https://cinema23.com/en/trayecto23/nuevo-cine-argentino/.

Dendle, Peter. "The Zombie as Barometer of Cultural Anxiety". En *Monsters and the Monstrous: Myths and Metaphors of Enduring Evil*. Edición de Niall Scott, 45-57. Amsterdam, NY: Rodopi, 2007.

Díaz de la Vega, Alonso. "La 60 muestra de la cineteca: parte II". 30 de mayo de 2016. Acceso el 15 de abril de 2018. http://www.eluniversal.com.mx/blogs/alonso-diaz-de-la vega/2016/03/30/la-60- muestra-de-la-cineteca-parte-ii.

Díez Martínez, Ernesto. "60 muestra internacional de cine/I". *Vértigo*. Acceso el 18 de abril de 2018. http://www.ernestodiezmartinez.com/2016/03/60-muestra - internacional-de-cinei.html.

Fanon, Frantz. *Black Skin, White Masks*. New York: Grove, 1967.

———. *Los condenados de la tierra*. Ciudad de México: Fondo de Cultura Económica, 1963.

Gómez, Hernán. "*El patrón: radiografía de un crimen*". *Hacerse la crítica: escritura crítica de cine*. Acceso el 15 de abril de 2018. https://www.hacerselacritica.com/el-patron-radiografia-de-un-crimen-por-hernan-gomez/.

Halperín Donghi, Tulio, et al. *Sarmiento: Author of a Nation*. Berkeley: U of California P, 1994.

Hoermann, Raphael. "Figures of Terror: The 'Zombie' and the Haitian Revolution". *Atlantic Studies* 14, n.° 2 (2017): 152-73. https://www.tandfonline.com/doi/full/10.1080/14788810.2016.1240887.

Kolnai, Aurel. *On Disgust*. Chicago: Open Court, 2004.

Lafón, Sebastián. "'Nuestro país tiene una pena': entrevista al criminólogo Elías Neumann". *Alterinfos*. 25 de sept. de 2007. Acceso el 10 de abril de 2018. http://www.alterinfos.org/spip.php?article1675.

Lauro, Sarah Juliet y Karen Embry. "A Zombie Manifesto: The Nonhuman Condition in the Era of Advanced Capitalism". *Boundary* 2 (2008): 85-108. https://www.thing.net/~rdom/ucsd/Zombies/ZombieManifesto.pdf.

Lévi-Strauss, Claude. *Antropología estructural*. México: Siglo XXI, 1979.

Lingenti, Alejandro. "*El patrón: radiografía de un crimen*. Un patrón violento, un Furriel notable". *La Nación*. 26 de feb. de 2015. Acceso el 14 de abril de 2018. https://www.lanacion.com.ar/espectaculos/un-patron-violento-un-furriel -notable-nid1771370.

Lipcovich, Pedro. "El hombre que aportó otra visión". *Página 12*. 9 de abril de 2011. Acceso el 10 de abril de 2018. https://www.pagina12.com.ar/diario/sociedad/3-165911-2011-04-09.html.

Ludmer, Josefina. *El género gauchesco. Un tratado sobre la patria*. Buenos Aires: Perfil, 1988.

Marks, Laura. *The Skin of the Film: Intercultural Cinema, Embodiment, and the Senses*. Durham, NC: Duke UP, 2000.

Marx, Karl. *Capital*. Vol I. Traducción de Ben Fowkes. Harmondsworth: Penguin Books, 1976.

———. *Early Political Writings*. Edición de Joseph O'Malley. Cambridge: Cambridge UP, 1994.

———. *Wage Labour and Capital*. Moscú: Progress Publishers, 1952.

McNally, David. *Monsters of the Market: Zombies, Vampires and Global Capitalism*. Chicago: Haymarket Books, 2011.

Molpeceres, Sara. "The Zombie: A New Myth in the Making. A Political and Social Metaphor". *Journal of Comparative Literature and Aesthetics* 40, n.° 2 (2017): 151-67.

Montes, Alicia. *De los cuerpos travestis a los cuerpos zombis: la carne como figura de la historia*. Buenos Aires: Argus-a, 2017.

Monti, Jennifer Linda. "La visión del otro: racismo y ostracismo en *El matadero* y *Facundo*". *Catedral Tomada: Revista de crítica literaria latinoamericana/Journal of Latin American Literary Criticism* 1, n.° 1 (2013). http://catedraltomada.pitt.edu/ojs/index.php/catedraltomada/article/view/8.

Page, Joanna. *Crisis and Capitalism in Contemporary Argentine Cinema*. Durham: Duke UP, 2009.

Palacios, Jesús. "El camino del zombi". En *La plaga de los zombis y otras historias de muertos vivientes*. Edición de Jesús Palacios, 9-18. Madrid: Valdemar, 2010.

El patrón, radiografía de un crimen. Dir. Sebastián Schindel. Magoya Films, Estrella Films y Habanero Film Sales, 2014.

Ranzani, Óscar. "Una esclavitud sin candados ni cadenas". *Página 12*. 25 de feb. de 2015. Acceso el 11 de abril de 2018. https://www.pagina12.com.ar/diario/suplementos/espectaculos/5-34808-2015-02-25.html.

Romero, George A. Introduction to *The Magical Island*, de William Seabrook, xv-xxii. New York: Dover Publications, 2016.

Salvadó-Corretger, Glòria, Santiago Fillol y N. Bou. "El imaginario del zombi cinematográfico en la representación de los desamparados: del esclavo del clasicismo hollywoodense al inmigrante en la contemporaneidad europea". *Communication & Society* 29, n.° 1 (2016): 53- 67.

Shanks, Jeffrey. "Dawn of the Zombie Genre". En *Zombies from the Pulps: Twenty Classic Tales of the Walking Dead*. Edición de Jeffrey Shanks, 1-12. Tallahassee: Skelos Press, 2014.

Sobchack, Vivian. *Carnal Thoughts: Embodiment and Moving Image Culture*. Berkeley: U of California P, 2004.

Solórzano, Lucero. "Guadalajara 30". *Excelsior*. 26 de feb. 2015. Acceso el 10 de abril de 2018. https://www.excelsior.com.mx/opinion/lucero-solorzano/2015/03/11/1012797.

Ulysse, Gina Athena. *Why Haiti Needs New Narratives: A Post-quake Chronicle*. Middletown: Wesleyan UP, 2015.

Williams, Raymond. *Marxisim and Literature*. Oxford: Oxford UP, 1977.

Zola, Emile. *The Experimental Novel and Other Essays*. Victoria: Abebooks, 2002.

Parte II
Escrituras monstruosas

Degradación y muerte en el infierno de Santa Teresa: El sórdido misterio de "La parte de los crímenes" en 2666, de Roberto Bolaño

Lucía Herrera Montero
INVESTIGADORA INDEPENDIENTE

2*666, LA OBRA PÓSTUMA* de Roberto Bolaño, consta de cinco partes que, según lo había decidido su autor, debían ser publicadas como cinco novelas cortas y, por tanto, como libros independientes. Si bien finalmente las cinco secciones se publican de forma conjunta en un solo libro, el designio de su autor, que de manera velada orienta a los lectores, nos permite asumir que las diversas secciones que conforman *2666* no constituyen capítulos de una extensa novela unitaria e indivisible que cubre más de mil páginas, sino partes que, aunque profundamente interconectadas, pueden ser leídas de manera relativamente autónoma. "La parte de los crímenes" es la cuarta sección de la obra y la más extensa. Es aquella que da cuenta de manera más directa y detallada del oscuro núcleo de muerte y descomposición hacia el cual se dirigen las restantes secciones de *2666*: Santa Teresa, urbe ficticia que no es sino la figuración literaria de Ciudad Juárez,[1] la ciudad mexicana que, para cuando escribe su novela, Bolaño considera la imagen más cercana del infierno.[2] Sin pretender ofrecer una perspectiva privilegiada de interpretación de esta compleja obra, el presente trabajo parte de la idea de que los ejes fundamentales de articulación de sus heterogéneos fragmentos son dos: de una parte, la literatura, en tanto escritura transgresora; y, de otra, la violencia que esta escritura enfrenta, sin tratar de explicarla y mucho menos conjurarla en el plano narrativo. En cuanto a esta segunda, ella se manifiesta de forma implacable en el macabro desfile de cuerpos asesinados en Santa Teresa: cuerpos violados, torturados, mutilados, de quienes en vida fueran mujeres, algunas apenas unas niñas, que día a día pugnaban por sobrevivir en los empobrecidos márgenes de la ciudad mexicana de frontera. Ante el fracaso de los proyectos modernizadores y la fallida tanto como nefasta irrupción de la explotación industrial de las maquiladoras en Santa Teresa/Ciudad Juárez, la realidad de la urbe fronteriza adquiere la oscura complejidad de un mundo que social y simbólicamente raya con la incoherencia y el absurdo. Como acertadamente lo señala Rita Laura Segato, la ciudad se ha convertido en "un lugar emblemático del sufrimiento de las mujeres. [Pero también], significativamente, un lugar emblemático de la globalización económica y del neoliberalismo, con su hambre insaciable de ganancia".[3]

A partir de la década de los ochenta, cuando el modelo de desarrollo basado en la sustitución de importaciones entra ya en franca retirada, el FMI y el Consenso de Washington proclaman al neoliberalismo como la única solución idónea para América Latina. Es decir, instan por "un retorno a la economía de *laissez-faire* y a la presión permanente a favor de las economías abiertas".[4] Hay, sin embargo, una importante diferencia respecto del liberalismo clásico: si en este se pensaba en cómo limitar las acciones del Estado para evitar toda planificación y hacer lugar a la libertad económica, en el neoliberalismo se trata en cambio de pensar en "cómo *hacer existir* al Estado a partir del espacio no estatal de la libertad económica. [Es decir en] proponer la libertad de mercado como principio organizador y regulador del Estado, desde el comienzo de su existencia y hasta la última forma de sus intervenciones".[5] Siendo así, los pilares del modelo neoliberal constituyen la liberalización del comercio, la desregulación financiera, las privatizaciones y la flexibilización del trabajo. Esta última supone la reducción de la participación tanto del Estado como de los sindicatos en el mercado laboral, con la creciente precarización de las condiciones de empleo que inevitablemente trae consigo esta reducción. Para el neoliberalismo, empresarios y trabajadores se enfrentan en el mercado de trabajo, que define de manera impersonal las fluctuaciones salariales y que es indiferente tanto a las necesidades como a los valores humanos. El retiro del Estado de las esferas que atañen a la responsabilidad y la justicia social entraña la idea de que cada individuo debe hacerse responsable de resolver sus problemas y de generar las condiciones de su propio desarrollo.[6] No es de extrañar, por tanto, que en tales circunstancias la defensa del capital resulte más importante para el sistema económico que la garantía de los derechos sociales.

En el caso concreto de la economía mexicana, si bien ya en 1965 —con el Programa de la Industrialización de la Frontera (PIF), orientado al empleo de mano de obra mexicana barata— se establecieron en la frontera norte las primeras fábricas de ensamblaje extranjeras, conocidas como maquiladoras, durante sus primeras dos décadas ellas representaron tan solo una producción marginal, principalmente textil. Es solamente a partir de los años ochenta, y aún más durante su auge en los noventa, que el sector maquilador realmente se incrementa y adquiere importancia en la economía nacional.[7] La coexistencia de este auge con la implementación del modelo neoliberal no es una simple coincidencia: la industria maquiladora presiona por salarios siempre más bajos; por leyes ambientales mucho menos restrictivas; y por sindicatos simplemente inexistentes. Todo ello redunda en un mayor control empresarial, que promueve intensas jornadas de trabajo y la constante disminución de beneficios para los empleados quienes, en su gran mayoría, son jóvenes mujeres, muchas de ellas migrantes que llegan de todo México atraídas por la posibilidad de encontrar trabajo en la floreciente industria maquiladora.[8]

A partir de lo expuesto, no es de extrañar que se suela asociar el modelo neoliberal con un Estado fundamentalmente reducido y pasivo. Y, sin embargo, la realidad contradice esta suposición: el neoliberalismo requiere de una mano firme para someter a la gran mayoría de la población y persuadirla de que las restricciones en su nivel de vida, restricciones que con excesiva frecuencia suponen depauperación y enfermedad, no solamente son necesarias, sino, además, justas; un Estado que no solo pueda rehusarse a responder a sus demandas, sino que además esté en condiciones de repeler por la fuerza sus protestas. En el contexto neoliberal el poder del Estado opera a partir de una serie de intromisiones que le permiten controlar y criminalizar a sectores poblacionales que considera rebeldes, y marginar a aquellos que considera disfuncionales al mercado: "vagos, adocenados y parásitos, que reciben su justo merecido en forma de pobreza y exclusión";[9] sujetos empobrecidos que, sin estar necesariamente recluidos en ámbitos de clausura —donde su situación de exclusión y desamparo se haría por demás evidente—, habitan en un espacio marcado por la marginalidad y el desconocimiento. Dentro de la propuesta del presente volumen, ellos encarnarían ciudadanías mutantes cuya situación de abandono es de tal magnitud que el Estado llega incluso a abstenerse de intervenir y de ofrecer algún tipo de apoyo y protección en momentos de desastres naturales y de hambrunas. La decisión de "dejar morir", de abandonar a su suerte a ciertos grupos poblacionales, resulta connatural a la idea de justicia neoliberal.[10]

Esta noción de abandono es crucial en la definición que Giorgio Agamben hace del rol fundamental de la excepción en la política: "no es la excepción la que se sustrae de la regla, sino que es la regla la que, suspendiéndose, da lugar a la excepción".[11] Ocurre pues, respecto de aquellos grupos poblacionales compuestos por individuos fuera de lugar, considerados inútiles o superfluos al orden, una suerte de desaplicación de la ley "hasta el punto de que realizar cualquier acción posible sobre ellos no se considera ya como un delito".[12] Y, cuando la excepción deviene la regla, esos individuos han de convertirse en desechos connaturales al orden, en *vida desnuda*:[13] una vida carente de derechos y de existencia política,[14] que se ubica en el umbral entre lo humano y lo no humano. En la teorización que Agamben realiza sobre la *nuda vida* esta condición limítrofe adquiere especial importancia; verbigracia, en la mitología medieval europea es la figura del hombre-lobo, el monstruo híbrido dividido entre la selva y la ciudad, que paradójicamente habita en ambos mundos sin pertenecer a ninguno de ellos, quien mejor ejemplifica esta situación de abandono (*banido*) de la ley en el estado de excepción. Al hombre que se transforma en lobo y al lobo que se convierte en hombre se le podía dar muerte sin cometer por ello homicidio, e incluso se lo llegaba a considerar como ya muerto.[15] Precariedad es el término que, retomando las reflexiones de Paloma Vidal, utiliza Gabriel Giorgi para referirse a "un cuerpo que, reducido a su mínimo, toca los límites de lo humano, y se vuelve contiguo al animal, a una vida o un viviente irreconocible".[16] Si el delito ya no es delito, la víctima, convertida en *nuda vida,* deviene tan solo una pieza descartable, el desecho de un proceso de dominación, ultraje e incluso inmolación que se ejerce sobre ella. De vuelta al contexto de "La parte de los crímenes" y la frontera norte mexicana, podríamos preguntarnos, entonces, junto con Rita Laura Segato, "¿qué puede ser más emblemático del lugar de sometimiento que el cuerpo de la mujer mestiza, de la mujer pobre, de la hija y hermana de los otros que son pobres y mestizos?".[17] En el imaginario patriarcal, generalmente misógino y asimétrico, el cuerpo femenino valida esa condición liminal, y de ahí supuestamente aviesa, de la mujer: los misterios de la menstruación y la procreación; la anatomía de su sexo escondido y húmedo;[18] los repelentes atributos de su vejez. Ese cuerpo, que en la religión cristiana hace a la mujer portadora de la culpa e incitadora del deseo masculino, la vuelve "merecedora de la opresión por [su] perversidad anímica y física".[19] De ahí que no resulte sorprendente que entre los judiciales santateresanos de la obra de Bolaño se multipliquen los chistes misóginos:

> Por ejemplo, un policía decía: ¿cómo es la mujer perfecta? Pues de medio metro, orejona, con la cabeza plana, sin dientes y muy fea. ¿Por qué? Pues de medio metro para que te llegue exactamente a la cintura, buey, orejona para manejarla con facilidad, con la cabeza plana para tener un lugar donde poner tu cerveza, sin dientes para que no te haga daño en la verga y muy fea para que ningún hijo de puta te la robe. [...] Las mujeres de la cocina a la cama, y por el camino a madrazos. O bien decía: las mujeres son como las leyes, fueron hechas para ser violadas. Y las carcajadas eran generales.[20]

Sobre la mujer cabe, por tanto, ejercer un control irrestricto y discrecional: abusar de ella es tan solo el efecto secundario de la pertinaz ratificación de una sobreentendida superioridad, tanto física como moral, del sexo masculino. En tales circunstancias, desde 1993, año en que se encontraron los primeros cuerpos, los feminicidios en Ciudad Juárez no han cesado de ocurrir. Se sabe que todas las víctimas "estuvieron en cautiverio; todas quedaron aisladas y desprotegidas, aterradas, vivieron la más extrema impotencia de la indefensión; todas fueron agredidas y violentadas hasta la muerte; algunos de sus cuerpos fueron maltratados aún después de haber sido asesinadas".[21] Las autoridades, por su parte, "han omitido durante varios años información sobre sus averiguaciones o la han dado de manera parcial, incompleta y confusa, han actuado de manera ineficiente en la persecución de los delitos e incluso han debido liberar a algún presunto responsable quien fue objeto de tortura".[22] La gran mayoría de los crímenes se encuentra en la impunidad.

Ahora bien, esta desgarrada y desgarradora realidad de Ciudad Juárez no necesita de la literatura para darse a conocer.[23] Si en su lugar está la nota periodística, la narración histórica o el estudio sociológico, ¿por qué acercarnos a la sórdida realidad de Ciudad Juárez en esta enmarañada y profundamente perturbadora obra de Bolaño? Para responder a esta pregunta debemos partir de la idea de que la fuerza de la literatura no reside en su capacidad de transparentar la realidad; su relevancia no radica en si coincide o no con aquello que refiere, pues la novela, y en este caso específico, *2666*, no puede ser leída como la "simple denuncia de la irracionalidad de una historia cuyo horror debemos siempre recordar".[24] Un texto literario supone un riguroso trabajo con el lenguaje, trabajo que no se reduce a los afanes representativos de una escritura homogénea, generalmente asequible y de fácil lectura. Una propuesta como la de Bolaño rebate "la historia lineal que ha sometido siempre al texto a una representación, un sujeto, un sentido, una verdad".[25] En la escritura de "La parte de los crímenes" las significaciones secundarias desbordan por exceso los límites marcados por la lengua que norma la comunicación en la esfera de la lógica y el buen sentido. Y en ese gesto desbordante, la obra de Bolaño, como toda escritura que pretenda abordar una experiencia-límite, "pone en evidencia el *status* definitivamente contradictorio de la escritura textual que *no es un lenguaje* sino, a cada momento, *destrucción de un lenguaje*".[26] La atroz pesadilla juarense/santateresana requiere de una escritura que pueda someterse a su propia y constante desestructuración, de un texto capaz de enfrentar la derrota de los procesos de significación estándar y orgánicamente estructurados. La propuesta de Bolaño en "La parte de los crímenes" genera pliegues y repliegues de significación en la exuberancia hiperbólica y gratuita de la que hace gala. En ese derroche, en ese gasto excesivo de significaciones, para nombrar el horror, Bolaño concibe una escritura monstruosa, una suerte de licántropo poético que transgrede los límites de lo que puede ser dicho con pretensiones de inteligibilidad.[27] Como el monstruo que postula Antonio Negri, es este un monstruo que se subleva y perturba el orden eludiendo cualquier forma de control y domesticación;[28] un monstruo textual que no se deja aferrar, aprisionar, enjaular dentro de los preceptos del recato, la compostura y el buen sentido discursivos; un monstruo lleno de potencia que constituye "un motor intempestivo, paradojal, destructor de toda teleología eugenésica [...] de toda continuidad en el interior de la cual pueda nutrirse la sintaxis del poder".[29]

Para Bolaño, la literatura realmente valiosa no es sino un "saber meter la cabeza en lo oscuro, saber saltar al vacío, saber que la literatura básicamente es un oficio peligroso [...] El escritor, al borde del abismo, solo tiene una opción: 'arrojarse' a éste".[30] Y él efectivamente se sumerge en el caos, se enfrenta a la deformidad referencial para mostrar las ruinas, los escombros, la descomposición sobre la que esta se asienta. Su texto no mira la realidad desde una distancia representativa que, supuestamente, se apropiaría de ella en la transparencia lingüística de su discurso. Diríamos, retomando las reflexiones de Philippe Sollers, que su escritura se sitúa "en el espacio donde esta 'cosa' [la realidad referencial] y el decir que se considera que apunta coexisten sin anularse".[31] La coexistencia de estas dos esferas en el espacio escritural impugna los límites y transgrede las prohibiciones instituidas por un discurso que, en sus afanes representativos, pretende su radical separación. Desde esta perspectiva, el cruce entre realidad y ficción constituye un rasgo característico de la literatura de Bolaño: las dos esferas se anudan en textos híbridos donde los elementos literarios conviven con los referenciales.[32] Y, sin embargo, hay que tener presente que la realidad no es el referente. Hay, claro está, un referente del texto literario, pero este no consiste en

> la realidad objetiva de los hechos históricamente acontecidos, tampoco la persona del autor significando su contexto dispuesto como mensaje para el lector. Una novela no es un *medio* de comunicación que dice algo *sobre* el mundo [...] La literatura *dice* la realidad, no dice algo *sobre* la realidad. El referente tiene una dimensión simbólica. El referente es la verdad, que no es ni la adecuación, ni la exactitud, ni lo efectivamente real, ni la certeza subjetiva, sino la palabra que, en tanto dice, opera a la vez como desocultación y encubrimiento. La literatura no refleja ni representa la realidad, la hace ingresar originariamente al lenguaje.[33]

La manera en que Bolaño presenta la información ubica su escritura entre el discurso periodístico, el informe judicial-policiaco, en especial el reporte forense, y la elaboración literaria. Se disuelven las fronteras entre discursos y se recurre al máximo detalle con el fin de maximizar la realidad. Se configura así, en palabras de Angélica Tornero, una propuesta interdiscursiva e hiperrealista que ofrece "una visión distinta de lo real, no porque no sea real, sino porque se presenta, es decir, se hace presente, de manera más real que lo real [y] permite percibir más de lo que lo hacemos cotidianamente".[34] Se acentúa, de este modo, el horror con que el lector responde ante la reiteración del crimen referido y la abrumadora retahíla de reportes forenses de los crímenes ocurridos en Santa Teresa entre los años 1993 y 1997. Cada hallazgo de un cadáver femenino es descrito con inusitado detalle: se multiplican nombres, edades, estaturas de las mujeres asesinadas; se ofrece una serie de datos sobre la longitud de su cabello, el vestido que llevaba puesto, las condiciones en que ese vestido se encontraba al momento del hallazgo del cuerpo; se repiten los informes que determinan las causas físicas que produjeron la muerte: se apunta si hubo o no violación y, si efectivamente la hubo, por dónde se efectuó la penetración.

La acumulación de descripciones de mujeres asesinadas va más allá de la documentación para convertirse en lo que Jean Franco denomina una letanía implacable del mal.[35] La voz narrativa recoge el discurrir de una memoria plural y heterogénea sin la intención de privilegiar un acercamiento sobre otro o de lograr algún tipo de interacción mínimamente armónica entre la cantidad de voces que se aproximan para luego enfrentarse o simplemente dispersarse, desapareciendo en una aparente irrelevancia textual. Datos, rumores, informes, aclaraciones, protestas y hasta quejas de una multiplicidad de informantes —a veces invisibles— que aparecen y desaparecen, que entran y salen de escena sin seguir ningún patrón definido. Enunciaciones, generalmente en pasado, cuya única marca común es su apelación a la memoria de quienes hablan, a esa frágil memoria que mezcla detalles poco relevantes con algún valioso indicio que, de todas formas, se perderá en la oscuridad que incesantemente genera la incompetencia policial. Al repetir una y otra vez aquello que ha sido dicho por una pluralidad de personajes anónimos sobre los asesinatos de mujeres en Santa Teresa, el narrador de esta cuarta parte de la novela de Bolaño termina generando la sensación de una complicada urdimbre en la que innumerables hebras se vinculan y se distancian sin someterse a un diseño que las subsuma y que las dote de una significación unificada y coherente. De ahí que lejos de abolir la pluralidad inconexa y disonante de enunciaciones y perspectivas, la haga aún más desconcertante.

La información que "La parte de los crímenes" recoge surge, por lo regular, de los sectores más empobrecidos de la ciudad y devela, antes que pistas para la solución de los crímenes que proliferan sin control, la penuria de quienes ven desaparecer a sus compañeras, hijas, madres y hermanas desde la impotencia en que los ha sumido la desgarradora injusticia que prevalece en la ciudad y las inconcebibles incompetencia y desidia de los "agentes del orden" santateresanos. La escritura de Bolaño hace así alarde de una profusión gratuita, superflua y agobiante de testimonios que se pierden en la obscuridad de un extraño policial que contradice los principios más elementales del género mientras nos conduce, como prácticamente todo en esta extensa sección de la novela, a un sinnúmero de callejones sin salida. Los lectores buscamos inútilmente alguna regularidad que nos entregue la pieza faltante del macabro rompecabezas y caemos, a la sazón e inevitablemente, en aquello que no es sino una trampa: el deseo de interpretar los datos que el texto nos ofrece como significativos indicios de una pesquisa policial. Diríamos, con Bertolt Brecht, que:

> percibimos que alguien debe de haber hecho algo para que aconteciera la catástrofe que está a la vista. ¿Qué ha hecho pues, alguien y quién ha sido? Detrás de los acontecimientos que nos comunican sospechamos otros hechos que no nos comunican. Son los verdaderos acontecimientos. Sólo si los supiéramos, comprenderíamos.[36]

Bolaño efectivamente reconoce que siempre desea crear una intriga detectivesca en sus obras, pues, según él, "no hay nada más agradecido literariamente que tener a un asesino o a un desaparecido que rastrear".³⁷ En el policial de corte tradicional, los lectores suponemos y rastreamos el momento en que los crímenes efectivamente han ocurrido: buscamos una historia primera —que en el texto no puede ser sino la historia de una ausencia— a partir de la historia segunda que la voz narrativa nos ofrece. A las acciones de esa historia primera nunca accedemos de manera directa; como lo explica Tzvetan Todorov, lo hacemos solo a través de alguien que cuenta aquello que ha escuchado u observado.³⁸ No obstante, a diferencia de lo que sucede en el policial clásico, en "La parte de los crímenes" los hechos que el narrador nos cuenta desde su inusual omnisciencia no están contenidos en un tiempo pasado e irrevocablemente cerrado, sino, por el contrario, en un presente carente de sentido que, fecha tras fecha, continúa consumándose en los recovecos de la sórdida cotidianidad santateresana al momento en que se narra la historia de su ocurrencia. En este desarrollarse presente del crimen, propio del policial duro de la novela negra, la segunda historia —aquella que en la versión clásica se resuelve a partir de una secuencia lógica de hipótesis y deducciones de un detective prácticamente inmóvil—³⁹ deviene un ciego lanzarse al encuentro de los hechos, un enfrentarse de manera directa con el crimen: la entrada en escena, por tanto, de esa historia primera en que el crimen se despliega como un hecho presente y cotidiano. Ahora bien, si el misterio se enlaza a la sazón a un entramado de descomposición social y corrupción, no deja no obstante de presentarse como un enigma que aún debe ser resuelto. Enigma que en "La parte de los crímenes" no hace sino dispersarse y multiplicarse sin solución posible.

Bolaño rompe de este modo con la novela negra al quebrantar una de sus premisas fundamentales: el castigo al criminal y la consecuente restauración del orden. Más aún, su escritura lleva el relato policial al borde de sus posibilidades al poner en entredicho su segundo principio fundamental: la confiabilidad de quien realiza la investigación. Es así que, ante la avalancha de información que amenaza con ahogarnos en "La parte de los crímenes", los lectores de Bolaño buscamos desesperadamente aferrarnos a distintas figuras que surgen como posibles principios de organización del relato: el judicial, el investigador, el periodista, incluso la vidente, que podría interpretar los cuerpos-signos diseminados en el hostil entorno santateresano, y dar coherencia a ese otro "relato" disperso, confuso, desordenado que estos cuerpos componen. Sin embargo, en la enmarañada urdimbre textual del cuarto segmento de *2666*, la razón queda finalmente derrotada. La intolerable acumulación de datos, nombres y descripciones de cuerpos asesinados no cuenta con aquello que Daniel Link plantea como condición indispensable para que el pacto de lectura de una narrativa policial pueda tener lugar: la existencia de alguien encargado de comprender y revelar una verdad al lector. No existe aquella figura que puede investir de "sentido la realidad brutal de los hechos, transformando en indicios las cosas, correlacionando información que aislada carece de valor, estableciendo series y órdenes de significaciones que organiza en campos".[40] Y aunque, por momentos tenemos la sensación de que algún personaje en particular se podría erigir como eje articulador del relato para ofrecernos una perspectiva de análisis relativamente confiable, esa impresión tiende pronto a desvanecerse en la bruma de múltiples preocupaciones colaterales, en la enmarañada red de turbias relaciones entre las esferas de poder e intocables instancias criminales, o simplemente en la inoperancia y apatía de los encargados de mantener un orden que ya no existe y una ley que nunca se aplica. La mente y la mano criminales se desvanecen en una multiplicidad fantasmal e inaprensible de autores que extienden sus poderosas y nefastas garras por todo el tejido social santateresano.

¿Podríamos entonces hacer nuestros los planteamientos de Diego Trelles acerca de la novela policial alternativa, propia del ámbito hispanoamericano? Trelles, haciendo suyas las reflexiones iniciadas por el brasileño Luis Martins, explica que las convenciones inherentes al policial clásico resultan "incongruentes en sociedades pauperizadas en donde la gente [ha] perdido credibilidad en la ley y [desconfía] de las fuerzas del orden".[41] Sostiene, además, que "no sólo la figura del detective es una suerte de idealizada entelequia, sino que su equivalente, el policía citadino, inspira temor y/o un profundo rechazo".[42] Su hipótesis es que en Latinoamérica se puede hablar de un nuevo género, una novela detectivesca alternativa —o la "novela del miedo", como la nombra Moacir Amancio—[43] que mezcla elementos del policial duro estadounidense con rasgos formales de la ficción contemporánea de la región y que, como apunta Leonardo Padura, cede el lugar ocupado por el detective a la proliferación "de voces, actitudes y pensamientos marginales generados o agrupados por un caos que lo domina todo o casi todo".[44] En lo que respecta a la trama policiaca de "La parte de los crímenes", los judiciales santatereseanos se caracterizan casi invariablemente por sus altos niveles de corrupción, por su absoluta incompetencia en los procesos investigativos, por su dejadez, y, por último, por su exacerbado machismo y sus prácticas violentas. En consonancia con las reflexiones de Trelles acerca de los agentes del orden latinoamericanos, Bolaño plantea una suerte de matriz cultural que define los valores y comportamientos de los agentes policiales, una adscripción identitaria que supera el plano de las intenciones y decisiones individuales. Accedemos a ellos a través de sus comportamientos: sus nombres se confunden en la memoria sin lograr anclarse en nada que les sea totalmente original. Si la singularidad de las mujeres asesinadas se desvanece en la profusión de nombres, de datos forenses, de lesiones y torturas sufridas, de lugares en los que los cuerpos fueron abandonados; la singularidad de la mayoría de los agentes del orden se pierde, en cambio, en la repetición de sus inútiles acciones, en la crueldad de sus investigaciones, en su radical indiferencia ante el dolor ajeno e, incluso, en la cercanía que existe entre las altas esferas de la policía y los más poderosos narcotraficantes del estado de Sonora.

En el contexto de estas investigaciones, la novela no se detiene en la descripción de los numerosos casos de tortura disfrazados bajo el siniestro nombre de "interrogatorios" que tienen lugar en esta sección de la obra de Bolaño. Apenas se los menciona como si fueran procesos regulares y perfectamente tolerables para la obtención de información. Y, sin embargo, resulta por demás evidente que, en las largas sesiones indagatorias que tienen lugar en "La parte de los crímenes", la memoria deviene palabra en respuesta a las múltiples formas de maltrato físico que se ejercen sobre los cuerpos desprotegidos y vulnerables de aquellos quienes, casi siempre de manera arbitraria e injustificada, han sido declarados sospechosos de alguno de los crímenes. En su acertada reflexión acerca de la tortura,[45] Elaine Scarry sostiene que el despliegue de violencia durante los interrogatorios aparece erróneamente como un acontecimiento eminentemente verbal en busca de información —lo que funciona como el "motivo" justificatorio de la crueldad de los actos y absuelve al torturador de su verdadera responsabilidad—[46] cuando, lo que en realidad sucede es que el torturador está plenamente consciente de que esa misma capacidad lingüística que demanda de la víctima se ve anulada por el dolor extremo, dolor que, a más de su lenguaje, desestructura la realidad inmediata y cotidiana de quien sufre.[47] En este desplazamiento del significado último del acto de tortura se producen entonces dos consecuencias perversas: se pierde de vista los efectos del sufrimiento extremo sobre la relación que las víctimas mantienen con el mundo que les rodea y se invisibilizan esos mismos cuerpos que padecen la tortura. Y si el cuerpo interesa tan solo en función de la palabra que emite —una palabra que además significa exclusivamente la legitimación del poder que se ejerce sobre el sujeto que la profiere— ese cuerpo atormentado, ultrajado, vejado de las formas más inauditas e inaceptables, pierde su condición de cuerpo humano, sujeto de derechos inalienables, para devenir tan solo la expresión de su materialidad viviente. En su condición de sujetos excluidos de la condición de ciudadanos, marginados del orden jurídico y desprovistos, por tanto, de todo derecho que podría garantizar su existencia humana en tanto "existencia justa", ellos quedan reducidos a su vida física, a su condición de vida indefensa y desprotegida: a lo que, según hemos señalado ya, constituye su "vida desnuda", oportunamente teorizada por Agamben.

En la ambigüedad de una oscura ley que contradice la normativa explícitamente reconocida, la violencia policial se arroga el derecho de intervenir de forma brutal, por fuera del marco legal oficial estipulado, cuando lo considera necesario. No obstante, queda claro que estos interrogatorios no se aplican ni pueden ser aplicados de manera indiscriminada a quienes resulten sospechosos de los feminicidios de Santa Teresa. Su violencia es selectiva y se ejerce de manera exclusiva sobre los moradores de las ruinosas barriadas de Santa Teresa —muchos de los cuales, como hemos anotado, son migrantes provenientes de lugares aún más empobrecidos— y responde al designio de preservar un orden cuya característica fundamental es la absoluta, aunque velada, legitimidad de otra violencia: la violencia social que se impone a los sectores más pobres de la sociedad. La norma en Santa Teresa, como casi en cualquier ciudad latinoamericana bajo el paradigma de la globalización neoliberal, es hacer de aquellos sujetos empobrecidos que se debaten en condiciones de miseria en las barriadas y extramuros de la ciudad, cuerpos que engrosan las estadísticas de los sujetos que carecen de derechos: ciudadanos mutantes, reducidos a su mínima expresión. De ahí que, según lo plantea Walter Benjamin, aquella violencia que se ejerce por parte de las instancias policiales sea invariablemente una violencia que busca la preservación de un orden, pero de un orden marcado por la injusticia, la desigualdad y el abuso de unos sectores de la sociedad hacia otros.[48] Es, en este sentido, una violencia institucional que busca conservar la ley y mantener intacta una organización social cuya característica fundamental es el ejercicio legítimo de otro tipo de violencia: una violencia que se propaga por todos los espacios sociales y que es aceptada e incluso sancionada como inevitable; una violencia que permite la sádica degradación, el atropello abusivo, la tortura cruel de aquellas vidas puestas a disposición de un poder admitido como legítimo.

Desde una perspectiva semejante, Slavoj Žižek señala la existencia de dos tipos distintos de violencia: la "violencia subjetiva", visible en la medida en que es ejercida por individuos concretos y percibida como una perturbación del estado de cosas supuestamente normal; y la "violencia objetiva" —simbólica y sistémica— que es inherente a ese estado de cosas supuestamente normal y que es imprescindible tomar "en cuenta si uno quiere aclarar lo que de otra manera parecen ser explosiones 'irracionales' de violencia subjetiva".[49] Los cadáveres femeninos que se acumulan en las páginas de "La parte de los crímenes" no pueden, en consecuencia, ser entendidos exclusivamente como la reiteración de actos de violencia subjetiva, como "obra de desviados individuales, enfermos mentales o anomalías sociales, sino [como] expresiones de una estructura simbólica profunda que organiza actos y fantasías y les confiere inteligibilidad".[50] Son estremecedores indicios de la violencia objetiva que actúan como ejes organizadores de la sórdida cotidianidad de la urbe de frontera y "tipifican a la perfección las relaciones de poder entre hombres y mujeres, así como la brutal desigualdad y vulnerabilidad de estas frente a aquellos".[51] Son actos criminales que responden a una tácita y oscura normativa que propicia y encubre el secuestro, la violación, la tortura y el homicidio de mujeres; actos estos supuestamente ilícitos e irregulares que, no obstante, son repetidos y emulados de manera irrefrenable y en total impunidad por oscuros criminales que se dispersan y multiplican en el turbio ambiente de corrupción que impera en la ciudad.

"La parte de los crímenes" inicia con la minuciosa descripción del hallazgo de la primera muerta, en el año 1993: Esperanza Gómez Saldaña, de trece años, quien "[v]estía camiseta blanca de manga larga y falda de color amarillo hasta las rodillas, de una talla superior".[52]

> [E]l cuerpo fue llevado a la morgue del hospital de la ciudad, en donde el médico forense le realizó la autopsia. Según ésta, Esperanza Gómez Saldaña había muerto estrangulada. Presentaba hematomas en el mentón y en el ojo izquierdo. Fuertes hematomas en las piernas y en las costillas. Había sido violada vaginal y analmente, probablemente más de una vez, pues ambos conductos presentaban desgarros y escoriaciones por los que había sangrado profusamente.[53]

Al cabo de sus 350 páginas, la cuarta sección de la novela termina con la descripción de un postrer hallazgo, el de la última muerta encontrada en el año 1997, cerca de las festividades de navidad. El caso descrito en estas páginas finales de la sección no hace sino reeditar el primero, sin que las investigaciones policiales hayan dado el menor fruto y sin que el pavoroso enigma detrás de los 107 asesinatos que la novela refiere haya sido develado, ni pretenda realmente serlo.

> El último caso del año 1997 fue bastante similar al penúltimo [...] La víctima, según los forenses, llevaba mucho tiempo muerta. De edad aproximada a los dieciocho años, medía entre metro cincuentaiocho y metro sesenta. El cuerpo estaba desnudo, pero en el interior de la bolsa se encontraron un par de zapatos de tacón alto, de cuero, de buena calidad, por lo que se pensó que podía tratarse de una puta. También se encontraron unas bragas blancas, de tipo tanga. Tanto este caso como el anterior fueron cerrados al cabo de tres días de investigaciones más bien desganadas.[54]

Durante los tres años que trascurren en esta parte de la novela, en Santa Teresa no ocurre prácticamente nada "más allá de los cientos de asesinatos y los cientos de investigaciones frustradas".[55] Una tras otra, las páginas de "La parte de los crímenes" se llenan de fragmentos descriptivos que, con el lenguaje frío e indiferente del informe policial, dan detallada cuenta de los cadáveres femeninos y de las circunstancias en que estos fueron encontrados. El espacio de la escritura hace gala de un exagerado afán de establecer discontinuidades visibles: de especificar cada seña, cada pormenor, cada particularidad de los cuerpos encontrados. Bolaño parecería entrar en un macabro juego donde el simple reconocimiento de la individualidad de la muerta debería convertirse en sinónimo de su incorporación, aunque tardía, en el orden simbólico de la ciudad. Sin embargo, lo que sucede es exactamente lo contrario: dada la similitud de las incontables descripciones, las mujeres asesinadas desaparecen en un remolino de información, en la interminable enumeración de casos que lo que hace es sumergir a la totalidad de mujeres asesinadas en la atemorizante continuidad de la muerte.

> Es el desfile de un mismo asesinato: la mujer, excluida de la sociedad, sin derechos laborales, sin identidad social, es muerta una y otra vez. Ellas son las muertas de la globalización, las que marcan el deslinde entre el primer y el tercer mundo. ¿El culpable? ¿La corrupción, el narcotráfico, la desigualdad, el machismo, la marginalización, la xenofobia? Lo que queda: un inmenso abismo, una carga siniestra que parece mover la historia de la humanidad.[56]

En tanto signos, la infinidad de cuerpos femeninos ostentan una y otra vez características similares y relativamente estables: mujeres jóvenes con un tipo físico definido y en su mayoría trabajadoras o estudiantes; "mujeres que son secuestradas y privadas de la libertad por algunos días; mujeres que son víctimas de torturas, violación 'tumultuaria', mutilación, estrangulamiento y muerte segura".[57] En Ciudad Juárez/Santa Teresa, el feminicidio deviene el asesinato de una mujer genérica y se dirige, según lo explica Segato, a una categoría y no a un sujeto específico.[58] En este contexto, la idea de un móvil puramente sexual resulta insuficiente. La violencia subjetiva que se reitera de manera incontrolable responde, antes que a la psiquis enferma de uno o varios individuos, a la exhibición de la capacidad de dominio, de uso, abuso e inmolación de la vida femenina cuando el poder masculino imperante en la región así lo desea, a condición por supuesto de que las víctimas pertenezcan a los sectores más pobres de la urbe. Y en ello es importante enfatizar: no es exclusivamente la condición de género, sino además y de forma categórica la extracción de clase la que determina quién puede o no ser víctima de la violencia en la ciudad mexicana. Existen mujeres de cuya vida se puede disponer impunemente, y existen otras, aquellas que pertenecen a los sectores adinerados de la ciudad, cuya eliminación demanda de sus asesinos el pago de un precio aún más alto que la entrega de su propia vida. Y en una sociedad profundamente patriarcal y machista, ese precio no puede ser otro que la emasculación de los perpetradores del crimen, emasculación cumplida de manera atroz y dolorosa, antes de proceder a su eliminación. Cuando en la ignominiosa realidad santateresana tienen lugar sucesos como el homicidio de Linda Vásquez, joven de dieciséis años perteneciente a una poderosa familia de la región, la identificación de sus asesinos es, a diferencia de lo que usualmente sucede, rápida y certera; y el apresamiento, tortura, castración y muerte de los homicidas resultan corolarios ineluctables.[59] Por el contrario, cuando las mujeres asesinadas pertenecen a los sectores empobrecidos de la urbe, el poder masculino no solamente hace ostentación de su capacidad de dominio, sino también de una manifiesta y descarada impunidad que, año tras año, acompaña a los actos criminales.

Casos como el de Linda Vásquez resultan más bien excepcionales. Las víctimas de la violencia criminal de Santa Teresa son, casi invariablemente, mujeres de escasos recursos, desprotegidas y vulnerables, cuyos asesinatos se pierden en la bruma del desinterés y la desidia.

> Conforme pasan los meses y años, la información sobre los asesinos o las hipótesis son menos frecuentes. Los cadáveres son recogidos como bultos y, en muchos casos, arrojados a fosas comunes, porque no son identificados. Hacia el final de esta parte de la novela, las investigaciones son archivadas pronto, y los casos quedan sin resolver.[60]

Como enunciados que ya nadie intenta descifrar, los crímenes de mujeres en Santa Teresa/Ciudad Juárez se sumergen en una suerte de ruido sin sentido, que invade tanto la realidad de la frontera norte mexicana como la novela de Bolaño, generando desazón, pesadumbre, exasperación, pero sin llegar a revelar los sórdidos móviles que los provocan, mucho menos la oscura identidad de sus perpetradores. Y, sin embargo, precisamente en tanto enunciados expuestos en el espacio público juarense/santateresano resulta no solo factible, sino forzoso entender su significación en el contexto misógino, violento, inicuo de la región fronteriza. Solo a partir de la dilucidación de esa, su significación, podría ser posible aproximarnos al perfil de quienes, agazapados en la sombra de una degradación social y moral cada vez mayor, consuman con total impunidad la incontenible marea de feminicidios.

Al situar estos crímenes dentro de lo que ella designa como "violencia expresiva", Segato enfatiza su condición de signos que informan de la capacidad de control que ciertos sujetos tienen sobre un determinado territorio físico y simbólico.[61] La impunidad de la que gozan y que permite la escandalosa e incontrolable propagación de sus crímenes, no es sino una prueba incontestable del señorío que ellos ejercen y adquiere, en consecuencia, especial importancia en el aciago mensaje que su violencia comunica. Sus destinatarios, además e incluso por encima de las potenciales víctimas —quienes en su total indefensión carecen de capacidad de respuesta y no son realmente interlocutores válidos— son los pares de los victimarios,[62] ya sean estos aliados o competidores. De esta suerte, los feminicidios de Ciudad Juárez están destinados a la exhibición ante un "nosotros" y ante un "los otros", de poderes soberanos y dominación de territorios en los que las hegemonías locales y nacionales se confunden con las extensas redes criminales que imperan en la región.[63] En ellos "concurren, de manera criminal, el silencio, la omisión, la negligencia y la colusión parcial o total de autoridades encargadas de prevenir[los] y erradicar[los]", junto con la evidencia de que su ejecución está plenamente acreditada dentro del marco de convicciones —opresivas, machistas y asimétricas— que impera en la región.[64] La prohibición que, siempre en el espacio de la sociedad y la cultura, debería mantener a la muerte por fuera de las fronteras de lo humano y proteger la vida de las potenciales víctimas, simplemente no existe en el entorno juarense/santateresano. La inmolación de mujeres que parece repetirse al infinito no es pues un acto transgresor, sino por el contrario, la ratificación más palmaria de la ley que, de forma taimada pero incontrovertible, recorre la ciudad y organiza la convivencia de sus moradores. La vida que destruye es una vida que de antemano estuvo sumida en el desconocimiento de su humanidad, una vida dispuesta, por esta tácita pero reconocida ley, para el uso y el abuso de los sectores masculinos dominantes.

Tanto dentro como por fuera de la obra de Bolaño, la ciudad mexicana de frontera deviene la imagen paradigmática de la desolación, el padecimiento y el espanto. Si este trabajo dio inicio con la analogía que Bolaño hace entre Ciudad Juárez y el infierno, quisiera terminar con otra analogía: la de Santa Teresa y la desconsoladora sensación de estar en el purgatorio, la sensación de

> una larga espera inerme, una espera cuya columna vertebral [es] el desamparo, algo muy latinoamericano, por otra parte, una sensación familiar, algo que si uno lo pensaba bien experimentaba todos los días, pero sin angustia, sin la sombra de la muerte sobrevolando el barrio como una bandada de zopilotes y espesándolo todo, trastocando la rutina de todo, poniendo todas las cosas al revés.[65]

El purgatorio del abandono sumado al infierno de la violencia asesina: una ciudad astrosa y desaliñada que se estira hacia el desierto y se hermana con él en sus múltiples recovecos de descuido y orfandad, aristas miserables donde las barriadas más pobres de la urbe se asientan en torno a las gigantescas construcciones de la industria maquiladora. Lo inhóspito del desierto junto a las infectas montañas de desechos que genera la urbe: uno tras otro los paisajes que se dibujan en "La parte de los crímenes" dan cuerpo a los fragmentos desarticulados de una ciudad que combina de manera casi perfecta la violencia, el desamparo y la ignominia.

Notas

1. Ciudad que, a decir de Víctor Barrera Enderle, "Bolaño sólo *movió* [...] unos cuantos kilómetros al oeste, enterrándola aún más en el desierto y la desolación". Víctor Barrera Enderle, "*2666* o la escritura que continua", *Proyecto patrimonio* (2004): s.p, http://www.letras.s5.com/rb191004.htm.

2. En la entrevista que Mónica Maristain hace a Bolaño, ante la pregunta acerca de cómo sería para él el infierno, Bolaño responde: "Como Ciudad Juárez, que es nuestra maldición y nuestro espejo, el espejo desasosegado de nuestras frustraciones y de nuestra infame interpretación de la libertad y de nuestros deseos". Mónica Maristain, "Porque sí: la última entrevista de Bolaño a la Revista *Playboy*", *The Clinic Online* (feb. 2013): s.p., http://www.theclinic.cl/2013/02/20/porque-si-la-ultima-entrevista-de-bolano-a-la-revista-playboy/.

3. Rita Laura Segato, *La escritura en el cuerpo de las mujeres asesinadas en Ciudad Juárez. Territorio, soberanía y crímenes de segundo estado* (Buenos Aires: Tinta Limón, 2013), 11.

4. Paul Cooney, "Dos décadas de Neoliberalismo en México: resultados y retos", *Novos Cadernos* 2 (dic. 2008): 16.

5. Pablo López Álvarez, "Biopolítica, liberalismo y neoliberalismo: acción política y gestión de la vida en el último Foucault", en *Hacer vivir, dejar morir. Biopolítica y capitalismo,* coord. de Sonia Arribas, Germán Cano y Javier Ugarte (Madrid: CSIC/La Catarata, 2010), 8-9.

6. María Guadalupe Ortiz Gómez analiza la manera en que la *cultura de autogestión para el desarrollo*, preeminente en el paradigma neoliberal, adjudica al ciudadano un perfil que sustenta la idea de que es el individuo quien debe lograr incorporarse al mercado sobre la base de su esfuerzo personal y de su capacidad de autogestión. Se genera así una suerte de "hiperindividualización que se manifiesta en diferentes campos y niveles. Las relaciones sociales y su dinámica se trastocan y tienden a mediarse por la lógica de mercado. De ahí que exista una tendencia a la atomización y reificación generalizada [...]". María Guadalupe Ortiz Gómez, "El perfil del ciudadano neoliberal: la ciudadanía de la autogestión neoliberal", *Sociológica* 83 (sep.-dic. 2014): 192-93.

7. Cooney, "Dos décadas...", 24-25.

8. Jean Franco, *Una modernidad cruel* (México: Fondo de Cultura Económica, 2016), 290.

9. Ortiz Gómez, "El perfil...", 178.

10. López Álvarez, "Biopolítica, liberalismo y neoliberalismo...", 2.

11. Ayder Berrio Puerta, "La exclusión-inclusiva de la *nuda vida* en el modelo biopolítico de Giorgio Agamben: algunas reflexiones acerca de los puntos de encuentro entre democracia y totalitarismo", *Estudios Políticos* 36 (ene.-jun. 2010): 22.

12. Berrio Puerta, "La exclusión-inclusiva...", 32.

13 En el mundo griego la vida era designada con dos términos distintos: *zoe,* que expresaba el simple hecho de vivir, la vida natural común a todos los seres vivos, y *bios* que indicaba la forma o manera de vivir propia de un individuo o grupo humano. La *nuda vida,* sin embargo, "no es simplemente la vida natural reproductiva, la *zoe* de los griegos, ni el *bios,* una forma de vida cualificada; es más bien [...] una zona de indiferencia y de tránsito permanente entre el hombre y la bestia, la naturaleza y la cultura". Giorgio Agamben, *Homo sacer* (Valencia: Pre-textos, 2006), 141.

14. Al respecto, señala Agamben que la condición de *nuda vida,* carente de derechos, nunca es un dato natural, sino una producción específica del poder: "No existen, *primero,* la vida como dato biológico y la anomia como estado de naturaleza y, *después,* su implicación en el derecho a través del estado de excepción. Al contrario,

la posibilidad misma de distinguir vida y derecho [...] coincide con su articulación en la máquina biopolítica. La nuda vida es un producto de la máquina y no algo preexistente a ella [subrayados por el autor]". Giorgio Agamben, *Estado de excepción* (Buenos Aires: Adriana Hidalgo, 2007), 157.

15. Agamben, *Homo sacer,* 136-37.

16. Gabriel Giorgi, "Política del monstruo", *Revista Iberoamericana* 75, n.° 227 (abr.-jun. 2009): 327.

17. Segato, *La escritura en el cuerpo...,* 43.

18. Las palabras de Simone de Beauvoir no pueden ser más evocadoras de los luctuosos misterios que, en el imaginario patriarcal, esconde el sexo femenino: esa "gelatina trémula que se elabora en la matriz (su matriz secreta y cerrada como una tumba) que evoca demasiado la muelle viscosidad de las carroñas para que él [el hombre] no se aparte de ella con un estremecimiento". Simone de Beauvoir, *El segundo sexo,* edición en PDF, s.p., https://femyso.files.wordpress.com/2017/01/el-segundo-sexo.pdf.

19. Graciela Hierro, "La mujer y el mal", *Isegoría* 6 (1992): 169.

20. Roberto Bolaño, *2666* (Barcelona: Anagrama, 2004), 689-90.

21. Marcela Lagarde, "Antropología, feminismo y política: violencia feminicida y derechos humanos de las mujeres", en *Retos teóricos y nuevas prácticas,* coord. de Margaret Bullen y Carmen Diez (Donostia: Ankulegi Antropologia Elkartea, 2008), 223.

22. Lagarde, "Antropología, feminismo...", 213.

23. Como bien lo advierte Raúl Rodríguez Freire, "quien conoce los horrores no necesita leer a Bolaño para saber más de lo que ya sabe, mientras que quienes dicen no tener noticias al respecto, o decidieron no tenerlas, probablemente tampoco lo leerán". Raúl Rodríguez Freire, "Bolaño, Chile y la desacralización de la literatura", *Guariguao* 44 (2013): 64.

24. Gastón Molina, "Para una **ética** de la lectura: el problema de la referencialidad en *Nocturno de Chile*", en *Fuera de quicio. Bolaño en el tiempo de sus espectros,* ed. de Raúl Rodríguez Freire (Santiago de Chile: Ripio Ediciones, 2012), 187.

25. Philippe Sollers, *La escritura y la experiencia de los límites* (Valencia: Pre-textos, 1978), 6.

26. Sollers, *La escritura...,* 12.

27. A este respecto, me parece acertado lo que, en relación a la descripción del horror, Žižek plantea acerca de la palabra poética. Según él, la conocida frase de Adorno: "Escribir poesía después de Auschwitz es aberrante", debería ser corregida, pues no es la poesía, sino la prosa la que resulta imposible. "La prosa realista fracasa donde tiene éxito la evocación poética". La poesía, la "descripción deslocalizada" propia del arte, "extrae de la confusa forma realidad su propia forma interior". Sla-

voj Žižek, *Sobre la violencia. Seis reflexiones marginales* (Barcelona: Paidós, 2009): 12-15.

28. "Un monstruo que se mira con desprecio y hasta con odio, pero también con profundo temor". Antonio Negri, "El monstruo biopolítico. Vida desnuda y potencia", en *Ensayos sobre biopolítica. Excesos de vida,* comp. de Gabriel Giorgi y Fermín Rodríguez (Barcelona: Paidós, 2007), 130-39.

29. Negri, "El monstruo biopolítico...",136.

30. Maristain, "Porque sí...", s.p.

31. Sollers, *La escritura...*, 117.

32. Molina, "Para una **ética**...", 170.

33. Molina, "Para una **ética**...", 181-82.

34. Angélica Tornero, "'La parte de los crímenes': un mundo accidental en *2666* de Roberto Bolaño", *Revista de Literatura Hispanoamericana* 64 (ene.-jun. 2012): 80, https://docplayer.es/84464553-La-parte-de-los-crimenes-un-mundo-accidental-en-2666-de-roberto-bolano.html.

35. Franco, *Una modernidad...*, 313.

36. Bertolt Brecht, "Consumo, placer y lectura", en *El juego de los cautos. Literatura policial: de Edgar A. Poe a P. D. James*, comp. de Daniel Link (Buenos Aires: La Marca Editora, 2003), 47-48.

37. Edmundo Paz Soldán, "Roberto Bolaño: literatura y apocalipsis", *Primera Revista Latinoamericana de Libros* 1 (sep.-nov. 2007): 22.

38. Tzvetan Todorov, "Tipología del relato policial", en *El juego de los cautos. Literatura policial: de Edgar A. Poe a P. D. James*, comp. de Daniel Link (Buenos Aires: La Marca Editora, 2003), 66.

39. Ricardo Piglia, "Lo negro del policial", en *El juego de los cautos. Literatura policial: de Edgar A. Poe a P. D. James*, comp. de Daniel Link (Buenos Aires: La Marca Editora, 2003), 80.

40. Daniel Link, "El juego silencioso de los cautos", en *El juego de los cautos. Literatura policial: de Edgar A. Poe a P. D. James,* comp. de Daniel Link (Buenos Aires: La Marca Editora, 2003), 12.

41. Diego Trelles, "Novela policial alternativa hispanoamericana (1960-2005)", *Aisthesis* 40 (nov. 2006): 81, http://www.redalyc.org/pdf/1632/163221399005.pdf.

42. Trelles, "Novela policial...", 82.

43. Citado por Trelles, "Novela policial...", 87.

44. Citado por Trelles, "Novela policial...", 88.

45. Las paráfrasis del texto de Elaine Scarry que vienen a continuación se basan en traducciones mías.

46. Elaine Scarry, *The Body in Pain: The Making and Unmaking of the World* (New York: Oxford UP, 1985), 35.

47. Scarry, *The Body...*, 29.
48. Walter Benjamin, *Para una crítica de la violencia* (Santiago de Chile: Edición electrónica de la Escuela de Filosofía, Universidad de Artes y Ciencias Sociales – ARCIS, s.f.), 8-9, https://www.philosophia.cl/biblioteca/Benjamin/violencia.pdf.
49. Žižek, *Sobre la violencia*, 10.
50. Segato, *La escritura...*, 19.
51. Elisa Cabrera, "'La parte de los crímenes' en *2666*: la visibilización del concepto 'feminicidio' como política de la literatura", *Revista Letral* 16 (jun. 2016): 33, http://revistaseug.ugr.es/index.php/letral/article/view/4926/4734.
52. Bolaño, *2666*, 443.
53. Bolaño, *2666*, 444.
54. Bolaño, *2666*, 790-91.
55. Cabrera, "La parte de los crímenes...", 34.
56. Barrera Enderle, "*2666* o la escritura...", s.p.
57. Segato, *La escritura...*, 16-17.
58. Segato, *La escritura...*, 36.
59. Bolaño, *2666*, 651-53.
60. Tornero, "La parte de los crímenes...", 86
61. Segato, *La escritura...*, 22.
62. Segato señala la existencia de un doble eje de interlocución. En el eje vertical, el victimario se dirige a su víctima "y su discurso adquiere un cariz punitivo [...] el destino de la mujer es ser contenida, censurada, disciplinada, reducida por el gesto violento de quien reencarna, por medio de este acto, la función soberana". Segato, *La escritura...*, 23.
63. En referencia al extenso poder de esta red criminal, Segato habla de una segunda economía, una economía ilegal que discurre por debajo de, pero en íntima conexión con las instancias legítimas de la economía mexicana. Una red ilegal cuyas cabezas, sin embargo, no son sino los banqueros y grandes empresarios que controlan la economía formal y el poder político en el país y en la región. En un régimen neoliberal simplemente no hay posibilidad real de separar los negocios ilícitos de los negocios lícitos, menos aún en una zona de frontera como la que circunda Ciudad Juárez. Segato, *La escritura...*, 58-59.
64. Lagarde, "Antropología, feminismo...", 216.
65. Bolaño, *2666*, 658.

Obras citadas

Agamben, Giorgio. *Estado de excepción*. Buenos Aires: Adriana Hidalgo Editora, 2007.

———. *Homo sacer*. Valencia: Pre-textos, 2006.

Barrera Enderle, Víctor. "*2666* o la escritura que continúa". *Proyecto Patrimonio* (2004): s.p. http://www.letras.mysite.com/rb191004.htm.

Beauvoir, Simone de. *El segundo sexo*. Edición en PDF. https://femyso.files.word press.com/2017/01/el-segundo-sexo.pdf.

Benjamin, Walter. *Para una crítica de la violencia*. Santiago de Chile: Edición en PDF de la

Escuela de Filosofía, Universidad de Artes y Ciencias Sociales–ARCIS, s.f. https://www.philosophia.cl/biblioteca/Benjamin/violencia.pdf.

Berrío Puerta, Ayder. "La exclusión-inclusiva de la *nuda vida* en el modelo biopolítico de Giorgio Agamben: algunas reflexiones acerca de los puntos de encuentro entre democracia y totalitarismo". *Estudios Políticos* 36 (ene.-jun. 2010): 11-38.

Bolaño, Roberto. *2666*. Barcelona: Anagrama, 2004.

Brecht, Bertolt. "Consumo, placer y lectura". En *El juego de los cautos. Literatura policial: de Edgar A. Poe a P. D. James*. Compilación de Daniel Link, 44-48. Buenos Aires: La Marca Editora, 2003.

Cabrera García, Elisa. "'La parte de los crímenes' en *2666*: la visibilización del concepto 'feminicidio' como política de la literatura". *Revista Letral* 16 (jun. 2016): 26-37. http://revistaseug.ugr.es/index.php/letral/article/view/4926/4734.

Cooney, Paul. "Dos décadas de Neoliberalismo en México: resultados y retos". *Novos Cadernos* 2 (dic. 2008): 15-42.

Franco, Jean. *Una modernidad cruel*. México: Fondo de Cultura Económica, 2016.

Giorgi, Gabriel. "Política del monstruo". *Revista Iberoamericana* 227 (abr.-jun. 2009): 323-29.

Hierro, Graciela. "La mujer y el mal". *Isegoría* 6 (1992): 167-73. http://isegoria .revistas.csic.es/index.php/isegoria/article/download/332/333.

Lagarde, Marcela. "Antropología, feminismo y política: violencia feminicida y derechos humanos de las mujeres". En *Retos teóricos y nuevas prácticas*. Coordinación de Margaret Bullen y Carmen Diez, 209-23. Donostia: Ankulegi Antropologia Elkartea, 2008.

Link, Daniel. "El juego silencioso de los cautos". En *El juego de los cautos. Literatura policial: de Edgar A. Poe a P. D. James*. Compilación de Daniel Link, 9-17. Buenos Aires: La Marca Editora, 2003.

López Álvarez, Pablo. "Biopolítica, liberalismo y neoliberalismo: acción política y gestión de la vida en el último Foucault". En *Hacer vivir, dejar morir. Biopolítica y capitalismo*. Coordinación de Sonia Arribas, Germán Cano y Javier Ugarte, 39-61. Madrid: CSIC/La Catarata, 2010.

Maristain, Mónica. "Porque sí: la última entrevista de Bolaño a la Revista *Playboy*". *The Clinic Online* (feb. 2013): s.p. http://www.theclinic.cl/2013/02/20 /porque-si-la-ultima-entrevista-de-bolano-a-la-revista-playboy/.

Molina, Gastón. "Para una ***ética*** de la lectura: el problema de la referencialidad en *Nocturno de Chile*". En *Fuera de quicio. Bolaño en el tiempo de sus espectros*. Edición de Raúl Rodríguez Freire, 169-92. Santiago de Chile: Ripio Ediciones, 2012.

Negri, Antonio. "El monstruo biopolítico. Vida desnuda y potencia". En *Ensayos sobre biopolítica. Excesos de vida*. Compilación de Gabriel Giorgi y Fermín Rodríguez, 93-139. Barcelona: Paidós, 2007.

Ortiz Gómez, María Guadalupe. "El perfil del ciudadano neoliberal: la ciudadanía de la autogestión neoliberal". *Sociológica* 83 (sep.-dic. 2014): 165-200. http://www.scielo.org.mx/pdf/soc/v29n83/v29n83a5.pdf.

Paz Soldán, Edmundo. "Roberto Bolaño: literatura y apocalipsis". *Primera Revista Latinoamericana de Libros* 1 (sep.-nov. 2007): 11-30. http://www.elboomeran.com/upload/ficheros/obras/prologopazsoldan_bolao_salvaje_1.pdf.

Piglia, Ricardo. "Lo negro del policial". En *El juego de los cautos. Literatura policial: de Edgar A. Poe a P. D. James*. Compilación de Daniel Link, 78-83. Buenos Aires: La Marca Editora, 2003.

Rodríguez Freire, Raúl. "Bolaño, Chile y la desacralización de la literatura". *Guariguao* 44 (2013): 62-74.

Scarry, Elaine. *The Body in Pain: The Making and Unmaking of the World*. New York: Oxford UP, 1985.

Segato, Rita Laura. *La escritura en el cuerpo de las mujeres asesinadas en Ciudad Juárez. Territorio, soberanía y crímenes de segundo estado*. Buenos Aires: Tinta Limón, 2013.

Sollers, Philippe. *La escritura y la experiencia de los límites*. Valencia: Pre-textos, 1978.

Todorov, Tzvetan. "Tipología del relato policial". En *El juego de los cautos. Literatura policial: de Edgar A. Poe a P. D. James*. Compilación de Daniel Link, 63-73. Buenos Aires: La Marca Editora, 2003.

Tornero, Angélica. "'La parte de los crímenes': un mundo accidental en *2666* de Roberto Bolaño". *Revista de Literatura Hispanoamericana* 64 (ene-jun 2012): 65-89. https://docplayer.es/84464553-La-parte-de-los-crimenes-un-mundo-accidental-en-2666-de-roberto-bolano.html.

Trelles, Diego. "Novela policial alternativa hispanoamericana (1960-2005)". *Aisthesis* 40 (nov. 2006): 79-91. http://www.redalyc.org/pdf/1632/163221399005.pdf.

Žižek, Slavoj. *Sobre la violencia. Seis reflexiones marginales*. Barcelona: Paidós. 2009.

An-estética de lo monstruoso:
Osvaldo Lamborghini y la destrucción ominosa

Sergio Villalobos-Ruminott
UNIVERSITY OF MICHIGAN

El 24 de marzo de 1976 yo, que era loco, homosexual, marxista, drogadicto y alcohólico, me volví loco, homosexual, marxista, drogadicto y alcohólico.[1]

LOS TEXTOS DE OSVALDO Lamborghini, en su diversidad formal y temática, no han producido ni una familia ni un canon y, sin embargo, son un punto de referencia sobre el que convergen múltiples intervenciones recientes: tanto aquellas relativas al carácter de la actual narrativa argentina como aquellas relativas a la forma en que este incorpora una figuración insólita que termina por hacer intolerable su propia escritura. ¿Cómo leer la tradición narrativa argentina después de la brutal prosa de Lamborghini? ¿Cómo pensar su estrategia escritural en un mundo literario marcado a fuego por el virtuosismo borgeano y sus juegos imaginativos? Pero más aún, ¿cómo leer a Lamborghini en un contexto donde la violencia está fuertemente identificada con un proyecto político de destrucción nacional y de implementación, *manu militari*, de las medidas neoliberales que definirán no solo el marco político y económico nacional y regional, sino la misma relación entre literatura y política en las décadas recientes? En última instancia, se trata de pensar hasta qué punto la monstruosa imaginación barroca de Lamborghini nos lleva más allá de la mera identificación estilística o temática, hacia una problematización de la misma posibilidad de la literatura y de su supuesta función en el moderno contrato social.

En efecto, ya no parece haber duda sobre la importancia de sus escritos, y la relativamente reciente publicación de sus cuentos completos, además de la edición de su inacabada novela *Tadeys* (2005), la aparición de su *Teatro proletario de cámara* (2008) y otras iniciativas de índole similar, terminan por confirmar la centralidad, tal vez indeseada, que su escritura ha adquirido para una serie de debates concernidos con la cuestión misma de la representación, de la relación entre literatura y política, del deseo y de la cuestión, generalmente silenciada, del carácter intrínsecamente violento de la práctica literaria.[2] En tal caso, más allá de aquellos que leen en Lamborghini la redefinición del canon argentino en clave neobarroca y orillera, o de aquellos que insisten en su condición marginal con respecto a la institución literaria, nuestra lectura intentará mostrar que la prosa de Lamborghini marca una forma de *destrucción ominosa* tanto de la literatura como del canon, haciendo imposible no solo remitirlo a una tradición, sino subordinarlo a un tipo de literatura nacional o regional sin desconocer que todas esas categorías constitutivas de los modernos estudios literarios han sido desplazadas y adulteradas por la serie de transformaciones relacionadas con la cruenta instauración del neoliberalismo a nivel nacional y regional.

En tal caso, se trata de relatos, fragmentos, viñetas, y no solo de cuentos o novelas, siempre que la escritura de Lamborghini, a la que también hay que sumar su poesía, trae a escena una relación destructiva con la estética y con la estetización de la violencia, llevándola a un paroxismo del que no surge una nueva estética sino su desarticulación radical; es como si su escritura estuviera dirigida a desentumecer los sentidos adormecidos por la dimensión anestesiante del objeto artístico, y así, estuviera más allá de la dicotomía entre *noesis* y *aisthesis*, entre intelección y sensación, haciendo de la escritura una práctica de *intensificación* más que de comunicación. En otras palabras, su an-estética conlleva una suspensión de la anestesia constitutiva de la estetización de la violencia, haciéndola evidente una vez más, no como excepción, sino como condición regular de la historia.

En las siguientes páginas intentaremos dilucidar las consecuencias de esta an-estética característica de sus relatos, tanto en relación con la mutación histórica de la soberanía y sus formas de violencia como en relación con la misma transformación del contrato social y su función ficcional, cuestión que altera no solo la representación neutral y domesticada de la figura del ciudadano moderno, sino que desoculta el carácter violento de la escritura en cuanto escritura de un deseo que siempre excede su instrumentalización normativa y disciplinante. Para tal efecto, más allá de la atención recibida por dos de sus tempranos y más conocidos relatos, "El Fiord" (1968) y "El niño proletario" (1973), nos concentraremos también en la economía interna de la inacabada novela *Tadeys*, que según nos informa su albacea y compilador, César Aira, habría sido velozmente escrita en la segunda mitad de 1983, durante su exilio en Barcelona. En última instancia, sostenemos que la escritura de Lamborghini produce una figuración monstruosa o *queer* en la que se expresa no solo la mutación histórica de la soberanía y del contrato social según una inflexión neoliberal, sino también una reacción ante dicha mutación que hace del cuerpo sexuado una criatura cuya existencia, más allá de lo humano y sus regímenes representacionales habituales (el ciudadano, el padre de familia, el escritor, el profesor, en suma, el sujeto moderno), prolifera y hace temblar el modo habitual de representación de nuestra normalidad, poniendo en crisis el teatro de la democracia contemporánea. En este sentido, los textos de Lamborghini están pintados, por así decirlo, con una intensidad orientada a desocultar, más que a disimular, el entramado material y corpóreo del sentido, del poder y del contrato social, que produce un efecto de enervación frente a las mutaciones contemporáneas del goce soberano.[3]

EN EFECTO, EN LA larga discusión sobre la monstruosidad barroca, hay una dimensión todavía no explorada suficientemente y relacionada con la forma en que el arabesco en la escritura y la monstruosidad en la tropología dan cuenta de mutaciones históricas del poder y la soberanía. No estamos hablando solo de la temprana lectura del *Trauerspiel* alemán desarrollada por Walter Benjamin en la que este, lejos de los prejuicios tradicionales, lee el drama barroco alemán como expresión de una soterrada melancolía que, imposibilitada de suturar su ansiedad apelando a una concepción progresiva del tiempo, quedaba mirando fijamente el oscuro cielo abandonado por el soberano, haciendo aparecer al Príncipe como sujeto mortal y pasajero, privado de la monumentalidad inmortal de antaño.[4] Este horizonte también está presente en la clásica discusión sobre los fundamentos teológicos del poder monárquico en el estudio de Ernst Kantorowicz, *Los dos cuerpos del rey* (1957), donde se da cuenta de la condición dual de la soberanía tardo-medieval como efecto de la emergencia de una variable temporal que hace del cuerpo incorruptible del monarca (en tanto que representante de Dios en la tierra) un cuerpo mortal y enfermizo, sujeto, si se quiere, a la locura y a los excesos, como vemos en las tragedias de Shakespeare (*Ricardo II* o *El rey Lear*) o en el barroco español, particularmente en Calderón (Segismundo en *La vida es sueño*).[5] Por supuesto, esta dimensión temporal, que Anthony J. Cascardi relaciona principalmente con Calderón y con las ideologías de la historia en el Siglo de Oro, no se reduce ni a España ni a una cuestión de género o estilo literario, sino que expresa las transformaciones de la misma soberanía y sus formas de encarnación en la temprana modernidad europea, pero puede ser perfectamente estudiado en formas tardías de escritura barroca.[6]

De lo anterior se sigue la importancia de entender las diversas formulaciones de lo barroco no solo en los términos culturalistas e identitarios habituales, sino en relación con las complejas dinámicas de transformación histórica de la soberanía y de las relaciones de poder. En este horizonte, Eric Santner recientemente ha vinculado dichas mutaciones con la emergencia de una determinada encarnación plebeya de la soberanía, la que, sin poder ahora ser plenamente identificada con la figura escindida del soberano clásico, inaugura una experiencia plebeya del tiempo y de la carne, distintiva de la modernidad. Lo que resulta relevante del análisis de Santner, que se nutre a su vez del psicoanálisis y de las contribuciones de Merleau Ponty y Claude Lefort, es precisamente su énfasis en la dimensión temporal o histórica de la soberanía y la forma en que sus mutaciones infringen un determinado efecto sobre la carne. Es decir, la soberanía *encarnada* organiza, por así decirlo, los cuerpos, pero los cuerpos no se reducen a una mera función del poder, sino que en ellos se expresan también formas de resistencia que hacen de la encarnación un proceso siempre inacabado e imperfecto. Santner repara en esta suerte de dialéctica irresuelta entre *encarnación* y *ex-carnación* para mostrarnos no solo que la soberanía, evidenciada en su condición terrenal o mortal, es siempre relativa o relacional y no absoluta o unilateral, sino, además, que la serie de mutaciones históricas de las relaciones de poder se registran precisamente en formas históricas de encarnación y ex-carnación o resistencia. Sería en esas coyunturas tensas donde el poder encarnado en los cuerpos moldea la carne según una representación de la vida y del sujeto, pero la carne misma resiste dicho moldeamiento produciendo lo que él llama "criaturas" (*creaturely life*).

> Llamo *creaturely life* a la vida que, por así decirlo, es llamada a ser, es *ex-citada*, por su exposición a una "creatividad" peculiar asociada con el umbral de la ley y de la no-ley; es la vida que ha sido remitida al espacio del "éxtasis de pertenencia" de la soberanía, o, a lo que podríamos llamar simplemente "el goce soberano".[7]

En tal caso, tendríamos que pensar la imaginación barroca como un *caldo de cultivo* en el que abundan *criaturas* que desfiguran la imagen convencional del hombre y del ciudadano, es decir, que contaminan las formas de vida sancionadas por el derecho. En efecto, se trata de criaturas cuya existencia debemos, como señala Santner, a la excitación o enervación producida por la experiencia de un vacío o desfondamiento radical de la soberanía, una experiencia abismal que lleva al cuerpo hacia una deriva fuera de su organización funcional ("cuerpo sin órganos"). La criatura o la "creaturely life" de la que habla Santner no es sino el efecto de esa experiencia donde el goce soberano se experimenta como falta de fundamento. En este sentido, la cuestión del monstruo barroco no es sino una figuración relativa al plegamiento de la carne sobre sí misma que define la experiencia *extática* de la vida confrontada con el bando soberano. Pero, lejos de concebir esta vida como pasividad depotenciada y caída a la mera existencia sacrificable (*homo sacer*), la criatura barroca expresa la tensión entre la encarnación de la ley y la ex-carnación de la existencia, de la que resulta una imagen intolerable para la normalidad del sujeto y del ciudadano moderno. La dimensión monstruosa o *queer* de esa *ex-carnación* es la que ciertas escrituras barrocas logran tematizar de manera decisiva. A esto se debe entonces nuestro intento por leer la an-estética de Lamborghini en el contexto de una transformación histórica de la soberanía actual, como si sus estrategias narrativas estuviesen orientadas a producir un *fresco* cuya intensidad exprese las contorsiones del goce soberano, destruyendo la funcionalización alegórico-referencial de la literatura.

A su vez, la an-estética que se sigue de dicha escritura tiene que ver, precisamente, con el efecto de enervación o ex-citación que esta produce, despabilando los sentidos más allá de su organización jerárquica o facultativa, características centrales de la estética moderna. Su repertorio de imágenes abyectas y catacréticas no solo contraviene el orden de una metaforicidad llamada a sellar pacíficamente las relaciones de representación entre texto y realidad, entre literatura e historia, sino que produce un vértigo mayor en la medida en que desoculta, más allá de cualquier edulcoración o estetización, la violencia brutal del orden cotidiano, restándole a dicha violencia cualquier excepcionalidad para hacerla aparecer como "un hecho perfectamente lógico y natural". Si para Benjamin el *shock* cinematográfico podía gatillar un enervamiento de las masas, bien se podría sostener acá que para Lamborghini la re-escenificación de la violencia constitutiva del acto de sexuación produce, a su vez, una ex-citación de la vida sujeta a los bandos soberanos del neoliberalismo contemporáneo. Enervamiento y ex-citación no remitirían —esa es nuestra sugerencia— a la economía categorial de la estética, sino a su destrucción, entendida como interrupción de su efecto anestesiante.[8]

EN TAL CASO, LA cuestión del monstruo y de lo monstruoso parece intersectar la escritura de Lamborghini por dos vías alternativas. Por un lado, a partir de una relación con el barroco histórico latinoamericano y sus juegos infinitos de significación, es decir, mediante su uso de figuraciones enrevesadas y formas atoradas de escritura que habrían reemergido con una potencia singular en el contexto caribeño y en el Río de la Plata, obedeciendo a la figura señera de José Lezama Lima y a la deriva menor de un Lamborghini que tiene que escribir en la sombra para evitar la ceguera producida por la luz borgeana. Si al neobarroco de Lezama Lima, de Severo Sarduy y, hasta cierto punto, de Guillermo Cabrera Infante se le reconoce en la producción de una serie de desplazamientos figurativos que ponen en cuestión no solo la novela como forma, sino la *forma misma* como domesticación de la imaginación o del tiempo,[9] en Lamborghini se encontraría, según comenta Néstor Perlongher, una indicación irrenunciable que expone en el centro de la trama la compleja relación entre deseo y poder graficada en el recurso obsesivo al sexo como escena originaria de un teatro de la crueldad en el que deambulan las sombras chinescas de nuestro tiempo.[10] No se trata acá del barroco habitual o de su imagen académica, sin embargo, sino de un "neobarroso", hijo de una extraña mezcla entre el arabesco privilegiado del barroco convencional y una intensificación carnavalesca que extorsiona la imagen hasta hacerla casi intolerable. En efecto, Perlongher vincula la novedad de Lamborghini con la revista *Literal*, aquella revista que en los años setenta habría permitido la conjunción de Germán García (autor de *Nanina* [1968], novela censurada en su momento), y Luis Gusmán (autor de *El frasquito* [1973]), junto a Lamborghini, quien muy pronto sumará a las escuetas y enigmáticas páginas de *El Fiord*, la serie de relatos titulado *Sobregondi retrocede* (1973), en el que figura el cuento "El niño proletario". El mismo Perlongher identifica a su vez este momento como el de una renovación de las letras argentinas que todavía vacilaban entre la monumentalización del relato martinfierrista, trasplantado ahora a los arrabales poblados por compadritos de dudosa calaña, y la narrativa comprometida que había nacido de la editorial Claridad y del grupo Boedo, y que abogaba por la producción de un realismo social y vanguardista. Por supuesto, ni el barroco histórico ni el neobarroco, o para el caso del Río de la Plata, el neobarroso, como el mismo Perlongher lo bautizó hace algunos años, serían simples manierismos estilísticos, ni mucho menos, testimonios de una cierta identidad inasimilable de lo americano a los cánones del arte y la literatura metropolitana.[11] La inflexión barroca, su monstruosidad consiste, por el contrario, en que mediante su exacerbación catacrética de la metaforicidad convencional, complejiza en extremo el plano de la representación interrumpiendo cualquier atribución culturalista o identitaria a las tramas y a los personajes.

De ahí entonces el problema de intentar fundar una política cultural o una determinada política identitaria en la condición sintomática de lo barroco americano (el llamado barroco de Indias, por ejemplo), pues eso equivale a subordinar lo monstruoso a las claves de una comprensión convencional del lenguaje y de la literatura. El monstruo barroco no es pues un recurso imaginativo que ilustra o sintomatiza una determinada crisis, ni menos una estrategia escritural para eludir la censura en tiempos dictatoriales, sino el efecto de esa crisis dibujado sobre el cuerpo. El mismo Perlongher insiste en esta afirmación:

> Así practica *El Fiord* una barroquización sorprendente —sorprendente porque ella no apela a las convenciones de la rimbomba "poética", construida con los materiales del lenguaje poético convencional— empero también se recurra, en la vorágine, a esos giros. Ese efecto de barroquización pasa por cierto "*horror vacui*", horror al vacío. Tapiz apretujado, pero que en vez de esplender en la nobleza de sus gazas y aterciopelados moños, se urde a espumarajos, a escupitajos, a baldes de sangre y mierda, a chonguerías. Y aquí vale plantear una cuestión: ¿es Lamborghini barroco?
>
> La estupefacción que este planteo puede despertar —ya que parece que estuviésemos aquí más lejos del barroco como convencionalmente se entiende, que del grotesco cuyo extrañamiento ya entrevimos— autoriza el recurso a la pirueta: ¿Lamborghini no sería más bien —si cabe el paródico neologismo— neobarroso?[12]

La intensificación distintiva del neobarroso lleva entonces la rimbomba del culturalismo barroco a un momento de degradación en el que esta se ve contaminada por flujos y secreciones, haciendo aparecer una realidad más intolerable que la sobrecargada realidad enrevesada de la pirueta poética, una realidad en la que el cuerpo mismo aparece como telón de una historia sanguinaria que puede ser leída en clave política, pero ya no alegórica. En efecto, el mismo Perlongher habla de una micropolítica deleuziana en la que el texto ya no metaforiza la épica de una gran política de la emancipación o del sentido, sino que converge con la disolución radical de su corpus y sus pretensiones, pues en ella se constata que, en cuanto ejercicio, la escritura ya no tiene nada que contar, sino que ahora se trata de mostrar. ¿Mostrar qué? La disolución del mismo corpus literario siempre funcionalizado por el culturalismo de un discurso que le asigna una función social y política a la literatura. El texto es desplazado por la página-lienzo, y la literatura es repensada no en clave de una hermenéutica pletórica de sentidos a descubrir, sino en términos de una superficie en la que se dibujan, siempre confusamente y con pinceles de diferente gradación, las intensidades de un tiempo que no puede seguir prometiendo nada. Lo monstruoso del barroco aparece ahora materializado en el neobarroso de Lamborghini, donde las metáforas, las metonimias y los arabescos dan paso a los flujos de sangre y saliva, semen, sudor y leche, que irán haciendo aparecer el cuerpo como único e irreductible material de la historia.

EXISTE, SIN EMBARGO, OTRA igualmente provocadora lectura de Lamborghini y lo monstruoso que debemos a la observación capital de Josefina Ludmer en su estudio sobre el género gauchesco. Efectivamente, en una larga apostilla anexada, extrañamente, a la nota número 25 de su libro aparece un excurso sobre la política deseante en los años sesenta y lo que ella llama "la última fiesta del monstruo".[13] En ella, Ludmer ubica *El Fiord* en el doble contexto de la dictadura de Organía que asolaba a la Argentina mientras Perón estaba en el exilio, a fines de los años sesenta, cuestión que le da al relato un carácter ambivalente, entre recuento y predicción, por un lado; y en la serie de relatos agrupados bajo la figura de "La fiesta del monstruo", cuya primera instanciación habría sido el poema "La refalosa", escrito por Hilario Ascasubi en 1843, en el que se cuentan las amenazas de un mazorquero federalista a un gaucho unitario, siendo seguido por el cuento escrito por Bioy Casares y Borges, bajo el seudónimo de H. Bustos Domecq, y justamente titulado "La fiesta del monstruo", en el que se adivina la clara predisposición anti-peronista de sus autores. El cuento, escrito en 1947, un poco más de un siglo después de "La refalosa", y utilizando un epígrafe sacado de dicho poema, devuelve el populismo peronista al horizonte histórico marcado por la incitación a la violencia gaucha, propia del federalismo apertrechado de la dictadura de Rosas; recurso que, abusando un poco de una cierta auto-referencialidad, no deja de remitir las claves de la política contemporánea al complejo entramado de la fundación nacional, momento que pareciera haber determinado los destinos de la patria y de su literatura.

El ensayo de Ludmer no abunda en los parentescos que esta versión menor y grotesca del género gauchesco posibilita en la misma literatura nacional, pero bien podríamos vincular sus estridencias con las escandalosas descripciones de los gauchos que Domingo Faustino Sarmiento publica en un periódico de Valparaíso, y que terminarán componiendo, en 1845, su canónico ensayo *Facundo. Civilización y barbarie en las pampas argentinas*, considerado como instancia fundacional de la tradición nacional. No pocos han señalado cómo el conflicto entre federales y unitarios, la barbarización extrema del gaucho, la deshumanización del indio, y la representación utópica del progreso y de la ciudad están inscritos en el ADN de la literatura nacional. Así como *El Fiord* parece ejemplificar una de las variantes menores y más violentas del género gauchesco, también "El niño proletario" podría ser leído como reescritura de *El matadero*, el temprano relato de Esteban Echeverría (escrito entre 1838 y 1840, publicado en 1871). Lo que en el relato original de Echeverría se representa por medio de un matarife, un señorito y los acostumbrados clientes de un matadero, exacerbados por las limitaciones impuestas al consumo de carne, en la versión de Lamborghini gira en torno a una escena sacrificial en la que niños burgueses violan y asesinan a Stroppani.

Sin embargo, más allá de las múltiples intertextualidades y referencias cruzadas, el ensayo de Ludmer apunta a una cierta complementariedad entre la voz del gaucho, expresada en una poesía que paulatinamente adquiere el rango de literatura nacional, y la misma formación del Estado, para el cual esa literatura, en un proceso de canonización y de traducción, resultó fundamental en la medida en que permitió no solo producir una identificación interpeladora de lo popular con lo nacional, sino también fabular la ficción de un pasado heroico, basado en la figura del gaucho, pero de un gaucho deshistorizado y convertido en personaje literario. En efecto, la formación del Estado requirió de un discurso literario capaz de monumentalizar al gaucho, pero al hacerlo, no solo lo neutralizó, sino que favoreció los cruentos procesos de modernización del campo que ya desde mediados del siglo XIX permitieron una criminalización del mismo gaucho en función de la privatización de la tierra y en función de la constitución de los ejércitos fronterizos destinados a la pacificación, como condición fundamental de la capitalización del territorio nacional y de su inscripción en los proceso de acumulación capitalista de ese período.[14] En tal caso, el género gauchesco, lejos de ser un exótico producto nacional para el consumo cultural contemporáneo, expresa las ambivalencias constitutivas de la literatura como imaginación y como institución, y sería en el corazón de esa ambivalencia donde habría que leer el gesto de Lamborghini, que advertido de la inevitable complicidad entre literatura y Estado, exacerba el género, desfondando su referencialidad heroica, para hacer emerger la representación grotesca y pornográfica del poder y su entramado corporal.

Recordará el lector que "El Fiord" es un obsceno relato en el que se narra la historia de un nacimiento, de una violación, de una sodomización y de un asesinato, que culmina con la devoración del cuerpo del padre (del pene) en una escena que no solo evoca el banquete sacrificial primitivo del que hablaba Freud, sino las mismas luchas intestinas y canibalescas que caracterizaban a la Argentina de fines de los años sesenta. Ludmer lo resume así:

> [*El Fiord*] [n]arra una orgía ritual entre límites extremos: parto, sodomía, incesto, asesinato del amo-padre, descuartizamiento y canibalismo. Es una "fiestonga" donde, como se sabe, están las alianzas del género y el uso de los cuerpos. La pornografía sirve para describir transacciones entre "órganos" despersonalizados o entre "personajes" despersonalizados: letras, iniciales de nombres, posiciones de las cartas del género. La pornografía multiplica las posibilidades de intercambio y acción del relato, las figuras posibles e imposibles en posiciones nunca escritas.[15]

Lo curioso de este brillante juicio sumario es que en él aparece, por un lado, la potencialidad misma de lo literario y sus recursos como puesta en escena de múltiples relaciones de acoplamiento y sentido; mientras que, por otro lado, se escenifica un determinado "uso de los cuerpos", cuestión que denota no solo la dimensión utilitaria del poder respecto a las masas, sino la *fiestonga* biopolítica que predispone del cuerpo como lugar de ejercicio de su ambivalente soberanía. La economía del texto transita entre el loco Rodríguez, el Sebas, la CGT (Carla Greta Terón), Atilio Tancredo Vacán, el "chico de mierda" que, siendo arrancado desde la madre, organiza el asesinato del padre, haciendo pasar el relato desde el momento del parto hacia el momento de devoración del cadáver, no sin haber intercalado vívidas descripciones del parto mismo, de la violación de la parturienta, de la sodomización y de las aflicciones a las que se somete el cuerpo de esta. Tiene razón Ludmer entonces, no se trata solo de una metaforización sobre la monstruosidad gauchesca, sobre su barbarie, sino de una escenificación de la misma realidad argentina, a la que los discursos transicionales de los años ochenta identificaron con la "teoría de los dos demonios" (extrañamente equiparando la violencia de la guerrilla con la violencia sistemática y profesional del Estado). Se trata de la convivencia de la extrema derecha fascista y la extrema izquierda montonera, ambas unidas en una inestable relación de amor en torno a Perón, a Evita y al peronismo. La porno-novela de Lamborghini entonces muestra la confusa y amenazante realidad política nacional mediante la exacerbación de su orgiástica política de alianzas, exacerbación que, sexuando el campo de referencias, inscribe al cuerpo y sus fluidos en el corazón del relato.

En esta misma línea, John Kraniauskas, en un temprano e inteligente texto, lee *El Fiord* en clave psicoanalítica, apuntando a la escenificación porno-carnavalesca de la coyuntura política nacional y a la sobrecarga de sentido que cada uno de los personajes, de sus iniciales, de sus funciones, tendría en términos de un inconsciente político expuesto y propio del peronismo y su apelación afectiva a las masas.[16] Esta carnavalización, nos dice Kraniauskas, invertiría el gesto conservador de "La fiesta del monstruo", de Borges y Bioy Casares, quienes presentan el carnaval como exceso, para capitalizar dicho exceso como puesta en escena de la máquina simbólica movilizada por la escritura de Lamborghini, la que se inscribiría, a su vez, en una suerte de "sub-género" que problematiza al Estado evaperonista y cuya temática haría precisamente visible lo indecible y lo no dicho en el orden oficial del discurso peronista en cuanto discurso hegemónico-populista. *El Fiord* y su particular atención a CGT (Carla Greta Terón, pero también La Confederación General del Trabajo de la República Argentina), continuaría así la trama de un imaginario evaperonista en el que también habría que leer desde el Borges y Bioy Casares de "La fiesta", pasando por el Cortázar de "Casa tomada", hasta Manuel Puig, Rodolfo Walsh, Néstor Perlongher y Tomás Eloy Martínez, entre muchos otros. Precisa Kraniauskas:

> En "El Fiord", Eva Perón es invocada y transformada, primero en una madre en doloroso trabajo de parto, y luego en la encarnación sexualizada del trabajo organizado: Carla Greta Terón, la CGT, institución de los trabajadores y aparato estatal clave durante el régimen peronista y después. Desde mi punto de vista, el texto de Lamborghini ilumina, moviliza y experimenta con una dimensión cultural importante del peronismo; como mujer de Estado, Eva Perón es el producto de una particular hibridización en la que las lógicas de la representación política y del mando se pliegan a las lógicas de la industria cultural y al formato erótico-sentimental del melodrama.[17]

De esta manera, según Kraniauskas, el relato de Lamborghini nos muestra, por un lado, el cuerpo que sostiene al contrato social del peronismo, es decir, al pueblo sobre el que descansan sus estructuras y alianzas, lo que hace de este pueblo el blanco privilegiado de múltiples arremetidas violentas y deseantes, en una suerte de reiteración histérica de la dialéctica infinita del amo y el esclavo. Pero, por otro lado, el relato nos muestra también una dimensión singularmente relevante para nosotros, en la medida en que pone atención al cuerpo de la CGT, cuerpo femenino que alegoriza a la misma Eva, y que expresa, en el cuento de Lamborghini y en todo el "sub-género", la relación entre política, sexuación y espectáculo, como clave de una orientación melodramática constitutiva del poder soberano contemporáneo. De esta manera, la dimensión melodramática apuntaría al tráfico de los afectos como lógica constitutiva del discurso hegemónico-populista, pero, y quizás aquí estoy llevando el texto de Kraniauskas a un lugar donde él no quisiera ir, la dimensión porno-grotesca no solo carnavaliza la "fiestonga de garchar" que es la política contemporánea, sino que la disuelve en una escena catacrética que indiferencia las posiciones al funcionalizar los cuerpos, ahora sin órganos, en superficies y agujeros predispuestos para el acoplamiento violento y sexual. No se trata, por lo tanto, de una mera prolongación del melodrama como relato refractario a los procesos de modernización, y como épica menor de una subjetividad arruinada, sino de una radicalización somática del melodrama, en la que se disuelven los sentimientos del repertorio popular y aparecen afectos y efectos materiales expresados en las dinámicas de los cuerpos entregados a una orgía permanente. En otras palabras, *El Fiord* no se reduce a ser "una más" entre las muchas instancias en las que se escenifica la relación erótica con la política como espectáculo melodramático de identificación y sufrimiento, sino que lleva dicha relación a un extremo irrepetible, desactivando su economía referencial y su riqueza simbólica mientras hace naufragar toda lectura representacional en la explosión de una intensidad de sensaciones que difícilmente pueden ser sintetizadas. A este efecto de interrupción de la síntesis racional de las sensaciones le hemos llamado, precisamente, la an-estética de Lamborghini, la que emerge como efecto de una destrucción por materialización y por intensificación de las claves del "sub-género".

En tal caso, Kraniauskas ha mostrado la dinámica afectiva-interpelante del populismo clásico latinoamericano y su énfasis en la *performance* discursiva y en el escenario en el que se declaman sus discursos (balcón/plaza), y en el caso particular de Eva Perón, ha llegado a insinuar una transformación de la política en clave melodramática y espectacular. Gracias a esta sugerencia, se hace inescapable el efecto cinemático de la auto-representación populista y, a la vez, se devela el rol crucial que cumplió Eva Perón en la mediación afectiva e identificatoria entre los Descamisados y Juan Domingo Perón. Sin embargo, me gustaría insistir en que la tensión entre la dimensión melodramática y los aspectos porno-grotescos del relato no debe ser silenciada, pues lo que hace Lamborghini con *El Fiord* no es solo agregar un ejemplo más al "sub-género" en cuestión, sino que lo lleva al extremo de su propia imposibilidad, al poner en escena, al pintar, para retomar la idea de intensificación con la que estamos trabajando, la corporeidad efectiva sobre la que descansan las mutaciones y los umbrales del goce soberano. En tal caso, mi hipótesis es que Lamborghini opera una destrucción ominosa del pueblo o frente popular peronista, muy a contrapelo de las políticas hegemónicas cuyo objetivo central es la necesaria construcción de un pueblo como agente capaz de encarnar un proyecto político, sea de derecha nacionalista o de izquierda liberacionista.[18] Pensar esa destrucción es pues clave para entender la monstruosidad an-estética de Lamborghini como inscripción de una relación in-simbolizable con lo real que no puede ser traducida, sin violencia, a la lógica articulatoria de las cadenas significantes de la política como hegemonía. En efecto, ahí donde Ernesto Laclau entiende la articulación hegemónica como transferencia e identificación en torno a un significante "vacío" que es circunstancialmente ocupado por un discurso aglutinador, Lamborghini desoculta la trampa de toda transferencia afectiva, incluyendo aquella que define la lógica post-fundacional de la hegemonía, pues en esa lógica se reinstituye siempre una determinada domesticación representacional del deseo, que termina por reiniciar la política como una particular economía de intercambios y flujos, como una "fiestonga de garchar" para la que se requiere, inexorablemente, de un cuerpo sacrificial en el que inscribir, como tatuaje, el dictamen de la ley y sus transgresiones.

ESTA MISMA DINÁMICA SACRIFICIAL se repite en el relato de 1973, "El niño proletario". En él, un pequeño Stroppani, famélico y desprotegido, justifica su "mísera existencia proletaria" vendiendo periódicos en tranvías amarillos. El relato comienza con la escena de su nacimiento, en la que se da cuenta de la herencia putrefacta que hace posible el engendro de la vida proletaria. La narración es perfecta, totalmente ajena a cualquier forma humanista de empatía, exagera las taras de la pobreza para exacerbar, a su vez, la infinita indiferencia de la sociedad burguesa. Si en *El Fiord* el cuerpo es brutalmente sexualizado y corrompido, llevando la moral burguesa al fondo abismal de su propia locura, en este relato, la infancia desvalida de "Estropeado", como lo llama su maestra, sirve de telón de fondo para volver a escenificar la violencia constitutiva del pacto social o del compromiso de clases. La llamada "fiestonga de garchar" relacionada con el Frente Popular peronista, se muestra ahora como orgiástico banquete sacrificial donde tres niños burgueses raptan, violan, destrozan y estrangulan el cuerpo frágil de un niño proletario. Lamborghini alcanza acá, sin embargo, un filo narrativo que potencia infinitamente las intensidades que su relato convoca; no sobra ninguna palabra y todas ellas complotan para producir imágenes que solo son digeribles en la medida en que suponen una suspensión radical de todo criterio de identificación, de toda forma de empatía o lástima, de todo humanismo sensible.

El cuento exagera, a su vez, el tono de imparcialidad objetiva en la medida en que es narrado por una tercera persona, uno de los niños que, junto con Gustavo y Esteban, protagoniza la escena sacrificial y la relata, unos años después, sin ahorrarse sumarias reflexiones filosóficas:

> Con el correr de los años [reflexiona el narrador] el niño proletario se convierte en hombre proletario y vale menos que una cosa. Contrae sífilis y, enseguida que la contrae, siente el irresistible impulso de casarse para perpetuar la enfermedad a través de las generaciones. Como la única herencia que puede dejar es la de sus chancros jamás se abstiene de dejarla. Hace cuantas veces puede la bestia de dos espaldas con su esposa ilícita, y así, gracias a una alquimia que aún no puedo llegar a entender (o que tal vez nunca llegaré a entender), su semen se convierte en venéreos niños proletarios.[19]

Estas reflexiones son las que dotan al breve relato de un alcance mayor, no solo porque ponen en perspectiva el mismo sacrificio narrado en el cuento ("Desde este ángulo de agonía la muerte de un niño proletario es un hecho perfectamente lógico y natural. Es un hecho perfecto"),[20] proponiéndolo como el desenlace lógico de una trama mayor, el orden social capitalista, en el que se inscribe la trama menor del cuento como una simple anécdota más; sino también porque dicha neutralidad rompe con cualquier proceso de identificación suspendiendo, como hemos dicho, la empatía. Lamborghini, de una u otra forma, no solo rompe con la apelación sentimental del melodrama populista, sino también, cuestión central en este relato, con la tradición de un realismo socialista que apuesta a la sensibilización del lector y al chantaje emocional como claves para la movilización política. De esta manera, el efecto porno-grotesco que extremaba las dimensiones melodramáticas del relato evaperonista aparece ahora mofándose de las dimensiones emotivas de la narrativa social, cuestión que llevó a más de algún crítico a denunciar su insensibilidad sádica y a concebir sus relatos como estilizadas versiones del proceso de explotación capitalista.

Sin embargo, también se podría afirmar que lo que está puesto en escena en el cuento no es sino la *performance* auto-inmunitaria de la ley, esto es, la violencia mítica, como diría Benjamin, que la funda, la proclama, la universaliza y la ejecuta sobre un cuerpo y en un mismo momento, momento que dura lo que dura el cuento.[21] El cuerpo de Stroppani sirve, como el cuerpo del condenado en el relato de Kafka titulado "En la colonia penitenciaria", para echar a andar un mecanismo secreto, más secreto que la autoridad de la ley, y que hace posible, precisamente, la violencia fundacional de esta misma ley. En este sentido, el cuento pone en escena *la ley de la ley*, esto es, el secreto interdicto que fundamenta la diferencia entre los tres niños burgueses y el niño proletario.[22] En tal caso, el relato no es una alegoría de las diferencias de clase entre burgueses y proletarios, sino una escenificación de la violencia constitutiva del pacto social como ley sin ley, de la que surgen las leyes que regulan el ordenamiento general de la sociedad. Lamborghini puede ser leído, en este sentido, como el anti-Hobbes, siempre que su escenificación del acto sacrificial relativo al cuerpo de Stroppani desoculta la verdadera fundación violenta del orden y de la jerarquía social, contraviniendo así el mítico momento de fundación de un pacto que dividiría la historia entre naturaleza y Estado de derecho. El derecho se *a-firma* constantemente mediante la disposición sacrificial de la vida proletaria, condición para mantener vivo el pacto y sus promesas.

Por otro lado, más que una trama enrevesada, el relato destaca por su sencillez y por la intensidad de sus imágenes. Un día cualquiera, el narrador, Esteban y Gustavo se encuentran casualmente, cerca de una zanja en un barrio proletario, con Stroppani, a quien empujan a la zanja y proceden a violentar, violar y, finalmente, estrangular, dejando el cadáver tirado "bajo la luna, joyesca".[232] La descripción de la "fiestonga", sin embargo, abunda en detalles estilizadamente expuestos y ordenados según una secuencia que hace precipitar la lectura en una muerte deseada. El que Stroppani muera en la zanja barrosa de una villa miseria no es casual, pues con esto Lamborghini termina por profanar hasta los últimos reductos de historicidad y esperanza de una tradición narrativa que encuentra en la tardía novela de Guillermo Saccomanno, *El pibe* (2006), una versión alentadora. En efecto, se trata de una tradición narrativa que apela a los mecanismos de la novela de formación y que cuenta, en clave popular y sensible, los avatares de la modernización urbana de Buenos Aires, pasando por los mataderos y los campamentos de inmigrantes. Esa historia alternativa del progreso y de la modernización todavía comparte el fulgor de una literatura que es capaz de complementar el relato oficial del Estado, restituyendo la dignidad perdida de los pobres. En el caso de Lamborghini, sin embargo, no hay restitución sino pérdida infinita. Ninguna consolación, ninguna equivalencia: la dimensión real e in-simbolizable de la sociedad capitalista es la precarización general de la existencia. La justicia, si se quiere, no es el resultado de un proceso evolutivo o de una paulatina expansión del Estado de derecho, sino el revés inverosímil y violento de una violencia naturalizada y cotidiana. Por supuesto, serían estos desplazamientos los que resultan más problemáticos a la hora de ponderar los relatos de Lamborghini, pues delatan una distancia y un sadismo que, aunque respondan a su proyecto escritural, no dejan de incomodar al lector ni de alterar a la misma institución literaria. ¿Qué se puede hacer con estas narraciones que destruyen no solo la fantasía de la empatía y de la identificación, sino que parecen reírse del punto de vista comprometido de una novelística abocada a contar la verdad de la miseria a un mundo al que se le presume un cierto grado de consciencia? ¿Cómo pensar acá el procedimiento destructivo de Lamborghini en relación con la proliferación de narrativas villeras y marginales, no solo en Argentina, sino en América Latina?

En última instancia, la singularidad del procedimiento de Lamborghini consiste en haber destruido, quizá irreparablemente, el puente que unía y relacionaba literatura y política, en cuanto política de la identificación y de la representación. En tal caso, la política y la literatura ya no pueden seguir funcionando como trascendentales neutros e incólumes que marcarían algo así como un diagrama en el que podríamos inscribir a los autores y sus obras; por el contrario, lo que Lamborghini hace evidente no es solo el hecho de que en cada escritura se juega una relación específica entre literatura y política, sino también, de que estas nociones, naturalizadas y trascendentalizadas, ya no pueden ser ingenuamente invocadas cuando se trata de pensar en sus intervenciones. En un reciente e instigador ensayo, Karina Miller nos dice:

> La escritura de Lamborghini se hace insoportable en su violencia exagerada, en su tartamudeo, en su manera de transgredir los códigos realistas de representación; sin embargo, a diferencia de una vanguardia histórica

que proclama "the future is our goal", lo que constituye lo (im)político de Lamborghini no es su manera de romper con las formas tradicionales de representación realista o con la concepción del arte como institución burguesa, sino su capacidad de negarle valor a lo político como dicotomía bélica y como verdad moral trascendente.[24]

Por supuesto, resuena acá la opinión de César Aira, el albacea y editor de las obras de Lamborghini, quien sentencia en el Prólogo a *Novelas y cuentos I*, cómo Lamborghini anticipaba la literatura política de su época, pero no solo la anticipaba, sino que también "la superaba, la volvía inútil".[25] Lo inverosímil de esta literatura radica en que hace inviable seguir sosteniendo la escritura en la lógica de un compromiso que toma posición en el entramado dicotómico y partisano de la política oficial, y que pretende encarnar las peripecias de una comunidad, de un sujeto o de un pueblo, pues la destrucción ominosa de Lamborghini es contra-comunitaria y desfiguradora de la misma figura del pueblo. Obviamente, "El niño proletario" no está solo, ni en la narrativa nacional, ni en la continental, y más allá de pensarlo como una re-escritura de *El matadero*, habría que pensar cómo la misma lógica imparcial y destructiva de la vida proletaria reaparece, por ejemplo, en *Boca de lobo* (2000), de Sergio Chejfec o en *Mano de obra* (2002), de la chilena Diamela Eltit. En ambas novelas, escritas precisamente en el contexto de un neoliberalismo brutal implementado violentamente en la región, se aprecia la misma destrucción ominosa de la representación romántica de la vida proletaria, mostrándonos el componente "real" de dicha existencia, ejemplificada en Delia, la joven obrera que resulta embarazada y abandonada por el narrador de Chejfec, o en los trabajadores temporales que apenas pueden sobrevivir a la extenuante explotación profiláctica del supermercado, traicionándose mutuamente, en la novela de Eltit. Sin embargo, el pariente más próximo de Stroppani estaría en Yococo, el pequeño protagonista de *Montacerdos* (1981), la breve novela del peruano Cronwell Jara, dedicada a la irredenta vida sacrificable de un pequeño habitante marginal de Lima. Yococo se dedica a montar su mascota, un cerdo llamado Celedunio, mientras va por su barrio con una enorme herida purulenta en la cabeza, concitando la admiración y el asco de los demás niños, quienes lo ven como alguien distinto, alguien a quien, en un determinado momento, le incitan a comer caca. Una vida liminal que está al borde de lo humano, completamente sacrificable, como la del mismo Stroppani, en cuyo sacrificio también se recurre a la escena abyecta del intercambio de vómitos y excrementos entre los muchachos que lo están "faenando". Esta exacerbación abyecta, que Pasolini utilizó denodadamente en su *Salò o le 120 giornate di Sodoma* (1975), para apuntar a la mutación antropológica que marcaba el giro neofascista de la política ya plenamente caída al espectáculo en la Italia de su tiempo, sirve en el relato de Lamborghini para intensificar la invisibilizada violencia cotidiana que permea las diversas esferas de la vida social burguesa.

Es en este sentido que la desactivación de la misma posibilidad de una literatura política, su apertura hacia lo que Miller, vía Esposito, llama "escrituras impolíticas", y lo que hemos venido llamando destrucción ominosa, también se expresa mediante un cambio de régimen sensible que hace de la estética no una teoría acotada al arte, a su experiencia o a su recepción, sino que nos permite preguntarnos por la inverosímil relación entre literatura e (im)política una vez que la mutación histórica de la soberanía relativa a la globalización neoliberal ha reorganizado el régimen de encarnación y ex-carnación contemporáneo. Silvia Schwarzböck ha desarrollado, en relación con el cine, la idea de una cierta reeducación estética que hace del destinatario de la obra de arte un público, por un lado, ya siempre educado y a la expectativa de las intensidades de la experiencia estética y, por otro lado, ya totalmente apático o frío con respecto a las intensidades de la realidad.[26] Esta apatía constitutiva del público moderno, expresada en la idea de monstruos fríos, lleva al extremo la lógica anestesiante de la desidentificación y de la tolerancia, haciéndonos capaces de no inmutarnos frente a las mayores aberraciones acontecidas y acometidas a nuestro rededor. Más allá de la pertinencia del ensayo de Schwarzböck relativo al cine y a sus efectos para el régimen sensible del arte en general, me gustaría pensar los monstruos fríos como clave no solo del cine, sino de una determinada economía política de lo sensible caída a la lógica de la explotación capitalista contemporánea. En otras palabras, lo que me interesa mostrar acá es que el régimen estético general en la sociedad capitalista actual, más allá de si se trata de una estética crítica y (neo)vanguardista o refractaria y conservadora, estaría desde el comienzo inscrito en su división del trabajo y destinado a producir un adormecimiento general de la sensibilidad mediante tratamientos de *shock* acotados que permiten la falta de interés en el mundo y sus desgarros. El *shock* no funciona como dispositivo liberador sino como mecanismo de contención que produce la fantasía de una hipersensibilidad acotada y complementada por una insensibilización general frente a lo real. Como se ve, la hipótesis de Schwarzböck es opuesta a la de un cierto Benjamin quien veía en el cine el potencial de producir un enervamiento generalizado del público capaz de contagiarlo y llevarlo a una movilización o revuelta. Para ella, el cine, en la medida en que es un arte esencialmente estatal, constituye una experiencia catártica que nos permite seguir viviendo, casi impertérritos, frente a la brutalidad de lo real.

En este sentido, no estamos afirmando que la prosa brutal y extremadamente sexuada de Lamborghini remita a un juego de intensidades propios de la estética literaria y vanguardista, es decir, que su lectura produzca un efecto compensatorio de arrebato acotado, frente a la parsimonia con la que enfrentamos la destrucción que está aconteciendo en nuestro entorno. Por el contrario, sostenemos que dicha prosa desactiva la estética al socavar desde la raíz los presupuestos comunicativos que articulan la función alegórica y referencial del texto. Parafraseando a Miller, es como si la semántica de la violencia se convirtiese en violencia de su semántica,[27] haciendo que su impolítica no pueda ser pensada como una simple resistencia a la política, sino como una fuga desde la funcionalización catártica del arte para reforzar prácticas estatales de dominación. Se trata de una escritura que borra, por así decirlo, la letra misma con la que se ha escrito, en un tiempo inaccesible e inmemorial, el contrato social. En efecto, si la hipótesis que sustenta a dicho contrato es la de un estado de naturaleza que habríamos abandonado en función de la vida en común, los relatos de Lamborghini nos muestran que ese supuesto estado de naturaleza está en el corazón de la vida social y que la guerra de todos contra todos nunca ha sido privativa de un mítico pasado pre-jurídico, sino que es una característica distintiva de la cotidianidad burguesa contemporánea, como se deja leer en el enigmático texto *Tadeys*.

ROBERTO BOLAÑO, EN UNA breve apostilla de periódico compilada en el volumen *Entre paréntesis* (2004), nos entrega una imagen de Lamborghini y de su "novela" *Tadeys*, en la que destaca la experiencia terrorífica que produce la perfección de su escritura y la brutalidad de sus imágenes. Refiriéndose específicamente a dicha novela, nos dice: "[h]ay libros que inspiran miedo. Miedo de verdad. Más que libros parecen bombas de relojería o animales falsamente disecados dispuestos a saltarte al cuello en cuanto te descuides".[28] Inmediatamente complementa:

> La segunda novela que me ha producido verdadero miedo (y esta vez el miedo ha sido mucho más fuerte, porque no atañe a la muerte sino al dolor y a la humillación) es *Tadeys*, la obra póstuma de Osvaldo Lambor-

ghini. No existe novela más cruel. La empecé a leer con entusiasmo —un entusiasmo refrenado por la prosa original del Lamborghini, frases como salidas de la pintura flamenca y de un improbable pop-art argentino y centroeuropeo, guiado además por mi admiración por César Aira, discípulo y albacea de Lamborghini, autor del prólogo que abre esta novela inclasificable—, y mi entusiasmo o mi inocencia de lector se vio parada en seco por la escritura del terror que me aguardaba. Sin la menor duda es el libro más bestia (no se me ocurre otro calificativo) que he leído en español en este siglo que se acaba. Es magnífico, es un regalo para un escritor, pero es imposible leer más de veinte páginas seguidas, a menos que uno desee contraer una enfermedad incurable. Yo, por supuesto, no lo he terminado y probablemente me moriré sin acabar de leerlo. Pero no lo voy a dejar. De vez en cuando me siento valiente y leo una página. En noches excepcionales puedo leer dos.[29]

No es seguro que podamos hablar simplemente de una novela. Como nos indica Aira en su prólogo, estamos ante un proyecto inacabado y abandonado, al menos parcialmente, por el mismo Lamborghini. Se trata de una serie de tres carpetas ordenadas, más una gran cantidad de papeles agrupados que, organizados según la disposición del mismo autor, darían paso a la publicación del libro cuyo título también ha sido objeto de elucubraciones. Para el mismo Aira, los Tadeys provienen de una escena familiar en la que una familia vecina y amiga de la familia de Lamborghini llevaba dicho apellido, luego se mencionan en tempranos poemas del año 1974 y en un guion de cine escrito entre Lamborghini y Dodi Scheuer, entre 1973 y 1974, recientemente publicado bajo el título *Una nueva aventura de Irene Adler*, en el que no hay propiamente Tadeys, pero si "un imperio bataclán".[30] Graciela Montaldo insiste también en la ambigüedad del texto, el que más que ser una novela acabada o incluso incompleta pero con un desenlace más o menos lógico y una estructura regular (como la misma novela póstuma de Bolaño, *2666*), parece ser un texto "inconcluso, proliferante y, además, robable".[31]

La trama, o al menos una de las tramas centrales, nos cuenta la historia de La Comarca, un territorio ubicado hipotéticamente en Europa, pero de unos diez millones de kilómetros cuadrados. En ella los comarquinos han desarrollado su civilización, resistido invasiones y guerras civiles, y han mantenido un régimen despótico de gobierno en el que una misma familia imperial ha mantenido el control gracias a su monopolio económico. La economía está fuertemente basada en la crianza y explotación de carne de Tadey. El Tadey es un extraño animal parecido a los humanos, de rostro hirsuto y bello cuerpo lampiño cuya carne es extremadamente apetecida por los comarquíes (como en *El matadero*). Además de sus características físicas, los Tadeys también son usados en la economía sexual de La Comarca, debido a su irrefrenable inclinación al sexo anal. La penetración anal constituye un acto preponderante para los Tadeys, pero que prolifera hacia la estructura social general de la sociedad comarquí. Si los Tadeys son el bien económico básico y el más solicitado fetiche sexual, también cumplen la función de medio de pago y moneda en la economía interna. Esta triple función deja en evidencia la superposición de los flujos de deseo y de consumo en la economía de La Comarca. Por supuesto, esta coincidencia entre el medio de pago, el fetiche sexual y el bien de consumo exagera y desoculta, a la vez, la concatenación carno-falo-céntrica que definiría la forma material de la dominación en dicho territorio.[32] En efecto, la economía, el goce soberano y la misma constitución de la soberanía política, en cuanto sociedad despótica, está estructurada en torno a la constitución de una línea insuperable, pero siempre transgredida: aquella que marca la diferencia entre el hombre y el animal, que animaliza al Tadey para hacerlo sacrificable, pero que es transgredida cada vez que el Tadey es utilizado sexualmente. No es casual entonces que los grupos independentistas y revolucionarios del sur de La Comarca apelen al "reconocimiento" del Tadeys como un igual, como un humano.

    La novela comienza con la historia de Seer Tijuán, el secretario de Dam Vomir, descendiente directo de la familia imperial de la región y actual alcalde de La Comarca. Este todopoderoso personaje tiene como compañía a Seer Tijuán, quien proviene de una pobre familia de criadores de cabras que habían emigrado a la ciudad, episodio con el cual comienza la primera parte de la novela, llena de violencia sexual y abusos. El padre de Seer Tijuán, un tendero paranoico que mata a su esposa al penetrarla violentamente también decide el destino de su hijo, cuya madre ya había estado preparando al impedir su masculinización y, así, hacerlo atractivo para algún señor poderoso e influyente, quien le tomaría como secretario y amante, incapaz de resistir sus atributos andróginos, sus labios y su apretado orificio anal. Toda la primera parte está marcada por cruentas descripciones de actos sexuales sodomitas en los que se refleja la estructura de premios y ascensos que definen a la sociedad comarquí. La segunda parte vuelve a una narrativa en cierta medida genealógica en la que nos enteramos de la historia de Vomir, de su familia, de su dominación y conocimientos de los Tadeys, y de algunos infortunios de sus antepasados, en particular la última noche de Taxio Vomir, condenado a muerte por la temprana publicación de un tratado que "aclaraba el misterio de los Tadeys". La tercera parte, inconclusa y abierta, nos cuenta en detalle la forma en que el padre Merker descubrió a los Tadeys y la centralidad de estos para la economía y la vida de La Comarca.

Si la economía sexual, material y simbólica de La Comarca está organizada en torno al Tadey, como medio polifuncional de intercambio, las relaciones de poder también obedecen a estrategias represivas biopolíticamente diseñadas. Una de ellas, central para todo el relato, es la que debemos a Jones Hien, director de la cárcel, quien junto con el Doctor Ky, diseñan una estrategia insuperable de disciplinamiento y control, que termina por confirmar los mismos presupuestos carno-falo-céntricos de la sociedad comarquí. Ellos crean un barco destinado al tratamiento intensivo de jóvenes revoltosos, delincuentes o subversivos. Cuando estos jóvenes se comportan de forma reñida con el poder y sus leyes, son apresados y mandados a dicho barco, en él, son sistemáticamente penetrados por bugarrones corpulentos cuyos miembros privilegiados dejan una marca imborrable en ellos durante algunas semanas. Para evitar que estos jóvenes recuperen inclinaciones sexuales activas, son químicamente castrados para que no puedan tener sexo entre ellos. El objetivo del tratamiento es debilitar su inclinación masculina al punto de convertirlos en pasivas compañeras o novias ideales para servir a la sociedad. El llamado "barco de amujerar" nacido de la inventiva bestial de Lamborghini lleva el acto sacrificial al que sus relatos siempre nos empujan hacia un extremo que Bolaño describe como verdadero terror. Sin embargo, lo que dicho terror hace no es otra cosa que exponer, con una violenta alegoría corporal, la estructuración igualmente violenta de la economía patriarcal y heteronormativa, y sus complementarios procesos de sexuación característicos de la sociedad capitalista. Montaldo lo expresa de la siguiente manera:

> En La Comarca hay hombres que son los únicos verdaderos protagonistas de la trama aunque la ficción desarrolla un sistema de género permeable y funcional al poder; la mayoría de esos hombres está sometida al poder central, despótico y violento; pero todos ejercen, hacia abajo, la violencia contra los otros; incluso aquellos que están más abajo en la escala de la sumisión, apenas tienen oportunidad, someten a otros que se encuentran más abajo, como si esa fuera la única y verdadera ley social. La batalla entre

opresores y oprimidos es a muerte y se lleva a cabo a través de la sexualidad. Ser hombre o ser mujer, activo o pasivo, es caer del lado del opresor o del oprimido y cada individuo se juega la vida en esa definición que, en el régimen represivo, siempre es decidida por el poder y refiere a una posición social.[33]

En efecto, Montaldo repara en las estrategias nominales y de sometimiento del poder y su innegable vínculo con procesos de identificación y sexuación, cuestión que le permite abrir una interrogación sobre el carácter político de la fabulación de Lamborghini, pero ya no en las claves de una alegoría nacional ni de un proceso político para el cual la literatura debe mostrar sus credenciales de compromiso. Para ella, el relato moviliza y desoculta las claves distintivas del poder como forma de disciplinamiento y organización de la sociedad a partir de señalar a las masas (los "cabecitas negras" que tanto disgustan) según características que las desmerecen, deshumanizándolas: "Animalizadas, femeninas, infantiles, bárbaras, desordenadas, lascivas son todos adjetivos que se atribuyeron tanto a las masas como a las multitudes desde el comienzo de su teorización, en el siglo XIX".[34] Y gracias a los cuales, la línea infranqueable e infinitamente transgredida entre lo humano y lo animal, entre el hombre y sus dobles, se redibuja permanentemente.

A la vez, la fabulación distópica de Lamborghini, a pesar de su radicalidad, no empieza ni termina en él, y no solo porque es posible leerla como una paráfrasis irónica de la gran literatura imperial de descubrimiento y de viajes (un Conrad cimarrón y orillero), sino porque en ella se pone en escena una inversión fundamental de la gauchesca y su recurso a lo bárbaro y lo salvaje. Si desde Sarmiento tenemos un primer ejemplo fundacional (para no hablar de las crónicas coloniales), que es constantemente parafraseado, desde *El informe de Brodie* (1970) y sus Yahoo (primos cercanos de los Tadeys), hasta *Runa* (2003), de Fogwill, entonces en *Tadeys* esa escritura "inconclusa y proliferante" aparece como una paráfrasis irónica de *El Leviatán*, el libro fundacional del contractualismo moderno, libro que descansa en la hipotética postulación de un estado de naturaleza en el que el hombre sería el lobo del hombre, esto es, una bestia en guerra permanente. Solo la firma de un pacto nos daría la posibilidad de vivir seguros en sociedad, pero esa firma, a la que nunca nadie asistió, funciona como el origen mítico de la ley. La radicalidad de Lamborghini, el anti-Hobbes, consistiría precisamente en que su ficción desmitifica ese supuesto momento originario para mostrarnos el carácter intrínsecamente violento del orden social y para destruir la hipótesis de un abandono del estado de naturaleza, mostrándonos, por el contrario, que la sociedad capitalista es, en suma, una sociedad donde la guerra de todos contra todas está jerárquicamente organizada en términos de poder y riqueza.[35]

En tal caso, la relación entre narración y violencia no funciona alegórica ni ilustrativamente, sino que pone en escena una complicidad aún más profunda, más íntima, en la que los personajes desfilan a merced de una voluntad soberana que responde a la proliferación del deseo, deseo que se inscribe en los cuerpos, inscribiéndolos a su vez en una nueva forma de soberanía, una forma que supera toda condición relacional y se constituye autárquicamente como dictado de la ley. En otras palabras, los relatos de Lamborghini anticipan la mutación histórica de la soberanía producida por la transformación del patrón de acumulación capitalista, mutación a la que se denomina convencionalmente globalización. Frente a esta metamorfosis de la soberanía, los personajes de Lamborghini, en su aparente pasividad, dejan entrever la excitación o enervamiento general del cuerpo, de la carne, si se quiere, frente a las nuevas lógicas de poder. La relación sexual en sus relatos, lejos de estar orientada a la gratificación individual, prolonga la ambivalencia del contrato social y muestra los procesos de sexuación siempre sujetos a violentas relaciones de poder.

En otras palabras, la recurrencia a la sodomización como acto que vacila entre la violencia y la sexuación pone de relieve la profunda estructura normativa que regula la sexualidad según las demandas de una economía general productivista y patriarcal. El sexo violento que recurre y puebla las páginas de sus escritos no constituye entonces un reverso del pecado original, ni una mera fijación anal con la que mucho podría especularse, sino la instanciación teatral de una violencia originaria que permanece oculta mediante los discursos morales de la sexualidad, del orden y de la política convencional. La *performance* violenta de sus personajes no hace sino escenificar, en clave hípersexualizada, la violencia originaria de la ley, que es la primera forma de violación en la constitución del sujeto. Gracias a esto, su escritura muestra cómo el discurso sacrificial de la izquierda todavía es tributario de la pulsión normativa y regulativa de los cuerpos, haciendo imposible volver a pensar en una relación ingenua o representacional entre la imaginación literaria desplegada por él y una determinada política. Es decir, lo que su destrucción ominosa desactiva no es sino las piedades de un humanismo convertido en empatía y remitido al *shock* estético y acotado en la época en que proliferan lo monstruos fríos. En efecto, su prosa es una destrucción ominosa de la empatía, en la medida en que dicha empatía funciona no según el deseo de transformación y arrojo al mundo, sino según una secreta pulsión por el orden que inscribe su miedo frente al vértigo de la existencia, domesticando las posibilidades del deseo según las pautas de una economía sexual y política ya siempre regulada por un contrato originario en todos encarnado, contrato que nos fue *inseminado* desde siempre y que organiza funcional y productivamente los cuerpos.

En este sentido, la an-estética de Lamborghini interrumpe la economía moral de toda piedad reformista o pedagógica, haciendo difícil reivindicarlo desde una determinada funcionalización de la literatura. Su escritura es un descoyuntamiento radical de toda posible política de la representación, en la medida en que moviliza personajes que o se someten o devienen bestias, es decir, animales que desocultan no solo las limitaciones del hombre y del ciudadano, sino el sucio secreto que los hace posible. En su demografía salvaje se aloja una nueva comprensión de la literatura, a la que habría que atender según las mutaciones actuales del poder y la soberanía. No hay promesa por tanto en sus textos, sino la simple e insoportable evidencia de una abismal anarquía de los sentidos.

Notas

1. Osvaldo Lamborghini, *Novelas y cuentos* (Barcelona: Ediciones del Serbal, 1988), 425.

2. En 1988, Ediciones del Serbal publica en Barcelona la primera versión de *Novelas y cuentos* de Lamborghini, agrupando lo que hasta ese momento era la totalidad de la obra del argentino. En el año 2003, la Editorial Sudamericana en Buenos Aires publica, en dos volúmenes, *Novelas y cuentos*, complementando la edición anterior con una serie de manuscritos y borradores inéditos en la vida de Lamborghini. En 2004, la misma editorial publica *Osvaldo Lamborghini. Poemas 1969-1985*, volumen que es reeditado por Mondadori en 2012. En el año 2005, Editorial Sudamericana publica *Tadeys* y una serie de manuscritos relacionados con la inacabada novela, haciendo accesible esa mítica "obra" por primera vez en Argentina. Entre el 30 de enero y 6 de septiembre del 2015, en el *Museu d'Art Contemporani* de Barcelona se presentó una muestra titulada *Osvaldo Lamborghini. Teatro proletario de cámara*, ocasión en la que se publicó un catálogo titulado *El sexo que habla. Osvaldo Lamborghini*. Ya en el 2008 había aparecido en España un volumen monumental (e inaccesible) bajo el título *Teatro proletario de cámara*, con los *collages* porno y los borradores y esbozos del mismo Lamborghini, en la editorial Tórculo Artes Gráfi-

cas. A esto habría que sumar, como mínimo, la monumental biografía escrita por Ricardo Strafacce, *Osvaldo Lamborghini. Una biografía* (Buenos Aires: Mansalva, 2013); varias tesis doctorales en la academia norteamericana, y una compilación de textos de diversa calidad a cargo de Natalia Brizuela y Juan Pablo Dabove, *Y todo el resto es literatura. Ensayos sobre Osvaldo Lamborghini* (Buenos Aires: Interzona Editores, 2008). Como se ve, hay mucho material relacionado con su firma, sin contar una gran cantidad de artículos periodísticos y académicos. No deja de sorprender, en todo caso, que el eufórico momento editorial no se disipe, como tampoco se agote la estrategia de usar el nombre del escritor como título en los volúmenes a él dedicados.

3. En su texto introductorio al volumen *El sexo que habla* (2015), César Aira sostiene que el temprano interés de Lamborghini por la pintura habría sido definitivamente olvidado y reemplazado por la literatura: "'yo vengo de ahí', decía Lamborghini refiriéndose a la pintura. Pero ese punto de partida había quedado muy lejos, en la infancia, y no se manifestó en lo que fue una vida de escritor sin otros intereses aparentes en el mundo artístico más que la palabra". César Aira, "Las dos fórmulas", en *El sexo que habla* (Museu d'Art Contemporani, 2015), 23. Sostenemos acá, en cambio, que su interés por la palabra jamás podría ser homologado con el preciosismo de una hermenéutica profundamente culturalista y que su uso del lenguaje no es solo barroco o arabesco, sino que está mediado por la búsqueda de imágenes que aproximan sus textos a los efectos de una pintura cuya característica es la intensidad (en un sentido similar a cómo los textos de Severo Sarduy dejan ver su inclinación expresionista en la pintura). El problema no es, en tal caso, que Lamborghini considere relevante o manifieste un gusto especial por la pintura, el problema es entender cómo su escritura se distancia de cualquier narratividad convencional, privilegiando la producción de imágenes y formas catacréticas que ponen en crisis la misma operación de representación.

4. Walter Benjamin, *El origen del drama barroco alemán* (Madrid: Taurus, 1990).

5. Ernst H. Kantorowicz, *Los dos cuerpos del rey. Un estudio de teología política medieval* (Madrid: AKAL, 2012).

6. Anthony J. Cascardi, *Ideologies of History in Spanish Golden Age* (University Park: Pennsylvania UP, 1997).

7. Eric L. Santner, *On Creaturely Life. Rilke, Benjamin, Sebald* (Chicago: U of Chicago P, 2006), 15.

8. Abuso acá de la monografía de Federico Galende, *Walter Benjamin y la destrucción* (Santiago: Metales pesados, 2013).

9. Cuestión elucidada, para el caso singular de José Lezama Lima, por la reciente intervención de Jaime Rodríguez Matos, *Writing of the Formless: José Lezama Lima and the End of Time* (New York: Fordham UP, 2017).

10. Néstor Perlongher, "Ondas en *El Fiord*. Barroco y corporalidad en Osvaldo Lamborghini", en *Prosa plebeya* (Buenos Aires: Ediciones Colihue, 1997), 131-38.

11. Perlongher hace uso de esta noción, de manera más sistemática y original, en el prólogo a una compilación de poesía rioplatense del período. En dicho prólogo este afirma respecto a Osvaldo Lamborghini: "[s]u obra puede considerarse el detonador de ese flujo escritural que embarroca o embarra [en alusión a neo*barroso*] las letras transplatinas. Si bien proviene, al igual que Leónidas [Lamborghini, su hermano] de la militancia peronista, Osvaldo Lamborghini entra en conexión con una veta completamente diferente, que es la irrupción del lacanismo. Este reconoce –mal que le pese a su actual oficialización– una época heroica, casi pornográfica [...] *El Fiord* –cuya radicalidad se abría en la obscenidad de un parto despótico, para desatar una subversión de la lengua más ambiciosa– da cuenta así del nacimiento de una escritura". Néstor Perlongher, "Prólogo", en *Medusario. Muestra de poesía latinoamericana*, selección y notas de Roberto Echavarren, José Kozer y Jacobo Sefamí (México: FCE, 1996), 27.

12. Néstor Perlongher, "Ondas en *El Fiord*...", 134.

13. Josefina Ludmer, *El género gauchesco. Un tratado sobre la patria* (Buenos Aires: Libros Perfil, 2000), 155.

14. Aun cuando Ludmer sugiere estos desplazamientos, no llega a afirmarlos plenamente. Sin embargo, para una lectura del contexto de esta canonización según las lógicas de la pacificación y de la acumulación está el indispensable volumen de David Viñas, *Indios, ejército y frontera* (Buenos Aires: Santiago Arcos Editores, 2003). Y para un análisis más desarrollado de estos procesos en relación con la gauchesca y a la literatura de bandidos en general, en Argentina y a nivel continental, Juan Pablo Dabove, *Nightmares of the Lettered City. Banditry and Literature in Latin America 1816-1929* (Pittsburgh: U of Pittsburgh P, 2007).

15. Ludmer, *El género gauchesco*..., 156.

16. John Kraniauskas, "Revolución porno: 'El fiord' y el Estado evaperonista", en *Políticas literarias: poder y acumulación en la literatura y en el cine latinoamericanos* (México: FLACSO, 2012), 141-56. La primera versión de este capítulo apareció en inglés en la revista *Angelaki, Journal of the Theoretical Humanities* 6, n.º 1 (abril del 2001): 145-53.

17. Kraniauskas, "Revolución porno...", 149.

18. En efecto, se trata de la construcción discursivo-hegemónica del pueblo en cuanto efecto de prácticas de articulación y oposición, y no como reconocimiento o descubrimiento de una instancia a-histórica, preexistente, esencial. El pueblo es siempre, según la postulación de Ernesto Laclau, el efecto de prácticas discursivas y su respectiva articulación. El mismo Laclau, en un pequeño intercambio polémico con Slavoj Žižek titula uno de sus textos así: "¿Por qué construir al pueblo

es la principal tarea de una política radical?", en *Debates y combates. Por un nuevo horizonte de la política* (Buenos Aires: FCE, 2008), 13-65. Es decir, la destrucción ominosa de Lamborghini o bien no supone una política radical, o bien supone una relación a la política cuya radicalidad es distinta a la pretendida por el modelo hegemónico-popular.

19. Osvaldo Lamborghini, "El niño proletario", en *Novelas y cuentos I* (Buenos Aires: Editorial Sudamericana, 2003), 57.

20. Lamborghini, "El niño proletario", 62.

21. Walter Benjamin, "Para una crítica de la violencia", en *Para una crítica de la violencia y otros ensayos. Iluminaciones IV* (Madrid: Taurus, 1991), 24-46.

22. Juan Pablo Dabove, retomando una noción anticipada en su volumen *Nightmares of the Lettered City* (2007), lee el cuento de Lamborghini, precisamente, como un "teatro de la ley". Juan Pablo Dabove, "'La muerte la tiene con otros': sobre 'El niño proletario'", en *Y todo el resto es literatura*, coords. Natalia Brizuela y Juan Pablo Dabove (Buenos Aires: Interzona, 2008), 214-31.

23. Lamborghini, "El niño proletario", 62.

24. Karina Miller, *Escrituras impolíticas. Anti-representaciones de la comunidad en Juan Rodolfo Wilcock, Osvaldo Lamborghini y Virgilio Piñera* (Pittsburgh: Instituto Internacional de Literatura Latinoamericana, 2014), 139.

25. César Aira, "Prólogo" en *Novelas y cuentos I* (Buenos Aires: Editorial Sudamericana, 2003), 7.

26. Silvia Schwarzböck, *Los monstruos más fríos. Estética después del cine* (Buenos Aires: Mardulce Editorial, 2013).

27. Miller, *Escrituras impolíticas....*, 115-16.

28. Roberto Bolaño, "Osvaldo Lamborghini: Mártir", en *Entre paréntesis* (Barcelona: Anagrama, 2004), 141.

29. Bolaño, "Osvaldo Lamborghini...", 142.

30. Osvaldo Lamborghini y Dodi Scheuer, *Una nueva aventura de Irene Adler* (Córdoba: La Bestia Equilátera, 2016). Irene Adler, como recordarán los lectores de Conan Doyle, es la mujer de la cual Sherlock Holmes está enamorado.

31. Graciela Montaldo, "La ficción de las masas", en *Y todo el resto es literatura*, coords. Natalia Brizuela y Juan Pablo Dabove (Buenos Aires: Interzona, 2008), 258. Robable porque el texto de Montaldo comienza aludiendo a un robo de libros en Argentina, entre los que se encontraba *Tadeys*, anécdota que hacía coincidir el crimen narrado en la novela con el crimen relativo a su incierto destino.

32. La misma dimensión carno-falo-logocéntrica del poder que es cuestionada reiteradamente en los textos de Jacques Derrida, adquiere una centralidad mayor cuando es pensada en términos de soberanía y crueldad, como en sus seminarios sobre *La bestia y el soberano* o en sus seminarios sobre *La pena de muerte*. Véase, por

lo menos, Jacques Derrida, *La bestia y el soberano*, vol. I (Buenos Aires: Manantial, 2010).

33. Montaldo, "La ficción...", 266.

34. Montaldo, "La ficción...", 267.

35. "Así, la hipótesis de la etno-ficción irónica (Borges, Lamborghini, Fogwill) es precisamente la inversión, materialización y contaminación de la hipótesis antropológica que abastece al contractualismo moderno, desde las teorías del pacto social del siglo diecisiete hasta las formulaciones contemporáneas del orden y la cultura, sin olvidar las reivindicaciones valorativas de la diferencia". Sergio Villalobos-Ruminott, "Geopolítica y etno-ficción", en *Heterografías de la violencia. Historia Nihilismo Destrucción* (Buenos Aires: La Cebra, 2016), 58-59.

Obras citadas

Aira, César. "Las dos fórmulas". En *El sexo que habla. Osvaldo Lamborghini*, 23-28. Barcelona: Museu d'Art Contemporani, 2015.

———. "Prólogo" a *Novelas y cuentos I*, de Osvaldo Lamborghini. Buenos Aires: Editorial Sudamericana, 2003.

Benjamin, Walter. *El origen del drama barroco alemán*. Madrid: Taurus, 1990.

———. "Para una crítica de la violencia". En *Para una crítica de la violencia y otros ensayos. Iluminaciones IV*, 24-46. España: Taurus, 1991.

Bolaño, Roberto. "Osvaldo Lamborghini: Mártir". En *Entre paréntesis*, 141-42. Barcelona: Anagrama, 2004.

Brizuela, Natalia y Juan Pablo Dabove, comps. *Y todo el resto es literatura. Ensayos sobre Osvaldo Lamborghini*. Buenos Aires: Interzona Editores, 2008.

Cascardi, Anthony J. *Ideologies of History in Spanish Golden Age*. University Park: Pennsylvania UP, 1997.

Chejfec, Sergio. *Boca de lobo*. Buenos Aires: Alfaguara, 2000.

Dabove, Juan Pablo. "'La muerte la tiene con otros': sobre 'El niño proletario'". En *Y todo el resto es literatura*. Compilado por Natalia Brizuela y Juan Pablo Dabove, 214-31. Buenos Aires: Interzona, 2008.

———. *Nightmares of the Lettered City. Banditry and Literature in Latin America 1816-1929*. Pittsburgh: U of Pittsburgh P, 2007.

Derrida, Jacques. *La bestia y el soberano*, vol. I. Buenos Aires: Manantial, 2010.

Eltit, Diamela. *Mano de obra*. Santiago de Chile: Planeta, 2002.

Galende, Federico. *Walter Benjamin y la destrucción*. Santiago: Metales Pesados, 2013.

Hobbes, Thomas. *Leviatán: o la materia, forma y poder de un estado eclesiástico y civil*. Madrid: Alianza, 2007.

Jara, Cronwell. *Montacerdos*. Santiago: Metales Pesados, 2016.
Kantorowicz, Ernst H. *Los dos cuerpos del rey. Un estudio de teología política medieval*. Madrid: AKAL, 2012.
Kraniauskas, John. "Revolución porno: 'El fiord' y el Estado evaperonista". En *Políticas literarias: poder y acumulación en la literatura y en el cine latinoamericanos*, 141-56. México: FLACSO, 2012.
Laclau, Ernesto. "¿Por qué construir al pueblo es la principal tarea de una política radical?". En *Debates y combates. Por un nuevo horizonte de la política*, 13-65. Buenos Aires: FCE, 2008.
Lamborghini, Osvaldo. *Novelas y cuentos*. Barcelona: Ediciones del Serbal, 1988.
———. *Novelas y cuentos I y II*. Buenos Aires: Editorial Sudamericana, 2003.
———. *Osvaldo Lamborghini. Poemas 1969-1985*. Buenos Aires: Editorial Sudamericana, 2004.
———. *Osvaldo Lamborghini. Poemas 1969-1985*. Buenos Aires: Mondadori, 2012.
———. *El sexo que habla. Osvaldo Lamborghini*. Barcelona: Museu d'Art Contemporani, 2015.
———. *Tadeys*. Buenos Aires: Editorial Sudamericana, 2005.
———. *Teatro proletario de cámara*. España: Tórculo Artes Gráficas, 2008.
Lamborghini, Osvaldo y Dodi Scheuer. *Una nueva aventura de Irene Adler*. Córdoba: La Bestia Equilátera, 2016.
Ludmer, Josefina. *El género gauchesco. Un tratado sobre la patria*. Buenos Aires: Libros Perfil, 2000.
Miller, Karina. *Escrituras impolíticas. Anti-representaciones de la comunidad en Juan Rodolfo Wilcock, Osvaldo Lamborghini y Virgilio Piñera*. Pittsburgh: Instituto Internacional de Literatura Latinoamericana, 2014.
Montaldo, Graciela. "La ficción de las masas". En *Y todo el resto es literatura*. Compilado por Natalia Brizuela y Juan Pablo Davobe, 255-77. Buenos Aires: Interzona, 2008.
Perlongher, Néstor. "Ondas en *El Fiord*. Barroco y corporalidad en Osvaldo Lamborghini". En *Prosa plebeya*, 131-38. Buenos Aires: Ediciones Colihue, 1997.
———. "Prólogo". En *Medusario. Muestra de poesía latinoamericana*. Selección y notas de Roberto Echavarren, José Kozer y Jacobo Sefamí, 19-30. México: FCE, 1996.
Rodríguez Matos, Jaime. *Writing of the Formless: José Lezama Lima and the End of Time*. New York: Fordham UP, 2017.
Santner, Eric L. *On Creaturely Life. Rilke, Benjamin, Sebald*. Chicago: U of Chicago P, 2006.
Sarmiento, Domingo Faustino. *Facundo. Civilización y barbarie en las pampas argentinas*. Madrid: Cátedra, 2006.

Schwarzböck, Silvia. *Los monstruos más fríos. Estética después del cine*. Buenos Aires: Mardulce Editorial, 2013.

Strafacce, Ricardo. *Osvaldo Lamborghini. Una biografía*. Buenos Aires: Mansalva, 2013.

Villalobos-Ruminott, Sergio. "Geopolítica y etno-ficción". En *Heterografías de la violencia. Historia Nihilismo Destrucción*, 49-59. Buenos Aires: La Cebra, 2016.

Viñas, David. *Indios, ejército y frontera*. Buenos Aires: Santiago Arcos Editores, 2003.

Parte III
Resistencias y reparaciones

Genealogía, vulnerabilidad y mutación en *Iris*, de Edmundo Paz Soldán

Antonio Córdoba

MANHATTAN COLLEGE

EN UN TEXTO BIEN conocido, Achille Mbembe avanza que:

> [...] la expresión última de la soberanía reside ampliamente en el poder y la capacidad de decidir quién puede vivir y quién debe morir. Hacer morir o dejar vivir constituye, por tanto, los límites de la soberanía, sus principales atributos. La soberanía consiste en ejercer un control sobre la mortalidad y definir la vida como el despliegue y la manifestación del poder.[1]

Mbembe establece que el control soberano se basa en la distribución de los seres humanos en distintas categorías, y que la raza juega un papel fundacional en la racionalidad del biopoder a la hora de imaginar la inhumanidad de otros pueblos a los que desea conquistar y someter.[2] Masacre y burocracia van unidas en el mundo de la plantación colonial, y "el hecho de que las colonias puedan ser gobernadas en ausencia absoluta de ley procede de la negación racista de todo punto común entre conquistador e indígena".[3] Este ensayo explora cómo el escritor boliviano Edmundo Paz Soldán usa la figura del mutante en *Iris* (2014), una novela con la que pretende dar cuenta precisamente de "las cicatrices, los traumas del encuentro colonial" entre conquistador e indígena.[4] Como explica J. Andrew Brown, esta obra de ciencia ficción es el libro más boliviano de Paz Soldán, "su novela más indigenista, su novela de minería".[5] Mediante el análisis del colonizado como mutante intentaré iluminar cómo el territorio de *Iris* es una literarización de lo ideológico, una manifestación tangible y material del imaginario necropolítico del colonialismo que describe Mbembe. En este mundo de ficción, Paz Soldán transmuta al sujeto indígena boliviano, sometido y modelado por la opresión colonial o neocolonial, en un mutante de ciencia ficción precisamente para mostrar de qué manera la soberanía se articula en torno a la muerte y la constante manipulación de la vida por parte del poder. Por otra parte, el mutante es producto de imprevisibles alteraciones que perturban el desarrollo de la historia, y en este sentido puede articularse como una figura de lo mesiánico.

En un futuro de fecha indefinida Iris es una isla controlada por un país llamado Munro, que decide usarla para llevar a cabo pruebas nucleares. Los irisinos que se niegan a ser evacuados acaban sufriendo mutaciones genéticas a causa de la radiación. Al poco tiempo de ser realizadas esas pruebas, se descubren grandes reservas de un valioso material, la isla pasa a estar bajo el control de la corporación SaintRei, y los irisinos son obligados a trabajar en las minas para dicha corporación. La población autóctona se divide en irisinos, mutantes albinos de piel rugosa obligados a trabajar en las minas, y los kreols, que nacieron en la isla de padres no irisinos o de mezcla de irisinos y no irisinos. Tenemos además los pieloscuras, es decir, individuos no albinos de fuera de Iris, para quienes la isla, después de la zona de exclusión impuesta por Munro, parece "una suerte de exoplaneta".[6] Los administradores civiles y los militares que llegan a Iris lo hacen tras firmar un contrato por el que renuncian al derecho a abandonarla. Estos luego pierden el pelo a causa de la radiación que aún persiste y su esperanza de vida se acorta radicalmente. De los cinco personajes a través de cuyo punto de vista se narra la novela, cuatro son pieloscuras, y tres de ellos están vinculados a las fuerzas militares de ocupación (dos soldados rasos y una enfermera de campaña). Solo se nos presenta el punto de vista de un irisino. Orlewen es el líder de la rebelión local, que pasa de mera insurrección al principio de la novela a estar a punto de tomar la capital de la colonia en las últimas páginas. La narración comienza en el "Perímetro", el área fuertemente protegida de la capital que obviamente remite a la "Green Zone" de Bagdad durante la ocupación estadounidense, y termina en el mismo punto. La rebelión de Orlewen no es una mera campaña militar, sino un movimiento de carácter mesiánico articulado a partir de una religión autóctona en estado de evolución que tiene en su centro suicidios rituales, consumo de drogas alucinógenas, manifestaciones de la divinidad, un corpus oral de leyendas religiosas y un lema repetido una y otra vez en la novela: "El Advenimiento adviene".[7] La novela muestra una perspectiva indiscutiblemente postsecular: en el futuro de *Iris* las promesas de la modernidad no se han cumplido y observamos el regreso al centro de la vida social y política de un sentimiento religioso que en realidad nunca había desaparecido.

Paz Soldán describe esta visión postsecular del presente en términos que no son necesariamente celebratorios: "[y]o pienso en nuestro presente siglo XXI y en lo primitivo que resurge, el tribalismo, la irracionalidad, el fundamentalismo religioso, todo eso que supuestamente la modernidad y el progreso iban a dejar atrás".[8] En el origen de esta novela en que el futuro es una escombrera llena de imágenes utópicas abandonadas se halla la violencia. Como Paz Soldán ha explicado, *Iris* nació de un reportaje en la revista *Rolling Stone* sobre los crímenes de guerra cometidos por un escuadrón de soldados estadounidenses en Afganistán.[9] Su fracaso a la hora de cubrir de manera realista los asesinatos cometidos por unos adolescentes uniformados lo impulsó a seguir el camino de la ciencia ficción.[10] Estos son los crímenes que se cometen en la segunda parte de *Iris*.[11] De un modo u otro las cinco partes de la novela están ligadas por esta violencia, que apunta a las intervenciones armadas de Estados Unidos en Afganistán e Irak y a los movimientos locales de resistencia. Ese referente contemporáneo está siempre presente de forma clara.

La novela también contiene alusiones al archivo textual e histórico boliviano.[12] La más obvia es "la montaña Comeirisinos", como llaman los irisinos a la montaña en que trabajan para SaintRei bajo un régimen de esclavitud.[13] Esta montaña remite al Cerro Rico de Potosí, apodado "la montaña que come hombres" por los indígenas bolivianos durante la época colonial.[14] En el siglo XVII, Bartolomé Arzans de Orsúa y Vela describe cómo los indígenas (forzados por la institución de la mita) bajan a los infiernos para extraer los metales preciosos. Según el cronista:

> En las espantosas cuanto ricas entrañas de este admirable monte resuenan ecos de los golpes de las barretas, que con las voces de unos, gemidos de otros, gritos de los mandantes españoles, confusión y trabajo intolerable de unos y otros, y espantoso estruendo de los tiros de pólvora, semeja tanto ruido al horrible rumor de los infiernos.[15]

Durante el primer siglo de explotación, el Cerro Rico produjo la mitad de la plata y el oro del mundo y tuvo un impacto de dimensiones genocidas en las poblaciones indígenas andinas. Los agentes del imperialismo español causaron la muerte de entre un millón y cuatro millones de seres humanos mediante los accidentes, el agotamiento físico y enfermedades pulmonares como la silicosis.¹⁶ La vida de los indígenas en los asentamientos mineros estaba dominada de forma radical por la lógica necropolítica de la Corona española. Toda la sección dedicada a Orlewen se centra en las espantosas condiciones de vida de los irisinos en las minas de Iris, condiciones que reproducen la misma racionalidad necropolítica que reinaba en el Cerro Rico de Potosí.

El marco de referencias de *Iris* no se agota con Irak, Afganistán y el Potosí colonial, pero mencionar esta doble mirada de Paz Soldán permite hacerse una idea de la estética narrativa de esta novela sobre Bolivia. En el sentido en que *Iris* es una novela de tema indigenista centrada en mutantes, puede entenderse como un ejemplo de la estética del "mash-up" de cierta ficción contemporánea que explora Brown. Según Brown, Paz Soldán y otros narradores emplean estrategias propias del sampleado para introducir múltiples préstamos tomados de otros contextos, con el objetivo de producir una remezcla de referencias que resulta a la vez familiar y original.¹⁷ Como explica el propio Paz Soldán, en *Iris* no tenemos exactamente un acercamiento a la minería contemporánea, sino al lugar que la minería ocupa en el imaginario boliviano, remontándonos a las crónicas coloniales.¹⁸ A esta acumulación diacrónica de referencias que no deja de estar dentro de un restringido cercado nacional, Paz Soldán va a incorporar alusiones a textos centrales de la literatura latinoamericana provenientes de muy diferentes contextos. Mala Cosa y la Isla del Malhado, sacados de *Naufragios* (1542), de Alvar Núñez Cabeza de Vaca, juegan un papel fundamental en el panteón y la geografía imaginarias de *Iris*. La ejecución/salvación de Mackandal de *El reino de este mundo* (1949), de Alejo Carpentier, es el modelo para la ejecución/salvación de Orlewen, el líder mesiánico de la rebelión de los irisinos. Estas visitas al archivo latinoamericano no serían nada novedoso dentro de una cierta corriente de ficción latinoamericana de aliento continental. La novedad de la novela reside en lo que el narrador boliviano Maximiliano Barrientos describe como "la apertura a un nuevo exotismo".¹⁹ Este "reconocimiento de la alteridad" que realiza Paz Soldán en su novela indigenista del siglo XXI "no se da a través del realismo mágico, una formula trillada y ya en desuso, sino a través de la ciencia ficción".²⁰ En lugar del "lirismo caribeño de García Márquez", como lo describe Barrientos, tenemos un género presuntamente menor y ajeno.²¹ Esto es algo que no sorprende si consideramos la descripción que hace la escritora Giovanna Rivero de la literatura nacional:

> [l]a mina fue el gran tema de fines del siglo XIX y comienzos del XX, y todavía ha tenido sus remanentes en narrativas como la de Edmundo Paz

Soldán y la mía propia. Pienso en el cuento "Azurduy", de Paz Soldán, que retrata al minero desde la mirada urbana, pero que de todas maneras retoma uno de los arquetipos bolivianos centrales, fuertemente descriptivos de la colonia. Sin embargo, el minero ha mutado hacia otros personajes que también viven "bajo tierra", respirando oxígeno viciado, personajes saenzianos, casi góticos [...] Detectives andinos, aparapitas, vampiros híbridos, solitarios jóvenes cruceños que nacen marcados, mujeres profundamente solas [...].[22]

Que los mineros que sufren en las profundidades de la tierra en las que llevan a cabo trabajos forzados sean mutantes es precisamente un ejemplo del tipo de mutación que menciona Rivero. Albinos de piel rugosa perfectamente diferenciados de los kreols y los pieloscuras, con creencias y prácticas religiosas propias, encarnan tanto a la comunidad indígena andina a lo largo de los siglos, con sus tradiciones y anhelos de redención política y cultural, como ciertos aspectos de la nueva realidad boliviana con su renovada atención a la raigambre indígena de la sociedad. En ese sentido, los mutantes de esta novela encarnan tanto el pasado y el presente como las pulsiones de futuro, reprimidas y abandonadas, latentes o presuntamente realizables, que podemos hallar en "lo andino". "Lo andino" es una categoría que, como explica Carlos Abreu Mendoza, "no se construye a partir de lo permanente e inmutable sino que implica un continuo proceso de contacto e integración" a partir de la relación que se produce con la coexistencia de lo subalterno y lo hegemónico.[23] El cuerpo del mutante irisino en que está inscrito el biopoder imperial de Munro, es también un principio de oposición, un ámbito en el que forzadamente coexisten la vulnerabilidad y la resistencia en una evolución permanente. El cuerpo del mutante encarna, en cierto modo, la utopía andina, que según Alberto Flores Galindo, "no es únicamente un esfuerzo para entender el pasado o por ofrecer una alternativa al presente. Es también un intento de vislumbrar el futuro [...] En su discurso importa tanto lo que ha sucedido como lo que va a suceder".[24]

Tras completar esta breve introducción a la novela, me gustaría esbozar los dos objetivos que perseguiré en las páginas que siguen. La primera sección avanza una breve teoría del mutante, en la que lo construyo como avatar biopolítico y necropolítico de lo precario. El mutante literaliza nuestra exposición al medio, nuestra imposibilidad de entendernos como entidades autónomas y autosuficientes sin cuerpo, cuestionando desde el materialismo cualquier dualismo sobre el cual pueda construirse la fantasía humanista y liberal del sujeto moderno. Además, es posible entender al mutante como una suerte de avatar de la genealogía foucaultiana, específicamente del azar y la evolución inmanente que minimiza el momento fundacional del origen traumático del yo mutante. En muchas narraciones sobre mutantes, el momento de exposición del sujeto al agente mutante, momento fundacional del nuevo yo, puede identificarse con claridad, al tiempo que las fases de la transformación corporal y psíquica que ese origen causa son completa y devastadoramente imprevisibles. En ese sentido de encarnación y producto de temporalidad fracturada, la figura del mutante se abre a la mesianicidad sin mesianismo imaginada por Jacques Derrida:

> lo mesiánico, o la mesianicidad sin mesianismo, sería la apertura al porvenir o a la venida del otro como advenimiento de la justicia, pero sin horizonte de espera y sin prefiguración profética. La venida del otro no puede surgir como un acontecimiento singular más que allí donde ninguna anticipación ve venir, allí donde el otro y la muerte —y el mal radical— pueden sorprender en todo momento. Posibilidades que a la vez abren y pueden siempre interrumpir la historia, o al menos el curso ordinario de la historia.[25]

La inesperada producción del mutante en un evento que supone un desgarro del devenir histórico predecible y determinado ha de entenderse precisamente como la irrupción de un "otro" ajeno a la razón humanista que da forma y sentido al sujeto moderno. Resultado de un daño, el mutante es traza de un peligro vivido, de una amenaza cumplida, de esa muerte que menciona Derrida y que se evita apenas. Por otra parte, y con una frecuencia que le da casi un *status* de resultado automático en las mentes del público, el desgarro de lo predecible resulta numerosas veces en nuevos dones, en "superpoderes" latentes o presentes, que se emplean en una narrativa de búsqueda de compensación y justicia, individual o colectiva. Mi intención es entender al mutante como avatar de lo mesiánico, y a partir de ahí construirlo como criatura guiada por la imbricación de vulnerabilidad y resistencia, una imbricación que no es excluyente sino mutua y productivamente constitutiva, tal y como ha teorizado Judith Butler.[26]

La segunda sección ilustra algunos de estos puntos empleando la novela de Paz Soldán. Intento entender esta novela sobre mutantes como una nueva versión del concepto de transculturación producida en el siglo XXI, en la que lo necropolítico se hace presente en formas urgentemente materiales y conceptuales. El mismo Paz Soldán reconoce su interés en explorar un imaginario cultural que tiene al minero en su centro.²⁷ La propia evolución política de los movimientos populares en Bolivia parece validar esta historización de la figura del minero, ya que después de la década de los ochenta, con un radical cambio en las condiciones de explotación que tuvieron lugar en el contexto de la globalización neoliberal, los mineros van a migrar a las ciudades o zonas donde empezarán a cultivar coca, dando pie al movimiento más predominante de la historia reciente de Bolivia.²⁸ Por otra parte, y en este proceso de reformulación de la identidad económica del sujeto popular, si con los mineros la lucha política está definida por el discurso de clase de la mano de obra, con los cocaleros el discurso va a estar marcado por una fuerte visión antiimperialista y una voluntad de articular las reivindicaciones colectivas en términos étnicos pro-indígenas.²⁹ Y es en esa recuperación de una cosmovisión indígena y su dimensión política donde es preciso insertar la novela minera y anti-imperialista de Paz Soldán, en la que se presta gran atención a la dimensión religiosa del pueblo irisino, la lucha política se condensa en términos de redención mesiánica ("El Advenimiento adviene"), y el líder popular parece manipular de forma cínica la religión al tiempo que se ve a sí mismo como una figura indudablemente en conexión con la divinidad. Por último, espero mostrar cómo el mutante teorizado en este ensayo ejecuta productivamente la dimensión postsecular del movimiento de resistencia del pueblo irisino.

Una breve teoría del mutante

Las referencias a la naturaleza mutante de los irisinos aparecen más de una vez en la novela.³⁰ Casi al principio encontramos un pasaje de particular interés:

> Soji vivía con Mun, una irisina con el cuello estirado por trece aros, en el séptimo piso de un edificio del centro. Cuando Soji se la presentó, Xavier le extendió la mano pero ella no le devolvió el saludo. Era mejor así. Había tocado a irisinos en la prisión del Perímetro, la textura rugosa de su piel producía escalofríos. Décadas de mutaciones los habían convertido en lo que eran: doloroso verlos. Munro quiso eludir responsabilidades argumentando que antes de las pruebas nucleares en la isla había ofrecido relocalizar a los irisinos; algunos habían aceptado, pero la mayoría no, porque consideraba que Iris era un lugar sagrado y ancestral.³¹

Soji es una pieloscura que muestra un extraordinario interés en los irisinos y que, después de convertirse en fiel seguidora de su religión, se une a la resistencia local y muere en un atentado suicida en que hace explotar un chaleco bomba. Xavier, su pareja, es un soldado pieloscura que ignora el grado de concienciación política y religiosa de Soji. La identidad de la mutante irisina, Mun, se construye, a los ojos del colonizador, a partir de prácticas de inscripción en el cuerpo de imaginarios diversos y contradictorios. Andrea Bachner ha estudiado toda una corriente de pensamiento que concibe los procesos de producción de subjetividades en términos de inscripción: la literatura, el arte y el pensamiento teórico están llenos de escenarios de este tipo. La inscripción sirve como una de esas metáforas en torno a las cuales se organiza la matriz conceptual que domina el pensamiento sobre la creación de identidades.[32] Bachner entiende la inscripción como cualquier proceso que deja marcas en una superficie corporal, lo cual incluye los tatuajes, la circuncisión o cualquier tipo de impresión en un material no corporal, cuyo resultado sea la generación de significado a partir de la diferencia, es decir, a partir de qué o quién no tiene determinada marca y de quién o qué sí la tiene.[33] En numerosas ocasiones, debe entenderse esta producción de diferencia mediante el recurso a la materialidad o corporalidad de la superficie inscrita como un fenómeno ajeno o incluso opuesto a la escritura propiamente dicha.[34] No cuesta trabajo entender que el cuerpo mutante de la irisina Mun, que se niega a estrechar la mano del colonizador, tiene inscrito una doble diferencia. Por una parte, lo primero que el soldado Xavier percibe es el largo cuello, obtenido a través de una práctica cultural que los irisinos abrazan para diferenciarse de la cultura del conquistador. Por otra parte, lo que reclama más atención es la piel rugosa, producto de décadas de mutaciones. Ambas inscripciones presuponen una historia. Podemos asumir que el cuello alargado tiene su origen en prácticas autóctonas, aunque la novela no aclara si esas prácticas han permanecido inalteradas desde un pasado anterior a las explosiones o si han evolucionado desde entonces, en respuesta (o no) al contacto con los conquistadores y la imposición de los trabajos forzados en las minas. El resto de esta sección se dedicará a explorar todas las implicaciones de la sucesión temporal que viene a producir esa piel rugosa.

Como señala Ramzi Fawaz en su estudio sobre "los nuevos mutantes" en el cómic estadounidense de los sesenta, el mutante con superpoderes "es la encarnación de la síntesis entre el aparentemente natural yo biológico y las tecnologías de la sociedad industrial".[35] Ya se trate de la radiación nuclear o de un compuesto químico o biológico, el agente mutante "desestabiliza la integridad biológica del ser humano, produciendo sujetos políticos cuyas fisiologías anormales los incapacitan para participar en la vida civil de la nación".[36] Lo que tenemos en Mun y en el resto de los irisinos es resultado de esta exposición al complejo militar-industrial de Munro, a una modernidad técnica, pero también, y de manera aún más fundamental, a un impulso necropolítico que deshumaniza a los colonizados antes de que las mutaciones den forma visible, tangible, corporal, a la racionalidad racista que rige el biopoder de la Metrópolis. Es esta una racionalidad que no solo conduce al potencial exterminio físico, sino también cultural, al ignorar el carácter de espacio sagrado del territorio que el colonizador va a arrasar con sus bombas nucleares. Como señala George Yancy, el poder de la mirada del dominador blanco, basado en una metafísica que construye identidades contenidas en sí mismas, rechaza contigüidades. Lo que Yancy llama "una ontología relacional" tiene profundas implicaciones materiales.[37] El trauma presupone la realidad de estar expuestos y abiertos al medio.[38] Las mutaciones que los individuos pertenecientes al cuerpo colectivo del pueblo irisino experimentan a lo largo de las décadas confirman lo conceptualizado por Butler: "[l]a pérdida y vulnerabilidad parecen ser la consecuencia de nuestros cuerpos socialmente constituidos, sujetos a otros, amenazados por la pérdida, expuestos a otros y susceptibles de violencia a causa de esta exposición".[39] La figura del mutante viene precisamente a dar cuerpo a esta exposición al medio y esta vulnerabilidad, que resulta no en la producción de fantásticos sujetos autocontenidos y autónomos, sino en subjetividades dolorosamente determinadas por las correlaciones traumáticas con el biopoder de un Estado industrial, cuya racionalidad decide quién puede estar expuesto, potencial o factualmente, a ciertas condiciones y quién no.

Por tanto, el mutante encarna esta vulnerabilidad y exposición a la tecnología y supone una inscripción traumática de la modernidad industrial y la biopolítica en un yo material que se produce a sí mismo en continua interacción con el medio. Esto, sin embargo, no agota la productividad de la figura del mutante ni el sentido del pasaje de *Iris* citado más arriba. Generación tras generación, las mutaciones ofrecen una oportunidad para considerar la sucesión de acontecimientos a lo largo del tiempo en términos de la genealogía foucaultiana, en lo que esta tiene de oposición "al desplegamiento metahistórico de las significaciones ideales y de las indefinidas teleologías".[40] Es cierto que las mutaciones derivan de la exposición al agente mutante, una exposición que puede entenderse como un origen transcendente (y muchas veces traumático). Sin embargo, la evolución de las mutaciones genéticas es un proceso inmanente de carácter exclusivamente accidental. Como afirma tajantemente Jacques Monod, "sólo el azar está en el origen de toda novedad, de toda la creación de la biosfera. El puro azar, el único azar, libertad absoluta pero ciega, es la raíz misma del prodigioso edificio de la evolución".[41] El origen no recoge todo el sentido de lo que acontece, el determinismo histórico carece de sentido en el reino de las mutaciones, y cualquier teleología se revela como mera fantasía.

Por tanto, una ficción con mutantes en su centro supone un modelo imaginario para algo que Michel Foucault define como el proceder necesario para todos aquellos que aborden el pasado: "[h]ay que saber reconocer los acontecimientos de la historia, sus sacudidas, sus sorpresas, las vacilantes victorias, las derrotas mal digeridas, que explican los comienzos, los atavismos y las herencias".[42] Para Foucault, en la raíz de lo que creemos conocer y ser no se halla "ni el ser ni la verdad", conceptos transhistóricos de naturaleza trascendente, sino únicamente "la exteriorización del accidente".[43] Esta es otra forma de reivindicar el mismo azar que guía las mutaciones en el modelo de Monod. En última instancia, para Foucault el objetivo de la indagación genealógica en el pasado es la indagación en un sistema de inscripciones, de acuerdo al patrón ya descrito por Bachner:

> El cuerpo: superficie de inscripción de los acontecimientos (mientras que el lenguaje los marca y las ideas los disuelven), lugar de disociación del Yo (al que trata de prestar la quimera de una unidad substancial); volumen en perpetuo desmoronamiento. La genealogía, como análisis de la procedencia, está, pues, en la articulación del cuerpo y de la historia. Debe mostrar el cuerpo totalmente impregnado de historia, y la historia arruinando al cuerpo.[44]

La lección que Foucault extrae de la genealogía nietzscheana es, según Roberto Esposito, que "[l]a vida y nada más que la vida —las líneas de desarrollo en las que se inscribe o los vórtices en los que se contrae— es tocada, atravesada, modificada aun en sus fibras más íntimas por la historia".[45] La biopolítica remite sobre todo "al modo en que la vida es aferrada, desafiada, penetrada por la política".[46] Y el derecho político que desafía y penetra la vida, tal y como al menos la formula Michel Foucault en su curso en el Collège de France en 1975-1976, sufre una transformación en que se completa

> ese viejo derecho de soberanía —hacer morir o dejar vivir— con un nuevo derecho, que no borraría el primero pero lo penetraría, lo atravesaría, lo

modificaría y sería un derecho o, mejor, un poder exactamente inverso: poder hacer vivir y dejar morir. El derecho de soberanía es, entonces, el de hacer morir o dejar vivir. Y luego se instala el nuevo derecho: el de hacer vivir y dejar morir.[47]

En esta formulación temprana del concepto de biopoder moderno, Foucault parece vacilar entre lo complementario, que daría una construcción más compleja, y una simple sucesión. En cualquier caso, para Foucault el resultado final es que el poder se vuelve materialista, no meramente una entelequia jurídica, ya que ahora su campo de acción es el cuerpo y la vida.[48] En ese sentido, el mutante, con todo tipo de modificaciones físicas y cognitivas como resultado del aparato industrial-tecnológico del biopoder moderno, es una figura que encarna perfectamente la inscripción que se realiza en los cuerpos de los sujetos contemporáneos. Y en tanto en cuanto que estos cuerpos y estas mentes mutantes son construidos como una desviación, como la inscripción de una diferencia para con lo normativo, son también cuerpos "impuros", y tal como explica Foucault: "[l]a oposición puro/impuro viene a articularse con la oposición inocente/criminal".[49] En ese sentido, el mutante muestra la extrema vulnerabilidad de sujetos cuyos cuerpos están expuestos y en cualquier momento (con la exposición a la radiación de masivas explosiones nucleares o la picadura de una araña radiactiva, por más que nada más aparentemente cambie) pueden hallarse en el otro lado de la línea que separa lo puro de lo impuro. El mutante, con su desviación, es una figura criminal, y los relatos sobre las mutaciones enfatizan una y otra vez una vulnerabilidad compartida por todos los cuerpos en exposición al medio, por todos los cuerpos no activamente protegidos por una racionalidad biopolítica que, incluso así, puede fracasar en su protección y dejar morir cuando preferiría hacer vivir.

Y, sin embargo, el mutante es más que esta mera inscripción del biopoder. Hay una inconmensurabilidad entre el biopoder y el cuerpo del mutante, una transformación impredecible e inesperada que abre la historia a lo utópico y lo mesiánico, a lo que no es directamente imaginable mediante el análisis del pasado y el presente. El mutante supone una manifestación material de algo latente que no es directamente perceptible o concebible. No sorprende que numerosísimos superhéroes sean mutantes. Sus superpoderes vienen a literalizar esta brecha (o este deseo de que haya una brecha) entre biopoder y sujeto, de suerte que si la biopolítica desafía a la vida, como afirma Esposito, en el mutante la materia y la vida desafían a ese poder materialista foucaultiano que se inscribe en cosas reales como el cuerpo. En ese sentido, el desposeimiento que se produce en el proceso de mutación, en que el yo mutante se desprende de su derecho a la inclusión en una red biopolítica que no lo considere impuro y por tanto criminal y rechazable, puede entenderse como un proceso de ascesis paralelo al que conduce a lo que Jacques Derrida conceptualiza como lo mesiánico sin mesianismo, una formulación avanzada más arriba, en que la esperanza mesiánica se libera "de todas las figuras determinables de la espera".[50] La impredictibilidad, su resistencia radical a cualquier anticipación, es precisamente lo definitorio del concepto de lo mesiánico en Derrida, quien lo concibe como "la venida del otro, la singularidad absoluta e inanticipable del y de lo arribante *como justicia*".[51] El mutante es un otro absolutamente singular, y en la brecha entre lo que debería ser y lo que ha sido, es justo donde se abre un espacio donde antes no lo había, un lugar de peligro y muerte, como ya se mencionó, pero también de encarnación de lo presuntamente imposible. De esta manera, la inesperada, accidental mutación es una figura de "la hospitalidad absoluta" que está abierta, "en espera del acontecimiento como justicia".[52] La raíz azarosa y genealógica de la mutación que constituye a ese criminal que es el mutante nos permite la consideración en el ámbito de la ficción de lo mesiánico, que, al menos como Derrida lo elabora, "es siempre revolucionario", y encarna "la urgencia, la inminencia, pero, irreductible paradoja, una espera sin horizonte de espera".[53] El mutante es avatar de lo mesiánico, "como pensamiento del otro y del acontecimiento por venir".[54] En la múltiple temporalidad del cuerpo del mutante hallamos la coexistencia del pasado traumático y de un presente conformado por fracturadas y contingentes genealogías, y también un futuro de mutaciones estructuralmente inconcebibles.

Vulnerabilidad, resistencia y abigarramiento en Iris

Es posible, espero, ver en la figura del mutante una doble inscripción de la vulnerabilidad y, en tanto en cuanto que avatar de lo mesiánico y la justicia revolucionaria que promete, de resistencia. Butler defiende la necesidad de concebir la vulnerabilidad y la resistencia como conceptos íntimamente imbricados, en la medida en que nuestra vulnerabilidad no es el reconocimiento de una resistencia fracasada sino que presupone, más bien, esos actos de resistencia, a la vez que es justo mediante estos actos que la superamos, al menos provisionalmente.[55] De hecho, no es que nuestra vulnerabilidad quede exactamente borrada por exitosos actos de resistencia, sino que esta vulnerabilidad es potencialmente una fuerza para la movilización política.[56] Obviamente, afirma Butler, hay motivos de sobra para no celebrar la vulnerabilidad, pero eso no significa que debamos negarnos a considerarla en el contexto del agenciamiento político y la lucha colectiva.[57] La vulnerabilidad existe en la misma constelación conceptual que la "ontología relacional" promovida por Yancy, y en el mutante superhéroe tiene una figura que, por una parte, muestra apertura al medio y a las fuerzas incontrolables, y, por otra, defiende la posibilidad de tener un impacto indiscutible en ese mismo entorno en que la vulnerabilidad fue condición imprescindible para la adquisición de superpoderes. Los mutantes de Iris que se enfrentan a las fuerzas militares de la corporación SaintRei con la ayuda del Imperio Sangaì no tienen superpoderes. Sin embargo, el hecho de que su líder Orlewen sí parece tenerlos confirma la utilidad del modelo del superhéroe mutante para comprender la potencialidad que reside en todos los mutantes. Acaso un paso más en la evolución fracturadamente genealógica de la comunidad mutante es todo lo que se precisa para que por fin se actualicen unos poderes imprevisibles.

En la cuarta parte de la novela, narrada en gran parte a través del punto de vista de Orlewen, nos encontramos con lo que se podría llamar un sujeto "hiperempático". Orlewen puede sentir lo que otros sienten, tiene una mutación cognitiva, aunque el personaje prefiere pensar que el origen de esta condición es divino: "[p]or la madrugada la lucidez lo arponeó y le hizo ver que había recibido un don de Xlött. Era capaz de sentir lo que sus brodis irisinos. Capaz de ser sus brodis irisinos. Podía viajar de bodi en bodi, era un receptáculo móvil de su comunidad. El pacto con Xlött, se dijo, y cuentan las leyendas que se postró en el suelo y rezó por el don concedido".[58] En ocasiones, ese don concedido va a ser extraordinariamente doloroso para Orlewen, pero también va a ser una fuente de conocimiento que le va a permitir tomar plena conciencia de la abyección del sujeto colonizado a manos de la corporación SaintRei. En última instancia, le va a permitir convertir ese concienciamiento político en un poderoso credo político-religioso que gira en torno a la materialización del dios irisino, Xlött, y a la proliferación de un tipo de suicidio ritual, el verdewer, entendido como la súbita llegada del dios que abraza al creyente. En ese sentido, en esta comunidad de mutantes en continua evolución biológica aparece un mutante con una mutación cualitativamente diferente, una mutación de segundo grado, si queremos.[59] Este "supermutante" va a hacer de su sufrimiento compartido con el otro, de su hiperempatía de mutante de ciencia ficción y la vulnerabilidad que esta implica, la base sobre la que va a construir un relato de lucha política contra el conquistador y su racionalidad necropolítica.

Lo mesiánico sin mesianismo, como mera forma de espera de la justicia y lo por venir, se manifiesta en la naturaleza tautológica del lema de la resistencia, repetido una y otra vez en la novela sin mayor elaboración: "El Advenimiento adviene". Se observa también en la manera en que Paz Soldán se apropia de dos importantes figuras mesiánicas del archivo latinoamericano. Por una parte, en entrevistas ha mencionado cómo en *Iris* invoca la figura andina del Inkarri:

> Ahí utilicé el mito andino de Inkarí [sic], que dice que con la llegada de los españoles el mundo se dio vuelta y luego de 500 años vendrá otro momento en que el mundo se dará vuelta y los que estén debajo pasarán a estar arriba. Suceda o no, es un gesto político basado en el deseo de romper con la opresión.[60]

Cuando Paz Soldán invoca al Inkarri en su novela, obviamente se está refiriendo a la ejecución/salvación de Orlewen. Como ya se mencionó, esta ejecución/salvación apunta también a la de Mackandal en *El reino de este mundo*, de Carpentier. Hay una diferencia sutil, no obstante, entre las dos novelas. En la de Carpentier, después de que Mackandal parezca escapar de la pira en la que va a ser quemado vivo y salir literalmente volando a los ojos de los esclavos, el líder de la rebelión es atrapado por los soldados, devuelto al fuego y devorado por las llamas hasta "ahogar su último grito".[61] Como bien señala Emily Maguire, Carpentier establece un contraste entre la cosmovisión sobrenatural de los esclavos africanos y el iluminismo de los colonos franceses, con su énfasis en los dictados de la Razón, y aunque Carpentier muestra que los esclavos van a hacer de la presunta salvación de Mackandal (que no deja de ser un héroe) un grito de guerra, el escritor franco-cubano enfatiza que "la realidad" de los hechos, la perspectiva de los criollos franceses, se impone a la versión "alternativa" del subalterno no europeo.[62] Paz Soldán introduce una ambigüedad que es similar a la de la ejecución de Mackandal: los que se encuentran en el patio de la prisión dicen que justo cuando se encontraba ante el pelotón de fusilamiento, se levantó un vendaval que "impidió que se viera a Orlewen durante algunos segundos".[63] Cuando el aire se calma, Orlewen ha desaparecido. La salvación del líder militar "supermutante" del pueblo no solo invoca lo real maravilloso de Carpentier, sino el realismo mágico (o, como dijo más arriba Barrientos, el lirismo caribeño) de *Cien años de soledad* (1967), cuando el coronel Aureliano Buendía es salvado *in extremis* por su prodigioso hermano José Arcadio. Sin embargo, a diferencia de como hace Carpentier, en la proliferación de perspectivas que siguen a este momento en la novela, no se privilegia ninguna. Esta estrategia es una invocación de la cultura de las teorías de conspiración que domina la esfera pública en la era de Internet. Paz Soldán dedica media página a producir un pastiche del discurso "conspiranoico" (conspiratorio y paranoico) que se expande de los márgenes al centro de la discusión pública:

> También están quienes han desarrollado una teoría conspiratoria. Según ellos, la ejecución fue un montaje. Orlewen fue asesinado antes o se encuentra en una celda del Perímetro. Con el montaje del shabào y de la fuga, SaintRei dio alas para que más irisinos creyeran en Orlewen y en el Advenimiento, para que la insurgencia continuara. Según esta teoría, SaintRei descubrió que necesitaba a Orlewen. Al dejar que su leyenda creciera, se embarcó en un juego peligroso cuyo objetivo principal era que el avance de la insurgencia forzara a Munro a autorizar métodos más duros para luchar contra ella. Orlewen sería una excusa para que SaintRei pudiera retener el control de las minas de Iris. Cuando se les dice a estos escépticos que esas minas no tienen el valor que tenían antes, ellos responden que si SaintRei no se fue de Iris es porque quizás se han descubierto minas más valiosas pero que no se anunciarán los descubrimientos hasta que la concesión para explotar Iris sea renovada.[64]

Esto sería un ejemplo de la estética de la remezcla teorizada por Brown mencionada al principio de este ensayo. De manera más relevante para mi argumento, Paz Soldán parece decir que en la era de las teorías de la conspiración y las *fake news* lo que en realidad pasó es irrelevante. Solo cuentan los efectos políticos: "[a] Orlewen no se le ha vuelto a ver. No interesa. Sus seguidores continúan la lucha y su ejemplo cunde entre los irisinos. Varios grupos insurgentes se han alzado en armas bajo la consigna El Advenimiento adviene".[65] La sección termina dirigiéndonos al destino de Moisés, una conclusión que resulta anticlimática y no promete ningún mesías: "[v]iviría para lograr la independencia, pero no vería los frutos de ella. Dicen que Orlewen aceptó sin protestar y no volvió a quejarse de su destino".[66] A diferencia del Inkarri, nadie parece precisar el retorno de Orlewen como figura mesiánica para digirir la lucha. Y, a diferencia de lo que ocurre con Mackandal, su salvación entra en el ámbito de una ambigüedad irresoluble. La razón occidental no se impone sobre la alteridad colonizada, como sí ocurre en el texto de Carpentier.

Y es aquí, para terminar, donde podemos vincular a la figura del mutante, con su múltiple temporalidad y su nunca terminada evolución azarosa y genealógica, abierta a lo por venir, con la Bolivia pasada y contemporánea. El pueblo irisino, con su vulnerabilidad, su religión centrada en Xlött y Malacosa, y su resistencia dirigida por y hacia lo mesiánico, parece no solamente encarnar el tipo de evolución violenta y traumática de lo heterogéneo y transcultural conceptualizado por la razón andina, sino de hecho referir al concepto de lo abigarrado, como lo articuló en su momento René Zavaleta Mercado y lo han recuperado en el siglo XXI Silvia Rivera Cusicanqui y Luis Tapia. Como explica sucintamente Tapia, para Zavaleta Mercado "Bolivia es lo abigarrado, la existencia de una sociedad dominante, que a su vez es subalterna en lo mundial, que se superpone a las sociedades y culturas locales, que son articuladas, parcialmente, de manera intermitente, en condiciones de desigualdad y explotación".[67] El resultado, explica Tapia glosando a Zavaleta, es "un país multisocietal, que contiene varios tipos de civilización que se hallan en una situación de superposición desarticulada".[68] De forma más original e incisiva, Rivera Cusicanqui sugiere que en Bolivia tenemos una sucesión de proyectos de recolonización interna dictados por "el impulso modernizador de las élites europeizantes de la región andina".[69] Este proyecto modernizador y colonizador supone la implantación de una racionalidad biopolítica, con todas las tecnologías y saberes correspondientes, que refleja la misma inconmensurabilidad entre conquistador y colonizado descrita por Mbembe. Las abigarradas sociedades andinas muestran "un conjunto de contradicciones diacrónicas de diversa profundidad que emergen a la superficie de la contemporaneidad y cruzan, por tanto, las esferas coetáneas de los modos de producción, los sistemas políticos estatales, las ideologías ancladas en la homogeneidad cultural".[70] Esta es la inscripción que realiza en el cuerpo nacional el proyecto biopolítico de la modernidad de las élites bolivianas, subordinadas y subordinantes. Las violencias, paradojas y contradicciones de estas sucesivas inscripciones destacan la vulnerabilidad de los sujetos indígenas, al mismo tiempo que ofrecen oportunidades para articular, repetidamente, movimientos de resistencia y de conservación. Como parte de esta resistencia y autoconservación, tenemos que el mundo indígena, según Rivera Cusicanqui, escapa de concepciones lineales de la historia para operar de acuerdo a una concepción del presente que abraza el pasado y el futuro. De manera que (de un modo muy hegeliano y leninista), "[e]l proyecto de modernidad indígena podrá aflorar desde el presente, en una espiral cuyo movimiento es un continuo retroalimentarse del pasado sobre el futuro, un 'principio esperanza' o 'conciencia anticipante' (Bloch) que vislumbra la descolonización y la realiza al mismo tiempo".[71] La modernidad indígena fractura cualquier fantasía teleológica de progreso lineal y quiebra los esquemas temporales sobre los que se construye una modernidad europeizante que se articula a sí misma como programa biopolítico y, en el contexto andino, neo- y re-colonizador. Por su parte, el mutante es tanto figura del biopoder de la modernidad como de su cortocircuito al extenderse a una constelación de fracasos y contradicciones. Es por ello que los mutantes irisinos de esta novela han de leerse en los términos del abigarramiento de Zavaleta Mercado y la revisión y expansión de esta figura que realiza Rivera Cusicanqui para el siglo XXI.

Conclusión

El mutante, en tanto que monstruo, supone una saturación de sentidos contradictorios que en última instancia lo vuelven ilegible, una alteridad que irónica y subversivamente socava la racionalidad occidental.[72] En ese sentido, al imaginar mineros cuya cosmovisión tiene en su centro a una religión capaz de evolucionar de acuerdo a proyectos políticos, Paz Soldán hace de los mutantes irisinos y de su Moisés mutante, Orlewen, el punto en el que su mirada fracasa a la hora de reproducir la nueva realidad boliviana, porque nada hay de mutantes en la modernidad indígena que articula Rivera Cusicanqui. Al mismo tiempo, incluso si la religión de Xlött no remite directamente a la religiosidad andina, acierta a la hora de reconocer el impulso postsecular del movimiento indigenista que triunfa en el siglo XXI, con su recuperación y revaloración de pulsiones, ideas y prácticas religiosas previamente soterradas o directamente reprimidas. De hecho, la grafía y la dificultad de pronunciación parece más bien remitir a H.P. Lovecraft y su ciclo de textos sobre el culto de Cthulhu. Paz Soldán ha reconocido que las ficciones antropológicas de Bruce Chatwin sobre los aborígenes australianos jugaron un papel importante a la hora de articular la religión y cosmovisión irisinas.[73] Y, sin embargo, no solamente es la explotación de los irisinos íntimamente boliviana, como se vio más arriba, con una montaña Comeirisinos que remite al Cerro Rico de Potosí (que también devoraba hombres), y el papel central que tiene la extracción minera en el imaginario boliviano. La combinación de ritos, creencias y política que encontramos entre los mineros irisinos y la resistencia armada de Orlewen y sus seguidores reproduce lo que Waskar Ari denomina en inglés "Earth Politics", la Política de la Tierra guiada por la cosmovisión aymara y una corriente de intelectuales que han venido a producir, en una evolución de décadas, "un discurso que incluye ideas sobre la tierra, el territorio, la nación, la fe, la religión, los derechos y la naturaleza del ser indígena ['Indianness'] —ideas que tienen una fuerte respuesta en la Bolivia contemporánea".[74] En *Iris*, la necropolítica del Imperio decide deshumanizar a los indígenas, sometiéndolos al inicio de un proceso de violentas y dolorosas transformaciones biológicas, históricas, políticas y religiosas. La cosmovisión resultante de esta vulnerabilidad y la resistencia que propicia genera una temporalidad propia y nos permite vislumbrar una apertura a un indefinido porvenir. Para el indígena boliviano del siglo XXI, vulnerable y resistente como muchos otros sujetos del Sur Global enmarcados en los entramados biopolíticos de la globalización neoliberal, Paz Soldán tiene un lema: "El Advenimiento adviene". Y ese Advenimiento con el que sueñan los seguidores de Orlewen no es otro que la manifestación polivalente y vacía, formalmente redentora y justiciera, del mutante.

Notas

1. Achille Mbembe, *Necropolítica. Sobre el gobierno privado indirecto*, trad. Elizabeth Falomir Archambault (Santa Cruz de Tenerife: Melusina, 2011), 19-20.
2. Mbembe, *Necropolítica...*, 23.
3. Mbembe, *Necropolítica...*, 39-40.
4. Edmundo Paz Soldán, "Paz Soldán: 'La ciencia ficción me ayuda a narrar la realidad'", entrevista por Dante Trujillo, *El Comercio*, 24 de julio de 2016, https://elcomercio.pe/eldominical/entrevista/paz-soldan-ciencia-ficcion-me-ayuda-narrar-realidad-239379.
5. J. Andrew Brown, "*Iris* y el nuevo *cyborg* latinoamericano", en *Territorios del presente: tecnología, globalización y mímesis en la narrativa en español del siglo XXI*, eds. Jesús Montoya Juárez y Natalia Moraes Mena (Oxford: Peter Lang, 2017), 113.
6. Edmundo Paz Soldán, *Iris* (México DF: Alfaguara, 2014), 35.
7. Paz Soldán, *Iris*, 32.
8. Edmundo Paz Soldán, "Entrevista con el escritor Edmundo Paz Soldán: 'El futuro está contaminado de pasado'", entrevista por Javier Mattio, *Vos*, 29 de marzo de, 2015, http://vos.lavoz.com.ar/libros/entrevista-con-el-escritor-edmundo-paz-soldan-el-futuro-esta-contaminado-de-pasado.
9. Edmundo Paz Soldán, "Entrevistamos a Edmundo Paz Soldán", entrevista por George Simons, Ámbito cultural, 29 de junio de 2017, http://ambitocultural.es/entrevistamos-a-edmundo-paz-soldan-67815/.
10. Edmundo Paz Soldán, "Edmundo Paz Soldán: 'La ciencia ficción será un

nuevo realismo'", entrevista por Íñigo López Palacios, *El País*, 8 de mayo de 2014, https://elpais.com/cultura/2014/05/01/actualidad/1398973459_037484.html.

11. Después de que se produzca el primer atentado suicida dentro del perímetro, un escuadrón de las fuerzas de Munro comienza a asesinar a insurgentes desarmados y civiles irisinos por su propia cuenta.

12. Como Paz Soldán le explica a Javier Mattio: "Yo quería un futuro no tan futuro que tuviera grandes monzones de tradición, que conviva con la mitología. Hay tradiciones que he reescrito, crónicas del siglo XVII de Bartolomé Arzáns de Orsúa y Vela que transformé en crónicas irisinas. Y eso lo he mezclado con trabajos antropológicos recientes sobre la experiencia de los mineros en Bolivia". Paz Soldán, "Entrevista con el escritor Edmundo Paz Soldán: 'El futuro está contaminado de pasado'".

13. Paz Soldán, *Iris*, 230.

14. Eduardo Galeano, por ejemplo, se hace eco de esta bien conocida apelación cuando escribe en referencia al Cerro Rico: "El virrey ha visto la montaña que come hombres". Eduardo Galeano, *Memorial del fuego: los nacimientos* (Madrid: Siglo XXI, 1989), 282.

15. Bartolomé Arzáns de Orsúa y Vela, *Historia de la villa imperial de Potosí*, vol. I, ed. Lewis Hanke y Gunnar Mendoza (Providence: Brown UP, 1965), 65.

16. Linda Farthing y Benjamin H. Kohl, *Evo's Bolivia: Continuity and Change* (New York: Palgrave Macmillan, 2014), 25.

17. J. Andrew Brown, "Sampling and Remixing in Recent Latin American Narrative", *Revista Hispánica Moderna* 71, n.º 1 (June 2018): 8-9.

18. Edmundo Paz Soldán, "Volver a Bolivia: entrevista a Edmundo Paz Soldán", entrevista por María José Daona, *Telar* 15 (2015): 53.

19. Maxilimiano Barrientos, "Tan lejos y tan cerca", *Iowa Literaria*, 9 de junio de 2014, http://thestudio.uiowa.edu/iowa-literaria/?p=3845.

20. Barrientos, "Tan lejos y tan cerca".

21. Barrientos, "Tan lejos y tan cerca".

22. Giovanna Rivero, "Entrevista a Giovanna Rivero", entrevista por Juan Terranova, *La Tercera* 2, https://sites.google.com/site/la3eraopinion/latercera-numero-2/entrevista-a-giovanna-rivero.

23. Carlos Abreu Mendoza, "Introducción", en *Crítica de la razón andina*, ed. Carlos Abreu Mendoa y Denise Y. Arnold (Raleigh: A Contracorriente, 2018), 10.

24. Alberto Flores Galindo, *Buscando un inca: identidad y utopía en los Andes*, 3a ed. (Lima: Horizonte, 1988), 72.

25. Jacques Derrida, "Fe y saber", en *El siglo y el perdón (entrevista con Michel Wieviorka) seguido de Fe y saber*, trads. Cristina de Peretti y Paco Vidarte (Buenos Aires: Ediciones la Flor, 2003), 60.

26. Judith Butler, "Rethinking Vulnerability and Resistance", en *Vulnerability in*

Resistance, eds. Judith Butler, Zeynep Gambetti y Leticia Sabsay (Durham: Duke UP, 2016), 14.

27. Paz Soldán, "Volver a Bolivia", 52.

28. Nancy Postero, *The Indigenous State: Race, Politics, and Performance in Plurinational Bolivia* (Berkeley: U of California P, 2017), 29.

29. Postero, *The Indigenous State...*, 29.

30. Algunos ejemplos sacados de las cuatro partes narradas desde el punto de vista de los no irisinos: "No era irisina pero lo parecía: tenía la piel muy blanca y reluciente, como si le faltara el pigmento que asemejaba a algunos irisinos con los albinos"; "Había tocado irisinos en la prisión del Perímetro, la textura rugosa de su piel producía escalofríos"; "Tratábamos de q'el cuello largo de algunas irisinas, la blancura excesiva, la piel rugosa, los ojos sin cejas se convirtieran en nuevos parámetros de belleza"; "Mas las irisinas tenían el bodi frío y cuando cerraban los ojos parecían muertas"; "Tenía un rostro de pájaro, los ojos my juntos, una nariz alargada y bulbosa. Una nariz deforme: con un poco de esfuerzo, Yaz podía reconocer contornos familiares en los irisinos. Era como si al bodi básico le alargaran el cuello, le explotaran la nariz, le estrecharan los ojos, le quitaran la coloración. Bodis mutantes"; "Los irisinos tenían algo de no hace mucho, señaló Katja. Mutaron. Ser humano no es una abstracción, una esencia inalterable. Vamos cambiando con cada desplazamiento de nuestros genes y células. Un proceso lento. Pero póngase al lado de una planta nuclear en plena explosión y déjese bañar por la radiación. El cambio se acelerará tanto que quizás alcance masa crítica. Vemos algo de nos en ellos. Un relampagueo en los ojos. Sin duda queda algo. Pero son otra cosa". Paz Soldán, *Iris*, 38, 39, 116, 117, 191, 307.

31. Paz Soldán, *Iris*, 39.

32. Andrea Bachner, *The Mark of Theory: Inscriptive Figures, Poststructuralist Prehistories* (New York: Fordham UP, 2018), 2.

33. Bachner, *The Mark of Theory...*, 6.

34. Bachner, *The Mark of Theory...*, 6.

35. Ramzi Fawaz, *The New Mutants: Superheroes and the Radical Imagination of American Comics* (Nueva York: NYU P, 2016), 7. Las traducciones son mías, a menos que se indique lo contrario.

36. Fawaz, *The New Mutants...*, 8.

37. En la ontología relacional que Yancy avanza, se afirma que los seres humanos son seres cuya ontología es fundamentalmente social, de suerte que "el cuerpo no acaba en algún borde corporal ficticio o tiene claros límites externos. En vez de esto, existimos siempre de manera contigua". George Yancy, "Black Embodied Wounds and the Traumatic Impact of the White Imaginary", en *Trauma and Transcendence*, eds. Eric Boynton, Pater Capretto y Mary-Jayne Rubenstein (New York: Fordham UP, 2018), 142.

38. Yancy, "Black Embodied Wounds", 142.
39. Judith Butler, *Vida precaria: el poder del duelo y la violencia*, trad. Fermín Rodríguez (Buenos Aires: Paidós, 2006), 46.
40. Michel Foucault, *Nietzsche, la genealogía, la historia*, trad. José Vázquez Pérez (Valencia: Pre-Textos, 1988), 13.
41. Jacques Monod, *El azar y la necesidad: ensayo sobre la filosofía natural de la biología moderna*, trad. Antonio Cortés Tejedor (Barcelona: Ediciones Orbis, 1985), 113.
42. Foucault, *Nietzsche...*, 23-24.
43. Foucault, *Nietzsche...*, 28.
44. Foucault, *Nietzsche...*, 32.
45. Roberto Esposito, *Bios: biopolítica y filosofía*, trad. Cario R. Molinari Maroíto (Buenos Aires: Amorrortu, 2006), 49.
46. Esposito, *Bios...*, 51.
47. Michel Foucault, *Defender la sociedad: curso en el Collège de France (1975-1976)*, trad. Horacio Pons (México DF: Fondo de Cultura Económica, 2000), 218.
48. Michel Foucault, "Las mallas del poder", en *Estética, ética y hermenéutica*, vol. III, trad. Ángel Gabilondo (Barcelona: Paidós, 1999), 245.
49. Michel Foucault, *Lecciones sobre la voluntad de saber: curso en el Collège de France (1970-1971). El saber de Edipo*, trad. Horacio Pons (México DF: Fondo de Cultura Económica, 2012), 200.
50. Jacques Derrida, *Espectros de Marx: el estado de la deuda, el trabajo del duelo y la nueva internacional*, trad. de José Miguel Alarcón y Cristina de Peretti (Madrid: Trotta, 1995), 188.
51. Derrida, *Espectros de Marx...*, 40.
52. Derrida, *Espectros de Marx...*, 188.
53. Derrida, *Espectros de Marx...*, 188.
54. Derrida, *Espectros de Marx...*, 73.
55. Butler, "Rethinking Vulnerability...", 12.
56. Butler, "Rethinking Vulnerability...", 14.
57. Butler, "Rethinking Vulnerability...", 22.
58. Paz Soldán, *Iris*, 248.
59. Como puede verse en los pasajes del texto incluidos en una nota previa, los irisinos parecen compartir de forma bastante homogénea una serie de mutaciones, lo cual ofrece una base para evaluar el distinto plano en que se mueve Orlewen gracias a su nueva mutación cognitiva.
60. Paz Soldán, "Entrevista con el escritor Edmundo Paz Soldán: 'El futuro está contaminado de pasado'".
61. Alejo Carpentier, *El reino de este mundo*, en *Obras Completas de Alejo Carpentier*, vol. II (México DF: Siglo XXI, 1983), 43.

62. Emily A. Maguire, *Racial Experiments in Cuban Literature and Ethnography* (Gainesville: UP of Florida, 2011), 87.

63. Paz Soldán, *Iris*, 297.

64. Paz Soldán, *Iris*, 298.

65. Paz Soldán, *Iris*, 298.

66. Paz Soldán, *Iris*, 298.

67. Luis Tapia, *Política salvaje* (La Paz: Muela del Diablo Editores, 2008), 35.

68. Tapia, *Política salvaje*, 96.

69. Silvia Rivera Cusicanqui, *Ch'ixinakax utxiwa: una reflexión sobre prácticas y discursos descolonizadores* (Buenos Aires: Tinta Limón, 2010), 53.

70. Rivera Cusicanqui, *Ch'ixinakax utxiwa...*, 36.

71. Rivera Cusicanqui, *Ch'ixinakax utxiwa...*, 55.

72. Mabel Moraña, *El monstruo como máquina de guerra* (Madrid: Iberoamericana, 2017), 25.

73. Edmundo Paz Soldán, "Entrevista con Edmundo Paz Soldán", entrevista por Carlos Gámez, *Suburbano*, 20 de feb. de 2014, https://suburbano.net/entrevista-con-edmundo-paz-soldan/.

74. Waskar Ari, *Earth Politics: Religion, Decolonization, and Bolivia's Indigenous Intellectuals* (Durham: Duke UP, 2014), 179.

Obras citadas

Abreu Mendoza, Carlos. "Introducción". En *Crítica de la razón andina*. Edición de Carlos Abreu Mendoza y Denise Y. Arnold, 1-24. Raleigh: A Contracorriente, 2018.

Ari, Waskar. *Earth Politics: Religion, Decolonization, and Bolivia's Indigenous Intellectuals*. Durham: Duke UP, 2014.

Arzáns de Orsúa y Vela, Bartolomé. *Historia de la villa imperial de Potosí*, vol. I. Edición de Lewis Hanke y Gunnar Mendoza. Providence: Brown UP, 1965.

Bachner, Andrea. *The Mark of Theory: Inscriptive Figures, Poststructuralist Prehistories*. New York: Fordham UP, 2018.

Barrientos, Maximiliano. "Tan lejos y tan cerca". *Iowa Literaria*. 9 de junio de 2014. http://thestudio.uiowa.edu/iowa-literaria/?p=3845.

Brown, J. Andrew. "*Iris* y el nuevo *cyborg* latinoamericano". En *Territorios del presente: tecnología, globalización y mímesis en la narrativa en español del siglo XXI*. Edición de Jesús Montoya Juárez y Natalia Moraes Mena, 105-17. Oxford: Peter Lang, 2017.

———. "Sampling and Remixing in Recent Latin American Narrative". *Revista Hispánica Moderna* 71, n.º 1 (June 2018): 7-22.

Butler, Judith. "Rethinking Vulnerability and Resistance". En *Vulnerability in*

Resistance. Edición de Judith Butler, Zeynep Gambetti y Leticia Sabsay, 12-27. Durham: Duke UP, 2016.

——. *Vida precaria: el poder del duelo y la violencia*. Traducción de Fermín Rodríguez. Buenos Aires: Paidós, 2006.

Carpentier, Alejo. *El reino de este mundo*. En *Obras Completas de Alejo Carpentier*, vol. II, 9-119. México DF: Siglo XXI, 1983.

Derrida, Jacques. *Espectros de Marx: el estado de la deuda, el trabajo del duelo y la nueva internacional*. Traducción de José Miguel Alarcón y Cristina de Peretti. Madrid: Trotta, 1995.

——. "Fe y saber". En *El siglo y el perdón (entrevista con Michel Wieviorka) seguido de Fe y saber*. Traducción de Cristina de Peretti y Paco Vidarte, 41-140. Buenos Aires: Ediciones la Flor, 2003.

Esposito, Roberto. *Bios: biopolítica y filosofía*. Traducción de Cario R. Molinari Maroíto. Buenos Aires: Amorrortu, 2006.

Farthing, Linda, y Benjamin H. Kohl. *Evo's Bolivia: Continuity and Change*. New York: Palgrave Macmillan, 2014.

Fawaz, Ramzi. *The New Mutants: Superheroes and the Radical Imagination of American Comics*. Nueva York: NYU P, 2016.

Flores Galindo, Alberto. *Buscando un inca: identidad y utopía en los Andes*. 3a ed. Lima: Horizonte, 1988.

Foucault, Michel. *Defender la sociedad: curso en el Collège de France (1975-1976)*. Traducción de Horacio Pons. México DF: Fondo de Cultura Económica, 2000.

——. *Lecciones sobre la voluntad de saber: curso en el Collège de France (1970-1971). El saber de Edipo*. Traducción de Horacio Pons. México DF: Fondo de Cultura Económica, 2012.

——. "Las mallas del poder". *Estética, ética y hermenéutica*, vol. III. Traducción de Ángel Gabilondo, 235-54. Barcelona: Paidós, 1999.

——. *Nietzsche, la genealogía, la historia*. Traducción de José Vázquez Pérez. Valencia: Pre-Textos, 1988.

Galeano, Eduardo. *Memorial del fuego: los nacimientos*. Madrid: Siglo XXI, 1989.

Maguire, Emily A. *Racial Experiments in Cuban Literature and Ethnography*. Gainesville: UP of Florida, 2011.

Mbembe, Achille. *Necropolítica. Sobre el gobierno privado indirecto*. Traducción de Elizabeth Falomir Archambault. Santa Cruz de Tenerife: Melusina, 2011.

Monod, Jacques. *El azar y la necesidad: ensayo sobre la filosofía natural de la biología moderna*. Traducción de Antonio Cortés Tejedor. Barcelona: Ediciones Orbis, 1985.

Moraña, Mabel. *El monstruo como máquina de guerra*. Madrid: Iberoamericana, 2017.

Paz Soldán, Edmundo. "Edmundo Paz Soldán: 'La ciencia ficción será un nuevo realismo'". Entrevista por Íñigo López Palacios. *El País*. 8 de mayo de 2014. https://elpais.com/cultura/2014/05/01/actualidad/1398973459_037484.html.

———. "Entrevista con Edmundo Paz Soldán". Entrevista por Carlos Gámez. *Suburbano*. 20 de feb. de 2014. https://suburbano.net/entrevista-con-edmundo-paz-soldan/.

———. "Entrevista con el escritor Edmundo Paz Soldán: 'El futuro está contaminado de pasado'". Entrevista por Javier Mattio. *Vos*. 29 de marzo de 2015. http://vos.lavoz.com.ar/libros/entrevista-con-el-escritor-edmundo-paz-soldan-el-futuro-esta-contaminado-de-pasado.

———. "Entrevistamos a Edmundo Paz Soldán". Entrevista por George Simons. Ámbito cultural. 29 de junio de 2017. http://ambitocultural.es/entrevistamos-a-edmundo-paz-soldan-67815/.

———. *Iris*. México DF: Alfaguara, 2014.

———. "Paz Soldán: 'La ciencia ficción me ayuda a narrar la realidad'". Entrevista por Dante Trujillo. *El Comercio*. 24 de julio de 2016. https://elcomercio.pe/eldominical/entrevista/paz-soldan-ciencia-ficcion-me-ayuda-narrar-realidad-239379.

———. "Volver a Bolivia: entrevista a Edmundo Paz Soldán". Entrevista por María José Daona. *Telar* 15 (2015): 151-60.

Postero, Nancy. *The Indigenous State: Race, Politics, and Performance in Plurinational Bolivia*. Berkeley: U of California P, 2017.

Rivera Cusicanqui, Silvia. *Ch'ixinakax utxiwa: una reflexión sobre prácticas y discursos descolonizadores*. Buenos Aires: Tinta Limón, 2010.

Rivero, Giovanna. "Entrevista a Giovanna Rivero". Entrevista por Juan Terranova. *La Tercera* 2. https://sites.google.com/site/la3eraopinion/latercera-numero-2/entrevista-a-giovanna-rivero.

Tapia, Luis. *Política salvaje*. La Paz: Muela del Diablo Editores, 2008.

Yancy, George. "Black Embodied Wounds and the Traumatic Impact of the White Imaginary". En *Trauma and Transcendence*. Edición de Eric Boynton, Pater Capretto y Mary-Jayne Rubenstein, 142-62. New York: Fordham UP, 2018.

Zonas de la memoria: Neoliberalismo, biopolítica y diferencia indígena en *El botón de nácar*, de Patricio Guzmán

Sandra Garabano
THE UNIVERSITY OF TEXAS-EL PASO

¿Serán los indios los desaparecidos del siglo XIX?[1]

El capitalismo racial es el equivalente de una vasta necrópolis que descansa en el tráfico de muertos y osamentas.[2]

E N SU LIBRO *CRÍTICA de la razón negra. Ensayo sobre el racismo contemporáneo* (2016), Achille Mbembe escribe que la raza representa una de las figuras del delirio que produjo la modernidad.[3] Ese delirio encuentra en la consolidación del positivismo un lenguaje privilegiado para nombrar la guerra social que habilita la violencia contra los indios en América Latina. Si la ocupación de las tierras indígenas fue necesaria para el proceso final de expansión del capitalismo, el positivismo será el encargado de proveer el argumento inequívoco sobre la existencia de razas inferiores. Son innumerables las obras que a finales del siglo XIX y principios del siglo XX adoptan el lenguaje del darwinismo social y traducen, a su manera, el *Ensayo sobre la desigualdad de las razas humanas* (1853), de Arthur de Gobineau, para lectores latinoamericanos: *Raza chilena* (1904), de Nicolás Palacios, o *Pueblo enfermo* (1909), de Alcides Arguedas, son solo dos muestras de ese biologismo anti-indio que domina la escena cultural de la región.

Si el positivismo provee la filosofía adecuada para justificar el despojo de tierras, será la literatura de frontera, con sus imágenes del desierto y la barbarie, la encargada de fraguar el lenguaje de la guerra que justifique la ocupación militar de la Patagonia y la Araucanía; ocupación clave en la consolidación del Estado liberal tanto en Chile como en Argentina.[4] Entre las últimas décadas del siglo XIX y las primeras décadas del siglo XX, es muy difícil encontrar un contrapunto al pensamiento de Gobineau dominante en la región. Sin embargo, la retórica fatalista de Gobineau no siempre fue el discurso dominante en América Latina. Esa herencia monstruosa, construida por los discursos raciales, no figura en los poetas neoclásicos, muchos de ellos autores de canciones patrias que exaltan la valentía de los jefes indígenas. A mediados de siglo XIX, ese discurso va a ser desplazado por la visión romántica que cambia la imagen del indio valiente e indomable en su resistencia contra el poder colonial por la imagen del indio salvaje y bárbaro que encontramos en la obra de Domingo F. Sarmiento, Esteban Echeverría o José Victorino Lastarria. Una imagen anclada en definiciones volátiles de lo animal y lo humano que va a ir generando el mapa de las fronteras entre la civilización y la barbarie de donde provienen todos esos seres cuya monstruosidad será una amenaza para las sociedades civiles poscoloniales.[5]

En un artículo publicado en 1812 en la revista *La aurora de Chile*, Camilo Henríquez, héroe de la independencia, justifica el derecho de los criollos a la posesión del suelo americano sustituyendo el derecho de conquista por el derecho de nacimiento: "tenemos en el suelo que pisamos, el mismo derecho que sus antiguos habitantes, pues unos y otros nacimos de él".[6] El texto de Henríquez es uno de los escasos documentos que en esa época reconoce que el conjunto de habitantes con prerrogativas sobre el territorio son aquellos ciudadanos nacidos en América. Ese sujeto no racializado, con derechos políticos y jurídicos a la posesión de la tierra, será redefinido en un discurso pronunciado por Benjamín Vicuña Mackenna en la cámara de diputados en agosto de 1868: "Basta ya de novelas, que el indio, no el de Ercilla, sino el que ha venido a degollar a nuestros labradores de Malleco i mutilar con horrible infamia a nuestros nobles soldados, no es sino un enemigo de la civilización".[7] Ese cambio en la mirada que va del indio épico de *La Araucana* (1569) al indio racializado y animalizado que justifica la guerra y la colonización de tierras en la Patagonia y la Araucanía opera como un denso nudo que sostiene las relaciones entre liberalismo, biopolítica y militarismo en Chile. En otras palabras, cuando el ser mismo de una persona pasa a ser definido en torno a la raza y el cuerpo jurídico-político de aquellos nacidos en suelo americano da lugar al cuerpo animalizado de los bárbaros, se inaugura un nuevo orden en la región, que ha sido identificado como biopoder. Dentro de ese orden, que Foucault identifica con la modernidad, se intensifica el control y la administración de los ciclos biológicos de los cuerpos y las poblaciones a través de técnicas de gubernamentalidad que más que ejercer el poder negativamente a través de la represión, se afirman en el cuidado de la vida misma sintetizada en sus propias palabras bajo la fórmula: hacer vivir y dejar morir.[8]

En *Homo sacer: el poder soberano y la nuda vida* (1995), Giorgio Agamben retoma la idea de biopoder de Foucault y sostiene que es precisamente la diferenciación entre vidas a proteger y vidas a abandonar lo que ha hecho posible matar a seres humanos sin que esas muertes sean consideradas jurídicamente un homicidio.[9] A través de esa distinción, el biopoder ordena jerarquías entre formas de vida reconocibles y vidas abandonadas cuyas muertes no constituyen un delito para el Estado. Quiero enfocarme, en este trabajo, en el concepto de vida nuda, cuyo paradigma para Agamben es el musulmán como límite extremo de la exclusión, para identificar las distinciones políticas específicas que van produciendo los distintos enemigos sobre los que se funda el Estado moderno y sus erráticas concepciones de la ciudadanía en Chile: persona, indio, bárbaro, salvaje, animal, monstruo.[10]

En este trabajo me gustaría proponer que la última película de Patricio Guzmán, *El botón de nácar* (2015), abre un capítulo en la literatura de frontera que intenta desatar el nudo entre liberalismo, neoliberalismo, biopolítica y militarismo a través del desmontaje de la mirada positivista sobre el paisaje y los pueblos indígenas construida en el siglo XIX. Al desmontar ese nudo, Guzmán desnaturaliza el discurso hegemónico sobre el éxito del proceso de modernización neoliberal, propone una ética y una política de lo impersonal centrada en la naturaleza como forma de reparar el dolor de las víctimas de la violencia estatal, y crea un sentido de justicia frente a las violaciones de los derechos humanos en Chile.[11] Pero además, en su último documental, Guzmán reconfigura el concepto de ciudadanía al pensar una comunidad política de la que participan actores humanos y no humanos.[12] Al otorgarle un sentido político a la naturaleza, el documental no solo desarticula la dicotomía naturaleza/cultura, constitutiva de la modernidad occidental e ineludible a la hora de pensar la herencia monstruosa de donde provienen los bárbaros que atraviesan la trama social de la nación; también, ofrece una valoración de la vida en todas sus formas y, al hacerlo, pone en escena una discusión central en los debates sobre el biopoder, sobre las maneras en que las sociedades neoliberales establecen distinciones entre aquellas vidas útiles y productivas que merecen ser protegidas por el Estado y aquellas vidas transgresoras e indisciplinadas que el Estado debe abandonar.

A través de la desarticulación del nexo entre naturaleza y cultura, animalidad y humanidad, la película ofrece un contrapunto al positivismo y a las diversas formas de capitalismo extractivo neoliberal que aún definen el marco de representación de la vida y la naturaleza en la región. De esta manera, el hombre definido en torno a la utilidad de su vida característica del liberalismo clásico y el hombre "empresario de sí mismo" clave en la definición de la subjetividad neoliberal en Foucault son desplazados por la fuerza de la vida entendida más allá de toda empresa individual y personal.[13]

Patricio Guzmán pone a disposición de los espectadores las herramientas poéticas del cine y del ensayo para reconstruir una genealogía que busca rastrear los lenguajes que habilitaron la violencia sobre la que se funda el Estado en Chile y abre una discusión sobre las ansiedades políticas alrededor de esa herencia monstruosa que aún define el presente de la sociedad chilena.[14] Como ya lo había hecho David Viñas en su libro *Indios, ejército y fronteras* (1982), Guzmán relee el genocidio indígena en el contexto de la dictadura militar y reinscribe, sobre el espacio patagónico, las políticas sobre la seguridad interior sostenidas por leyes antiterroristas reformadas recientemente.[15] *El botón de nácar* reinserta las voces de los presos políticos y desaparecidos del siglo XX en una historia que trasciende la dictadura de Augusto Pinochet, y se arraiga en ese largo período de expansión económica que Mbembe ha identificado como el capitalismo racial. La asociación de estos dos momentos tan disímiles de la historia chilena no siempre ha sido bien recibida por la crítica que ha considerado la cobertura de ese arco temporal una extralimitación. Sin embargo, aún reconociendo el riesgo que significa anudar hechos y experiencias tan heterogéneas a la hora de construir una trama, es precisamente ese cruce temporal la mejor herramienta con la que cuenta el director para interpelar a los espectadores. De ese cruce inesperado, de esa filiación sorprendente entre liberalismo, neoliberalismo y dictadura militar surgen las preguntas más incisivas y provocadoras que nos propone la película.

La representación del paisaje de la Patagonia chilena, el uso de fotografías icónicas de comunidades indígenas tomadas entre finales del siglo XIX y principios del siglo XIX, y la serie de entrevistas son los materiales con los que Guzmán narra la historia de los pueblos selk'nam, yámanas y kawésqar. Además, el documental reconstruye meticulosamente el proceso de tortura y desaparición de presos políticos que fueron arrojados al Océano Pacífico en la época de la dictadura de Pinochet. A esas estrategias se suma la voz de un narrador en primera persona que incurre en extensos comentarios sobre la naturaleza como fuente de la vida y de la memoria. A partir de estas reflexiones, Guzmán invita a los espectadores a hacer una intensa relectura del pasado, en la que el mar se convierte en el escenario donde se tensan las miradas que desde el siglo XIX vienen construyendo una retórica sobre los habitantes y el paisaje de la región. En ese cruce subyace la mirada de viajeros e intelectuales cuyos escritos funcionan como una máquina teratológica productora de todos esos seres que al no aceptar los valores del progreso y el capital pasan a formar parte del legado aberrante de la cultura chilena.[16] Sobre esa mirada y en el contexto del fracaso de las políticas de derechos humanos donde los Estados fueron incapaces de resguardar las vidas que debían proteger, Guzmán encuentra en la naturaleza una posibilidad de reconstruir alguna idea de justicia. En un ámbito social altamente ideologizado por el terror y las reformas neoliberales que convierten al país en una empresa y hacen de cada individuo un empresario de sí mismo, la naturaleza como actor político restituye la posibilidad de concebir una ética de lo comunitario que vaya más allá de las nociones tradicionales de los derechos humanos. Así, esa naturaleza inhóspita, asociada ineludiblemente a la barbarie, es desplazada en el documental por una visión de la vida que desarticula el hiato entre naturaleza y cultura con el que se construyen los valores culturales desde el siglo XIX.

En *El botón de nácar*, el océano retiene en la memoria la violencia política del Estado y hace posible la visibilización de aquellas historias que fueron ocultadas aún después de recuperada la democracia. A partir de un botón que se desprende de la ropa de una de las víctimas cuyos cuerpos fueron arrojados al mar, el Océano Pacífico, convertido en una gran tumba, se vuelve la fuente de una memoria imborrable. Un botón que evoca, también, la historia de Jemmy Button, Orundellico, el joven yámana que fue llevado a Inglaterra como rehén a bordo del HMS Beagle, en una época de intensos delirios civilizatorios.[17] El documental trabaja con las huellas de travesías y temporalidades heterogéneas: por un lado, los viajes transatlánticos cargados de tripulantes dispuestos a deshacerse de cualquier forma de vida que rechazase los valores de la modernización y, por otro, los vuelos de la muerte, esos vuelos que en el Río de la Plata y en el Océano Pacífico se administraron al mismo tiempo que se iban orquestando las reformas económicas y políticas de lo que después se llamaría el milagro neoliberal.[18] De esta manera, Guzmán crea sus propias secuencias temporales, una cronología selectiva que privilegia la memoria de un momento cargado de significado, una historia fragmentada y discontinua que intenta conectar el momento de acumulación primitiva del capital en el siglo XIX con el capitalismo extractivo del siglo XX. No se trata, entonces, de hacer una revisión exhaustiva de los hechos del pasado, sino de un acoplamiento ingenioso que busca en el pasado de los pueblos indígenas los materiales con los que imaginar un concepto de ciudadanía que no le tema a los monstruos creados por el capitalismo racial y que propicie una mirada distinta al consenso del Chile neoliberal del presente.

Políticas del paisaje: naturaleza y memoria

En *El botón de nácar* el paisaje está construido con un repertorio de significados políticos, culturales e históricos que vienen de antes de que ese paisaje se convirtiera en espacio fílmico. Desde el título, el director pone en juego textos e imágenes iconográficas sobre la Patagonia que remiten a los diarios de viajeros, científicos y paisajistas del siglo XIX. El crítico de cine Martin Lefebvre sostiene que hacer emerger un paisaje significa relacionar la imagen con ciertas convenciones históricas de pinturas de paisajes que los espectadores deben conocer de antemano.[19] Habría que añadir que la representación de un paisaje no depende únicamente de las convenciones de la pintura, sino que está determinada por una serie de repertorios culturales, políticos, y económicos que lo preceden a su aparición en una obra específica. Chile, tierra de terremotos y locas geografías, cuenta con escritores que asumen, de manera explícita, la obligación de narrar para extranjeros el paisaje nativo; ensayistas y poetas que, como sugiere Gabriela Mistral, han hecho del ensayo geográfico una herramienta pedagógica imprescindible para la educación de la sensibilidad del pueblo.[20] Yo agregaría que, al contar con una larga serie de poetas que encuentran en la geografía nacional el material de su literatura, la sobredeterminación de la mirada en la tradición cultural chilena es aún mas fuerte.[21] Ciertos paisajes que aparecen en el cine, la pintura o la literatura, sean estos regionales o urbanos, sureños o norteños, tienen un valor estético que va más allá de lo meramente escenográfico. Lefebvre sugiere que el paisaje aparece en una película cuando la narración se detiene, en otras palabras, cuando el espacio se libera de la acción.[22] En los momentos que el crítico identifica como tiempos muertos, los paisajes representados fuera del desarrollo de la diégesis dejan de ser mera escenografía para el desarrollo de una trama y se vuelven autónomos para el espectador.[23] Por más objetiva que pretenda ser la representación de la naturaleza en estos momentos, estamos frente a un proceso de percepción en el que el espectador pone en circulación un repertorio de imágenes iconográficas heredadas de representaciones anteriores de ese mismo paisaje.

En el caso de América Latina, la crítica cultural ha estudiado la influencia que los viajeros europeos han tenido en la representación del paisaje americano. Adolfo Prieto ha señalado la importancia que los informes científicos del siglo XIX y sus rígidas clasificaciones sobre la civilización y la barbarie tuvieron en la definición del continente.[24] En *El botón de nácar*, Guzmán trabaja con imágenes de la naturaleza patagónica que vienen de esas convenciones de la literatura y la pintura de las que habla Lefebvre; convenciones que podrían asociarse a una poética del paisaje que evoca ciertos clichés. Más allá de toda valoración, creo que la cámara de Guzmán en ciertos momentos se sirve de representaciones anteriores de la naturaleza y presenta al paisaje patagónico como el último rincón del planeta donde podemos encontrar una naturaleza virgen; una representación, que como agudamente ha señalado Gabriella Nouzeilles, se viene construyendo minuciosamente desde el siglo XIX.[25] Paradójicamente, cuando la cámara muestra la espectacularidad de la geografía del sur de Chile, sus glaciares, bosques, mares y ríos, la naturaleza aparece ante la cámara como radicalmente nueva y casi sin contaminaciones humanas. Sin embargo, ese espacio representado como una naturaleza virgen a la espera de ser explorada por el hombre ha sido una de las imágenes más viejas que tenemos del paisaje americano, una imagen que aparece de diversas maneras en la mayoría de los textos de los escritores del siglo XIX. Mary Louise Pratt ha estudiado la repercusión que tuvo el diario de viajes de Alexander von Humboldt en las élites criollas latinoamericanas, quienes recurrieron más a ese libro que a su propia experiencia a la hora de pensar una poética de un paisaje americano. Para Humboldt, en el nuevo mundo, el hombre y sus producciones carecen de importancia ya que desaparecen absorbidos por la naturaleza grandiosa y salvaje.[26]

La cámara de Patricio Guzmán recrea el marco sobre el que se construye la naturaleza patagónica y pone en juego la idea de una naturaleza deslumbrante y un territorio vacío que evoca la descripción de los viajeros del siglo XIX. Ese marco de representación, que entiende que el hombre se vuelve un detalle menor del paisaje, será una constante que también se perfila en aquellos escritores que Mistral definió como los contadores de la Patria. Benjamín Subercaseaux escribe en *Chile o una loca geografía*:

Porque Chile, contrariamente a otros países, posee una geografía que supera el sentimiento nacional del pueblo que lo habita. Esta revelación fue el primer beneficio que recibí de mi estudio. Pueblos innumerables y diferentes pasaron por esa tierra; otros —lo estamos viendo— pasarán más tarde, y los que ahora vivimos en ella representamos un accidente transitorio en el devenir humano.[27]

Vemos, entonces, cómo en esa producción que va de Humboldt a Subercaseaux el ser humano se vuelve cada vez más insignificante y siempre está a punto de desaparecer frente a la espectacularidad del paisaje, es decir, una reconfiguración del espacio que desde el romanticismo encuentra en la idea de lo sublime ese sentido de magnitud o fuerza ilimitada que seduce y, a la vez, amenaza la sensibilidad humana. Esta reconfiguración de la relación del paisaje americano y sus habitantes propicia la creación de una jerarquía en la que la vida de los americanos pasa a ser irrelevante, cuestión que será central a la hora de redefinir políticas sobre la integración del pasado indígena al futuro de la nación.

En *El botón de nácar* podemos encontrar varios momentos en los que la naturaleza deslumbra y nos interpela más allá de lo que ocurre en la trama del documental. Son momentos en los que el paisaje se independiza de la acción y es posible reconocer en el mismo un objeto estético en el que se cruzan los sedimentos de miradas que disparan en el espectador un amplio repertorio de saberes y recuerdos sobre representaciones anteriores de ese paisaje. José Miguel Palacios señala, al respecto, que el paisaje en *El botón de nácar* no es un mero dispositivo narrativo que permite unir tramas y tiempos históricos dispares, ni un telón de fondo que acompaña la descripción de los acontecimientos. El paisaje no existe con independencia de la agencia humana y aunque a veces se confunda con la naturaleza, el paisaje en el documental no es naturaleza sino que juega a serlo.[28]

El paisaje en *El botón de nácar* dialoga, entonces, con toda una tradición que ha hecho de la singularidad y la espectacularidad de la geografía de Chile el material de su literatura. Sin embargo, cuando creemos que la narración en el documental se detiene, y el paisaje aparece totalmente independizado de la diégesis, la voz del narrador lo devuelve totalmente marcado y transformado por la política y historia. En esos momentos, se mezclan imágenes de bosques y árboles con la voz en *off* narrando las prácticas de tortura de la dictadura. Mientras la cámara recorre los bosques, los glaciares y los ríos patagónicos y se escuchan los sonidos del agua, el paisaje se nos presenta en toda su espectacularidad y parece invitar al espectador a la amnesia histórica como aquel iceberg que llevó el gobierno de Chile a la exposición de Sevilla en 1992 que Tomás Moulian analiza en su libro *Chile actual, anatomía de un mito* (1997).[29] La cámara muestra el espectáculo de una naturaleza pura, como la describió Humboldt en el siglo XIX, una naturaleza sin historia, donde el hombre desaparece y se borran los rastros de la sangre y los gritos de los torturados. Sin embargo, ese paisaje que invita a perderse en su loca y excitante geografía de pronto se contamina con las voces que denuncian la violencia y la tortura. De esa manera, no solo se rompe la idea de la naturaleza patagónica como último refugio de lo natural sino que, además, el documental abandona su voz poética y retoma su voz más claramente ensayística, aquella que nos propone una tesis sobre los obstáculos y los límites que tiene la democracia chilena para pensar la violencia del pasado.

Al volver a pensar la dictadura a partir del genocidio indígena, Guzmán no busca hacer una reinterpretación pormenorizada de los hechos históricos, más bien intenta volver a un momento histórico desplazado de la historiografía liberal y a partir de ese momento pensar los olvidos del presente. Para eso, sin desdeñar el testimonio como género propicio para devolver algún sentido de reparación hacia las víctimas, retoma un debate sobre el valor del mismo y su relación con la memoria.[30] Hugo Vezzetti ha estudiado en detalle los problemas que enfrenta el testimonio, como género, a la hora de reconstruir la experiencia de la tortura y los campos de concentración. Cualquier persona que se proponga narrar la experiencia de las víctimas deberá enfrentarse a la incredulidad de la sociedad, el rechazo de los que no pasaron por la misma experiencia, el efecto intranquilizador que producen en la sociedad determinadas historias. La comunicación de una experiencia extrema, señala Vezzetti, requiere de un extremo cuidado de la forma, el tiempo y las voces.[31] Como en la mejor literatura sobre el tema, la película de Guzmán desafía la idea misma del testigo y problematiza su representación. Aunque no se deshace de la primera persona, la sabe una fuente sospechosa y prefiere entrevistar a diversos personajes: Gabriela Paterito, Martín Calderón, Raúl Zurita, y Gabriel Salazar, entre otros. Pero el gesto más radical del documental tiene que ver con la despersonalización del testigo: Guzmán propone un relato en el que el agua, fuente de amnesia en el iceberg que llevó el gobierno a la exposición de Sevilla, se convierte en un testigo fundamental de la violencia del Estado: "se dice que el agua tiene memoria, yo digo que también tiene voz", nos dice el narrador.

Así, Guzmán, al devolverle a la naturaleza americana la historicidad que le había sido retaceada en el siglo XIX y otorgarle la representación de las víctimas, transforma el marco narrativo con el que se había narrado el paisaje patagónico desde la época colonial. Ese fin del mundo inquietante e inhóspito, habitado por monstruos y gigantes mitológicos en el que la vida civilizada era prácticamente imposible, se representa como un espacio donde la intensidad de la vida se descubre en cada imagen y sonido donde se detiene la cámara. En ese gesto, Guzmán sugiere que en la tradición narrativa surgida de las víctimas no hay lugar para la primera persona y los relatos antropomórficos, y construye una ética por fuera del yo y cualquier otro dispositivo de lo personal. Por eso, a pesar de que el documental está construido con la materia del recuerdo de varios individuos que hablan en primera persona, Guzmán busca otros materiales y acude a fuentes despersonalizadas de la memoria como la entrevista grupal que hace a los presos políticos sobrevivientes de la dictadura en la Isla Dawson.

Al proponer una imagen grupal y voces colectivas para la reconstrucción de la experiencia, interrumpe críticamente la tradición del testimonio que gira alrededor del yo.[32] De esta manera, piensa la complejidad de la experiencia de las víctimas con una mirada que toma distancia de la trascendencia de una conciencia individual y confía su relato a voces grupales e incluso a actores no-humanos como el océano y el agua. En ese sentido, Guzmán propone cambios radicales a la idea de ciudadanía y elabora una ética y una política de la justicia anclada en la fuerza de la vida que desarticula el dispositivo jerárquico y excluyente de la persona. Es la naturaleza y su recobrada politicidad la que, al ayudar a reconstruir las historias de las víctimas arrojadas al mar durante la dictadura, reinscribe en el orden simbólico las vidas abandonadas por el Estado. En ese gesto, la estética de Guzmán podría pensarse en diálogo con la biopolítica afirmativa de Esposito, definida no por el "poder sobre la vida, como el que conoció el siglo pasado en todas sus tonalidades, sino por un poder de la vida [...] una vida singular y a la vez impersonal, que no admite que el derecho le imponga desde afuera y desde arriba sus propias leyes y se resiste a cualquier poder o saber orientado a subordinarla".[33]

Como mencioné al comienzo, el título del documental es una cita de una historia narrada por Charles Darwin, pero también es el título de una novela de Benjamín Subercaseaux, *Jemmy Button* (1954). Como recurso narrativo, la cita problematiza la idea de autor porque al evocar otras historias y otras voces, cuestiona la idea del origen del texto en la voz de un sujeto unificado.

Las distintas formas de apropiación literaria, por lo general, convierten al lenguaje en la repetición de historias que han sido contadas por otros. De modo que, apropiarse de textos de otros autores es también una forma de negar la posibilidad de narrar una experiencia original, es contar una historia que ya ha sido contada. En el caso de *El botón de nácar*, se trata de un juego intertextual que remite a textos que hablan de modernos intercambios comerciales y proyectos de expansión capitalistas del siglo XIX, a un modelo de tráfico de personas y mercancías cuya mirada sobre la naturaleza estaba basada en la autoridad de la ciencia. A ese tiempo acude Guzmán a través del título de la película. *El botón de nácar* alude a un episodio narrado por Darwin en su *Diario de un naturalista alrededor del mundo* (1839). Ahí, el científico cuenta que Fitz Roy, capitán del barco HMS Beagle, toma como rehenes a un grupo de fueguinos y los lleva a Inglaterra para que se familiarizaran con los valores de la civilización. Atacado por un delirio modernizador, Fitz Roy pensó que podía tomar como rehén a un joven, llevarlo a Europa y educarlo para que, a su regreso a Tierra del Fuego, contagiara los valores de la civilización entre los suyos. En esta historia, que ha tenido diversas ramificaciones literarias, se cuenta que el nombre dado por los tripulantes del barco en el que viajaba Darwin a ese joven fue Jemmy Button porque fue un botón de nácar lo que Fitz Roy pagó por el joven.[34]

Al hablar del proceso de colonización y modernización por el que atravesaron los pueblos de la Patagonia y la Araucanía, Viñas escribió que ese proceso nunca fue un problema de tiempo, en realidad nunca se pretendió que los indios se integraran a la modernidad, sino que fue un drama de espacio donde desalojar/ocupar las tierras era en verdad la correlación entre la liquidación de indios y la convocatoria de inmigrantes.[35] Ese drama no hubiera sido posible sin esos lenguajes que crearon la idea de América como territorio vacío y condenaron a sus pueblos a la monstruosidad, la insignificancia o simplemente a la extinción. Guzmán vuelve, entonces, a los materiales del siglo XIX, los mezcla, los cambia, los desafía, marca sus límites y ensaya nuevas políticas del paisaje y la memoria. Entre esos materiales, el mar, fuente de misterio y de constantes amenazas en el imaginario de viajeros, misioneros y científicos del siglo XIX, se vuelve hospitalario para quien posee un saber localizado en la región. De esa hospitalidad nos hablan Martín Calderón, ese navegante que comparte en la película el recuerdo de sus travesías en canoa por los mares del sur, y Gabriela Paterito quien, al no reconocer la nacionalidad chilena, transita por el espacio patagónico en un tiempo que rechaza el tiempo lineal de la nación. Con las entrevistas de Gabriela Paterito y Martín Calderón, Guzmán muestra formas distintas de habitar el paisaje. Sus palabras abren posibilidades de pensar ciudadanías ancladas en un tiempo que no coincide con el tiempo del progreso, del capital y la modernidad neoliberal; un tiempo que escapa a lo que Josefina Ludmer define como el tiempo de la nación y el Estado moderno, ambos puestos al servicio del control social para crear seres monstruosos y marcar atrasos y adelantos que suponen una biopolítica porque implican el tiempo global del imperio que define la civilización y la barbarie.[36]

Guzmán anuda la historia de Jemmy Button con la de los presos y torturados de la dictadura y reconstruye, a partir de ambas historias, la memoria de un régimen violento de soberanía sobre el cuerpo y el territorio del otro. A partir del nombre de un joven secuestrado en el siglo XIX y la referencia a un botón desprendido de una prenda de un preso político, el director intenta reconstruir dos experiencias extremas que han dejado marcas imborrables en la naturaleza. Para eso, ensaya testimonios diversos, confronta fuentes y mezcla materiales. Pero produce un cambio radical en las políticas del paisaje heredadas del siglo XIX porque entiende que ninguna vida y, sobre todo, ninguna muerte deber ser insignificante. Al proponer una nueva noción de la naturaleza que no existe en oposición a la cultura, sino que se crea dentro de la misma, Guzmán ensaya ingeniosas formas de ciudadanía y representación política que permiten ir más allá del trauma de la violencia estatal e invitan a pensar nuevas formas de vida en común desplazando, además, esa herencia monstruosa que nombraba las ansiedades políticas que aún nos llegan del siglo XIX.

Marcos de guerra y cuerpos en disputa

En la sección anterior vimos cómo la película trabaja con fragmentos provenientes de la mirada positivista que fueron fundamentales para la creación de un imaginario sobre el paisaje patagónico. En esta parte, me interesa analizar el proceso de construcción del sujeto indígena con el que trabaja Guzmán y reflexionar sobre la estética de ciertas imágenes fotográficas que se intercalan en la película. Quiero explorar el sentido de ese archivo fotográfico y el valor que tienen esas fotos al ser sacadas del contexto en el que fueron tomadas y, luego, archivadas en distintas colecciones y museos. Las preguntas que quiero explorar serían: ¿a costa de qué olvidos se construye ese archivo de fotografías? y ¿qué hace con esos silencios el documental de Guzmán?

El botón de nácar interroga la genealogía de la desaparición de personas que abarca desde la desaparición simbólica inaugurada por el discurso de viajeros y científicos en el siglo XIX a la desaparición material de los cuerpos de los desaparecidos de la dictadura de Pinochet un siglo más tarde. En ese amplio arco de tiempo, se pregunta sobre aquellas vidas que tienen derecho a ser recordadas y aquellas destinadas al olvido, una pregunta que Judith Butler se ha hecho en *Marcos de guerra: las vidas lloradas* (2010). En este libro, Butler reflexiona sobre los marcos conceptuales que producen las guerras, y a partir de ellos, analiza cómo esos marcos epistemológicos definen políticamente qué vidas son dignas de ser lloradas y lamentadas y qué vidas están condenadas a morir sin el reconocimiento de la comunidad.[37] Si bien Butler habla principalmente de guerras contemporáneas, Guzmán amplía el marco de la guerra y se pregunta por esas vidas perdidas en el siglo XIX cuya desaparición aún sigue esperando el reconocimiento de la sociedad. Como Viñas en *Indios, ejército y frontera* (1982), Guzmán se pregunta: ¿por qué no se habla de los indios? ¿Qué implica que se les haya desplazado hacia la franja de la etnología, del folklore o del turismo?[38] El desafío que nos plantea la película no es denunciar el racismo o la ocupación de las tierras indígenas, o al menos no únicamente, sino pensar la eficiencia con la que se pensó la diferencia racial, una eficiencia por parte del Estado que ha permitido que la desaparición de esas formas de vida aún no haya sido lamentada.

Esposito señala, en esta línea, que no toda vida humana se constituye en persona, ya que la persona se hace a partir de su relación con otras vidas humanas que no son consideradas como tales. Ser persona, para Esposito, implica ubicar a otros seres vivientes, incluso al propio cuerpo, en el estatus de cosa. El dispositivo de la persona funciona, entonces, como un régimen de dominación biopolítico en el campo de lo social que distribuye posiciones y asigna jerarquías jurídicas y religiosas que van a determinar el grado de humanidad de los seres vivientes.[39] En el siglo XIX, la raza, como categoría científica, será esencial para determinar el grado de humanidad o animalidad en cada hombre y, a partir de esa gradación, determinar quiénes podían acceder a tener plenos derechos o no como personas. En ese sistema de diferenciaciones, el indio, dice Viñas, constituye "una diferencia que por el solo hecho de estar ahí presupone una suerte de efracción ontológica y de negación del pionero, del colonizador y del hombre blanco en general".[40] Como vimos en el discurso de Vicuña Mackenna, esa diferenciación no se origina en un contrato entre iguales, sino a través de la institución de esa gradación por la cual el poder deja de asentarse en un orden jurídico y empieza a jugarse alrededor de un principio de dominación y disciplinamiento de la vida de esos otros, bárbaros animalizados, que no constituyen ni una persona ni una vida plena. De esta manera, Vicuña Mackenna ilumina lo que Foucault ha planteado en *Genealogía del racismo* (1996), cuando señala que en vez de orientar la investigación sobre el poder entendido como institución jurídica de la soberanía se debe orientar hacia la dominación.[41] Esa distinción será clave a la hora de producir los lenguajes raciales necesarios que deshumanizaron al indio y produjeron los monstruos que habilitaron la guerra para el trazado de fronteras del Estado moderno. Vale la pena citar, aquí, el discurso que pronuncia Vicuña Mackenna en el Senado durante una sesión en la que se discute el conflicto indígena:

> [...] por eso mismo, el que habla i a quien se acusa de querer el exterminio de la raza indíjena, exije que se metodice la guerra, que se contenga al soldado con la disciplina, que se le castigue en sus excesos. Francamente, señor, si las colonias que con tan felices resultados ha planteado en las fronteras el digno coronel Saavedra i en las que el soldado edifica, cerca los campos, los cultiva y comparte su trabajo con los moradores, no son colonias militares, no se yo cuales podrían adoptarse. Nuestro territorio, mui diverso del de Estados Unidos y la raza que combatimos, enteramente diferente de las del mediodía de Europa, no consienten otras a mi juicio.[42]

Las palabras de quien es considerado el padre del liberalismo chileno ponen en evidencia que no hay contrato social sin guerra y que la vanguardia del capitalismo chileno, liberal o neoliberal, se asienta en la fuerza disciplinante del ejército y los soldados. En ese punto, liberalismo y neoliberalismo se imponen desde arriba y a través de dos masacres: la de los indígenas y la de la insurgencia popular que surge a partir del gobierno socialista de Salvador Allende. En la cita anterior, el pragmatismo de Vicuña Mackenna modifica la propuesta que Sarmiento había imaginado para Argentina. Vicuña Mackenna no es capaz de imaginar como Sarmiento, padre del liberalismo en la región, el desierto ocupado por una vanguardia de inmigrantes cumpliendo sus sueños de progreso capitalista. Esa imposibilidad se inscribe nuevamente en "nuestra raza" que, en oposición a la raza de los indios de EE. UU., solo puede ser disciplinada por el ejército. La máquina teratológica de Vicuña Mackenna que opera en la frontera no deja de producir diferencias, para él no todos los seres humanos son personas ya que un gran número de ellos, los bárbaros, se ubican en una escala descendente y deben ser eliminados del territorio nacional, pero también, habla de una gradación que diferenciaría a los indios y a los soldados de Chile de sus pares en los Estados Unidos. Así, el modelo de la conquista del oeste norteamericano, con sus emprendedores más o menos independientes, es intransferible a la frontera chilena porque el individualismo de la raza chilena es un obstáculo para la civilización: "[n]o quiero que las proezas de los soldados de la frontera se cuenten por el número de cabelleras que han arrancado al cráneo de sus víctimas," arenga Vicuña Mackenna en el Congreso de la nación.[43] Sin el control de un ejército centralizado, los soldados chilenos, a diferencia del modelo de conquista del oeste americano, se convertirían en meros cazadores de indios menos interesados en el desarrollo económico del país que en el dinero que se pagaba por el número de cabelleras arrancadas al cráneo de sus víctimas. Entonces, en la genealogía de esa grieta creada por el discurso racial del liberalismo chileno, no solo se encuentra la figura del indio bárbaro, monstruo indiscutible de la ciudad letrada, sino también el soldado chileno, que siendo incapaz de controlar su individualismo, necesita de la fuerza disciplinante del ejército para no convertirse en un salvaje.

La necesidad de tierras indígenas para satisfacer las necesidades del mercado europeo exige la rearticulación constante de los límites entre la civilización y la barbarie, además de un reajuste permanente de las nociones de persona y ciudadanía. De modo que, cualquier vida que no se sujete a la lógica de la civilización pasará a ser patologizada o criminalizada. En *Genealogía del racismo*, Foucault identifica dos tecnologías de poder asociadas a este proceso que por lo general se superponen:

> Por un lado, una técnica disciplinaria, centrada en el cuerpo, que produce cuerpos individualizantes y manipula al cuerpo como foco de fuerzas que deben hacerse útiles y dóciles. Por el otro, una tecnología centrada sobre la vida que recoge efectos masivos propios de una población específica y trata de controlar la serie de acontecimientos aleatorios que se producen en una masa viviente [...] Por medio de un equilibrio global, esa tecnología apunta a algo así como una homeostasis, la seguridad del conjunto en relación con sus peligros internos.[44]

Los bárbaros del siglo XIX y los subversivos del siglo XX constituyeron ese peligro interno que para Foucault es absolutamente necesario para la consolidación del poder del Estado. En *El botón de nácar*, esos dos momentos de reestructuración violenta del capital coinciden con los discursos raciales del liberalismo y las desapariciones forzadas de personas que fueron necesarias para imponer las reformas económicas y políticas que exige el neoliberalismo.[45] En el siglo XIX, Vicuña Mackenna, con mucha agudeza política, advierte la fuerza fundante de ese enemigo interno, ese monstruo que desde la frontera sur amenaza a toda la población. Además, entiende que se trata de una guerra de conquista y que en esa guerra el indio valiente creado por Alonso Ercilla en *La Araucana* fue una ficción para exaltar las glorias del Imperio Español que todavía circula en el imaginario nacional chileno. Acabar con esa ficción implica, para Vicuña Mackenna, no solo hacerle la guerra a los indios, sino mantener a los militares en la frontera como garantes de la civilización y el progreso.

Todo este rodeo por la historia del siglo XIX es necesario porque *El botón de nácar*, al volver al genocidio indígena y asociarlo con la violencia de la dictadura, subraya la estrecha alianza entre militarismo y liberalismo que aparece con nitidez en el discurso de Vicuña Mackenna frente al Congreso. Esa alianza no hubiera sido posible sin los lenguajes que ayudaron a identificar esas vidas consideradas histórica y socialmente insignificantes, es decir que, sin esa grieta que se abre al distribuir el grado de humanidad o monstruosidad de quienes habitaban en la Patagonia y la Araucanía, no hay Estado liberal posible. Lo que ilumina el discurso de Vicuña Mackenna en el Congreso es que la fuerza represiva del ejército para imponer los valores económicos del capitalismo no es algo que nace en el siglo XX con Pinochet y la implementación de las reformas neoliberales, sino que abarca un tiempo más amplio, asociado a la expansión del capital. Esa misma alianza es explorada en *El botón de nácar* a través de la superposición de tiempos e historias que a veces quedan opacadas por lo que algunos críticos han considerado una trama arbitraria que se excede en el manejo de lo que se propone contar. Irene Depretris Chauvin, por ejemplo, sostiene que existe una conexión poderosa pero por momentos forzada entre la historia de la población autóctona y la historia de los desaparecidos.[46] Sin embargo, prefiero pensar esa falta de conexión como el resultado de las políticas de olvido diseñadas por el Estado con respecto al genocidio indígena más que a un defecto en la narración de la historia, porque es precisamente esa opacidad la que requiere de configuraciones y ordenamientos que desplazan formas convencionales de narrar la historia.

El positivismo y la literatura de frontera, como dijimos, facilitaron las imágenes y los lenguajes que habilitaron el genocidio indígena a partir de la creación del indio salvaje y bárbaro. Patricio Guzmán recoge en su película los restos de esos lenguajes y pone en circulación un archivo fotográfico que el espectador conoce de antemano porque se trata de colecciones que forman parte del patrimonio cultural chileno. *El botón de nácar* superpone sobre la diégesis del documental diversas fotografías en blanco y negro de grupos de indígenas que conforman el archivo de la memoria de los aborígenes que habitaban las tierras más australes de Chile. Con estas fotos, que son el resultado de la materialización visual de la mirada positivista de fotógrafos de finales del siglo XIX y principios del XX, Guzmán vuelve a citar materiales que proponen una reflexión sobre la estética con la que a lo largo de la historia se ha construido el sujeto indígena e indaga las maneras en que estas comunidades han sido incorporadas a la historia de Chile.

Las fotografías insertadas en la película tienen un valor autónomo y despliegan procedimientos que van más allá de la narración del documental. Como ocurría con el paisaje, cuando aparecen, la narración se detiene y la foto remite a una temporalidad que excede a la historia narrada y nos remite a vestigios de algo que pertenece a otro tiempo, a un pasado remoto que estaría por fuera del tiempo de la nación moderna. En ese tiempo imaginado, los indios desnudos, pintados o vestidos con sus trajes étnicos aparecen como sujetos ahistóricos condenados a un pasado a punto de desaparecer. Aún cuando son fotografiados en sus prácticas rituales, encarnan un estado cultural primitivo que los ubica en una temporalidad que no imagina un lugar para los valores de la cultura indígena ni en el presente ni el futuro de la comunidad nacional. Incluso en el diálogo que el director tiene con Gabriela Paterito para pedirle que traduzca palabras a su idioma nativo, la escena transmite al espectador una sensación de pérdida. Gabriela traduce sin dificultad las palabras que forman parte de su experiencia como agua, playa, tormenta. Sin embargo, cuando llega a palabras como dios o policía es incapaz de hacer esa traducción porque esas palabras son parte de un mundo que no le pertenece.

Patricio Guzmán acude también al archivo de imágenes de las misiones salesianas de la Isla Dawson. En los archivos visuales que Guzmán intercala en el documental se cuenta un momento del siglo XIX en que los selk'nam fueron llevados por la fuerza a la Isla para impedir que cazaran en tierras destinadas a la agricultura. La Isla Dawson, entonces, funcionó como un campo de internación forzada que estaba a cargo de misioneros que querían educar para luego integrar a los fueguinos a la cultura nacional. Un siglo después, Augusto Pinochet vuelve a usar la Isla Dawson como un campo de concentración al que enviaba a sus opositores políticos. Desde ese espacio, engañosamente religioso, convertido en una cárcel, el documental desnaturaliza la mirada entrenada por los lenguajes del positivismo que condenaba a los pueblos selk'nam, yámana y kawésqar a la desaparición como si esta se tratara de un proceso orgánico, natural, y no histórico y político. Las fotos que elije Guzmán para intercalar en la película no remiten necesariamente a una utopía pedagógica, por el contrario, los rostros, las cruces de cementerios improvisados y la miseria hablan de una historia de exilios, fracturas y desplazamientos violentos. En ese sentido, el discurso de Vicuña Mackenna ilumina ese momento en la historia del liberalismo en el que se produce la cesura que hace de la raza una distinción que va a dar el golpe final contra el bárbaro. Sus palabras iluminan la violencia política que el archivo fotográfico que se intercala en la película oculta: primero fue la guerra de exterminio y luego el Estado construyó la idea de que la desaparición de los indios fue parte del ciclo natural y biológico de la vida. Es notable cómo en su discurso Vicuña Mackenna insiste en el escaso número de indios que aún vive en Chile: por un lado, pide que se aumente el presupuesto para la guerra y, por otro, va creando el discurso que vendrá, ese que dice que los indios fueron desapareciendo de forma natural y paulatina del territorio chileno. Al intercalar ese archivo con las fotos de la Isla Dawson, *El botón de nácar* rescata una cronología que había quedado difusa en la narrativa armada por el Estado alrededor a ambos genocidios.

Quisiera terminar señalando que Patricio Guzmán, en su último documental, explora las conexiones entre la expansión del capital y la violencia estatal en el siglo XIX y en el siglo XX, y lo hace a partir de testimonios que exhiben las tensiones entre neoliberalismo, post-dictadura y memoria que marcan la escena cultural chilena hasta el presente. Al mismo tiempo, al despersonalizar la figura del testigo, transgrede las convenciones del género y elabora una ética y una política de la memoria centrada en la vida y sus procesos que excede a cualquier filosofía que ponga en el centro de su reflexión al sujeto. Como ocurre con el Desierto de Atacama en *Nostalgia de la luz* (2010), Guzmán recurre a la Patagonia y al Océano Pacífico para desarmar esa herencia monstruosa que los liberales imaginaron en el siglo XIX y reconstruir la memoria de esas vidas abandonadas por el Estado que aún esperan el reconocimiento de la sociedad; sin ese reconocimiento, sin el ritual del entierro y del duelo, esas muertes seguirán siendo política y socialmente irrelevantes para el Estado y la sociedad. Frente a la insignificancia a la que ha sido reducida la vida en el marco de la cultura neoliberal, Guzmán encuentra en la magnitud del océano, la potencia del agua y en el poder resistente de la vida la posibilidad de recuperar una noción de ciudadanía capaz de desarticular una tradición cultural cuyos lenguajes, tanto en el siglo XIX como en el siglo XX, habilitaron el genocidio.

Notas

1. David Viñas, *Indios, ejército y frontera* (Buenos Aires: Santiago Arcos, 2003), 18.

2. Achille Mbembe, *Crítica de la razón negra,* trad. por Enrique Schmuckler (Barcelona: Futuro Anterior, 2016), 16.

3. Mbembe, *Crítica de la razón negra,* 26.

4. Para una definición del concepto "literatura de frontera" véase el artículo de Martín Servelli, "¿Literatura de frontera? Notas para una crítica", *Iberoamericana* 10, n.° 39 (2010): 31-52. Para el crítico, la "literatura de frontera" es ese corpus textual que narra a través de una gran variedad de géneros literarios la guerra contra los indios y la incorporación de sus tierras a la soberanía del Estado argentino que se lleva a cabo durante el siglo XIX. Véase también, Álvaro Fernández Bravo, *Literatura y frontera. Procesos de territorialización en las culturas argentina y chilena en el siglo XIX* (Buenos Aires: Sudamericana, 1999), 80-83.

5. Gabriel Giorgi analiza el papel jugado por la relación animal/humano en la cultura latinoamericana en su libro *Formas comunes: animalidad, cultura y biopolítica* (Buenos Aires: Eterna Cadencia, 2014).

6. Camilo Henríquez, "Descendemos de los conquistadores pero no somos cómplices de la violencia", *La aurora de Chile,* 18 de junio de 1812, 23.

7. Benjamín Vicuña Mackenna es un historiador y ensayista chileno considerado el padre de la historiografía liberal. Durante su vida vivió varios exilios por participación activa en la política del siglo XIX. Fue diputado, senador, intendente por la ciudad de Santiago y candidato a presidente de Chile. Sus principales obras son: *El ostracismo de los Carrera* (1857), *El ostracismo del general D. Bernardo O'Higgins* (1860), *Vida de don Diego Portales* (1863), *La guerra a muerte: memorias sobre las últimas campañas de la independencia* (1868) y *Los Lisperguer y la Quintrala* (1877). La cita textual viene de: "La Conquista de Arauco. Discurso pronunciado en la cámara de diputados en su sesión del 10 de agosto de 1868", *El Ferrocarril,* 1868, 11, acceso online julio 2018, www.memoriachilena.com.

8. Michel Foucault, *Historia de la sexualidad. La voluntad de saber*, trad. por Ulises Guiñazu (México: Siglo XXI, 1984), 167.

9. Giorgio Agamben, *Homo Sacer. El poder soberano y la nuda vida*, trad. por Antonio Gimeno Cuspinera (Valencia: Pre-Textos, 1998), 57.

10. Giorgio Agamben, *Lo que queda de Auschwitz. El archivo y el testigo. Homo Sacer III,* trad. por Antonio Gimeno Cuspinera (Valencia: Pre-Textos, 2005), 41.

11. Patricio Guzmán es un reconocido director de cine chileno que ha dirigido un gran número de documentales entre los que se destacan: *La batalla de Chile: la insurrección de la burguesía* (1975), *La batalla de Chile: el golpe de estado* (1977), *La batalla de Chile: el poder popular* (1979), *Chile: la memoria obstinada* (1997), *El caso Pinochet* (2001), *Salvador Allende* (2004) y *Nostalgia de la luz* (2010). *El botón de nácar* (2015), su última película, obtuvo el premio Oso de Plata al mejor guion en el Festival de Cine de Berlín en el año 2015. Al año siguiente, fue galardonada con el Premio Platino del Cine Iberoameicano a la mejor película documental.

12. La concepción de la naturaleza que presenta Guzmán en el documental puede conectarse con la que plantea Bruno Latour, en *The Politics of Nature. How to Bring the Science into Democracy*, trad. por Catherine Porter (Cambridge: Harvard UP, 2004), 70. En este libro Latour examina en detalle la preocupación por la naturaleza de los movimientos ecologistas y propone el fin de las viejas dicotomías entre naturaleza y sociedad. Propone, además, la idea de lo colectivo como un campo de intervención política donde coexisten actores humanos y no-humanos.

13. Michel Foucault, *El nacimiento de la biopolítica*, trad. por Horacio Pons (Buenos Aires: Fondo de Cultura Económica), 264.

14. El mestizaje como una herencia monstruosa aparece en varias obras de la literatura chilena del siglo XIX. Para un análisis detallado de esa herencia véase el artículo de Sandra Garabano, "Una herencia monstruosa: mestizaje y modernización en Chile", *Revista Iberoamericana* 75, n.° 227 (abril-junio 2009): 349-62.

15. La ley 18.314 es una ley aprobada en 1984 que pretende tipificar los delitos por terrorismo. La ley fue reformada varias veces, sin embargo, las reformas que me interesan para este trabajo son las que se introducen en el 2010 y en el 2011 porque buscaban acabar con una huelga de hambre que llevaban a cabo comuneros Mapuche. Esta ley, conocida como Ley antiterrorista, ha sido muy criticada porque ha sido aplicada en relación al conflicto Mapuche. Véase el fallo de la Corte Interamericana de Derechos Humanos, Caso Norin Catriman y Otros (Dirigentes, Miembros y Activistas del Pueblo Indígena Mapuche versus Chile). Sentencia del 29 de mayo de 2014. Acceso online: http://www.corteidh.or.cr/docs/casos/articulos/seriec_279_esp.pdf.

16. Le debo la idea de máquina teratológica a Andrea Torrano, "La máquina teratológica en el *Facundo* de Sarmiento. Una lectura biopolítica de la literatura argentina", *Amerika. Mémoirs, identités, territoires* 11 (2014), https://journals.open edition.org/amerika/5642.

17. En 1830, Robert Fitz Roy realizaba su primera expedición por América del Sur como capitán del barco inglés HMS Beagle, barco que se hiciera famoso porque a bordo viajaba Charles Darwin. Durante su estadía en Tierra del Fuego, Fitz Roy toma prisioneros a un grupo de indígenas y decide llevarlos a Inglaterra. En el grupo se encuentra un miembro de la comunidad de los Yaganes a quien le dan el nombre

europeo de Jemmy Button. Después de una estadía en Europa en la que conoce a los reyes y se convierte en una celebridad, Jemmy Button vuelve a Tierra del Fuego a vivir con los suyos y olvida todo lo aprendido en Europa. La historia es narrada por Charles Darwin en *Viaje de un naturalista alrededor del mundo* (1839) pero también se ha convertido en material de varias novelas: *Jemmy Button* (1954), de Subercaseaux, *Fuegia* (1997), de Eduardo Belgrano Rawson, y *La tierra del Fuego* (1998), de Sylvia Iparraguirre. Para un análisis detallado del proceso de desarraigo y asimilación de Jemmy Button véase el artículo de Brenda Hollweg, "A Questioning Situation: Patricio Guzmán's Cine-Essayistic Explorations of Fragile Planetary Configurations", *New Cinemas* 15, 1 (2017): 13-32.

18. Moises Carlos Ferreira, "*El botón de nácar* e a repressão na América Latina", *Revista Digital de Cinema Documéntario* 22 (2017): 297-98. El autor analiza los contenidos históricos en la película y en ese contexto marca el impacto y el desarrollo del neoliberalismo en la economía y la política chilena.

19. Martin Lefebvre, "Between Setting and the Landscape", en *Landscape and Film*, ed. Martin Lefebvre (London: Routledge, 2006), 28.

20. Gabriela Mistral, "Contadores de Patria", Prol. a *Chile o una loca geografía*, ed. de Benjamín Subercaseaux (Santiago: Editorial Universitaria, 2005), 15-17.

21. Desde las estrofas del himno nacional que se refieren al paisaje de la patria como "una copia feliz del Edén", hasta la representación del paisaje en los cuadros del pintor decimonónico Johann Moritz Rugendas, la especificidad de la identidad chilena se va a articular desde el siglo XIX en torno al territorio. Así, el paisaje chileno será representado como un tipo de paisaje singular que funciona como correlato a la exhuberancia tropical del resto de América Latina. Para estudiar la obra de Rugendas en el proceso de construcción de un imaginario nacional véase Gabriel Cid Rodríguez y Jacinta Vergara Brunet, "Representando 'la copia feliz del edén'. Rugendas: Paisaje e identidad nacional en Chile, siglo XIX", *Revista de historia social y de las mentalidades* 15, n.º 2 (2011): 109-35. Esa singularidad del paisaje chileno aparece durante el siglo XX en la obra de Gabriela Mistral, Benjamín Subercaseaux, y Pablo Neruda, entre muchos otros. La importancia del paisaje en la literatura chilena se ve reflejada en el proyecto digital *Geografía poética de Chile*, un proyecto desarrollado por la Dirección de Bibliotecas, Archivos y Museos (DIBAM) cuyo objetivo, tal como queda planteado en su página digital, fue recoger la palabra de poetas y escritores que dieron voz al paisaje chileno. Acceso online: http://www.memoriachilena.cl/602/w3-article-3438.html.

22. Lefebvre, "Between Setting and Landscape", 21-22.

23. Lefebvre, "Between Setting and Landscape", 38.

24. Adolfo Prieto, *Los viajeros ingleses y la emergencia de la literatura argentina: 1820-1850* (Buenos Aires: Fondo de Cultura Económica, 2006), 24.

25. Gabriela Nouzeilles, "El retorno de lo primitivo: aventura y masculinidad", en

La naturaleza en disputa. Retóricas del cuerpo y el paisaje en América latina, ed. de Gabriela Nouzeilles (Buenos Aires: Paidos, 2002), 168.

26. Mary Louise Pratt, *Imperial Eyes. Literature and Transculturation* (London: Routledge, 2010), 109-40.

27. Benjamín Subercaseaux, *Chile o una loca geografía* (Santiago: Editorial Universitaria, 2005), 28.

28. José Miguel Palacios, "Paisaje, cine y memoria en *Nostalgia de la luz* y *Botón de nácar* de Patricio Guzmán", consultado el 25 de julio de 2018 en http://www.coleccioncisneros.org.

29. Tomás Moulian, *Chile actual, anatomía de un mito* (Santiago: Lom, 1997), 31-56.

30. Para una lectura el documental centrado en las estrategias de construcción de la memoria a través de las creencias, el tiempo y la imáginación véase el artículo de María Emilia Zarini, "Constelaciones de la memoria: sobre *Nostalgia de la luz* (2010) y *El botón de nácar* (2015) de Patricio Guzmán", *Tempo e Argumento* 9, 29 (2017): 74-93.

31. Hugo Vezzetti, *Pasado y presente: guerra, dictadura y sociedad en Argentina* (Buenos Aires: Siglo XXI, 2002), 181-82.

32. En esa misma línea de crítica a la narrativa testimonial centrada en el recuento de los hechos del pasado desde la primera persona se encuentra el texto de Diamela Eltit, *El padre mío* (1989). Véase también el libro de John Beverley, *Testimonio: On the Politics of Truth* (Minneapolis: U of Minnesota P, 2004).

33. Roberto Esposito, *El dispositivo de la persona*, trad. Heber Cardoso (Buenos Aires: Amorrortu, 2011), 50-51.

34. Charles Darwin, *Darwin en Chile. Viaje de un naturalista alrededor del mundo* (Santiago: Editorial Universitaria, 2005), 60-72.

35. Viñas, *Indios, ejército y frontera*, 133.

36. Josefina Ludmer, *Aquí América Latina. Una especulación* (Buenos Aires: Eterna Cadencia, 2010), 48.

37. Judith Butler, *Marcos de guerra: las vidas lloradas*, trad. Bernardo Moreno Carrillo (Barcelona: Paidos, 2017), 70-76.

38. Viñas, *Indios, ejército y frontera*, 18.

39. Esposito, *El dispositivo de la persona*, 66.

40. Viñas, *Indios, ejército y frontera*, 77.

41. Michel Foucault, *Genealogía del racismo*, trad. Alfredo Tzveibel (Buenos Aires: Editorial Altamira, 1996), 35.

42. Vicuña Mackenna, "La conquista de Arauco", 12.

43. Vicuña Mackenna, "La conquista de Arauco", 9.

44. Foucault, *Genealogía del racismo*, 201.

45. Sobre la relación entre las reformas neoliberales y la represión en Chile véase Ferreira, "*El botón de nácar…*", 297-98.

46. Irene Depetris Chauvin, "Memorias en el presente: afectos y espectralidad en imaginarios acuáticos contemporáneos", *Aniki. Revista Portuguesa da Imagem em Movimiento* 4, n.º 1 (2017): 170-90.

Obras citadas

Agamben, Giorgio. *Homo Sacer. El poder soberano y la vida nuda*. Traducido por Antonio Gimeno Cuspinera. Valencia: Pre-Textos, 1999.

———. *Lo que queda de Auschwitz. El archivo y el testigo. Homo Sacer III*. Traducido por Antonio Gimeno Cuspinera. Valencia: Pre-Textos, 2005.

Arguedas, Alcides. *Pueblo enfermo*. La Paz: Editorial América, 1996.

Belgrano Rawson, Eduardo. *Fuegia*. Buenos Aires: Sudamericana, 1997.

Beverley, John. *Testimonio: On the Politics of Truth*. Minneapolis: U of Minnesota P, 2004.

Butler, Judith. *Marcos de guerra: las vidas lloradas*. Traducido por Bernardo Moreno Carrillo. Barcelona: Paidos, 2017.

Cid Rodríguez, Gabriel y Jacinta Vergara Brunet. "Representando 'la copia feliz del Edén'. Rugendas: paisaje e identidad nacional en Chile, siglo XIX". *Revista de historia social y de las mentalidades* 15, n.º 2 (2011): 109-35.

Darwin, Charles. *Darwin en Chile. Viaje de un naturalista alrededor del mundo (1832-1835)*. Santiago: Editorial Universitaria, 2005.

Depetris Chauvin, Irene. "Memorias en el presente: afectos y espectralidad en imaginarios acuáticos contemporáneos". *Aniki. Revista Portuguesa da Imagem em Movimiento* 4, n.º 1 (2017): 170-90.

Eltit, Diamela. *El padre mío*. Santiago: Francisco Zegers Editor, 1989.

Esposito, Roberto. *El dispositivo de la persona*. Traducido por Heber Cardoso. Buenos Aires: Amorrortu, 2011.

Fernández Bravo, Álvaro. *Literatura y frontera. Procesos de territorialización en las culturas argentina y chilena en el siglo XIX*. Buenos Aires: Sudamericana, 1999.

Ferreira, Moises Carlos. "*El botón de nácar* e a repressão na América Latina". *Revista Digital de Cinema Documéntario* 22 (2017): 295-305.

Foucault, Michel. *Genealogía del racismo*. Traducido por Alfredo Tzveibel. Buenos Aires: Editorial Altamira, 1996.

———. *Historia de la sexualidad 1. La voluntad del saber*. Traducido por Ulises Guiñazu. México: Siglo XXI, 1984.

———. *El nacimiento de la biopolítica*. Traducido por Horacio Pons. Buenos Aires: Fondo de Cultura Económica, 2007.

Garabano, Sandra. "Una herencia monstruosa: mestizaje y modernización en Chile". *Revista Iberoamericana* 75, n.º 227 (abril-junio 2009): 349-62.

Giorgi, Gabriel. *Formas comunes: animalidad, cultura y biopolítica*. Buenos Aires: Eterna Cadencia, 2014.

Gobineau, Arthur de. *Ensayo sobre la desigualdad de las razas humanas*. Traducido por Francisco Susanne. Barcelona: Apolo, 1937.

Gómez-Barris, Magdalena. *The Extractive Zone. Social Ecologies and Decolonial Perspectives*. Durham: Duke UP, 2017.

Henríquez, Camilo. "Descendemos de los conquistadores pero no somos cómplices de la violencia". *La aurora de Chile*. 18 de junio de 1812.

Hollweg, Brenda. "A Questioning Situation: Patricio Guzmán's Cine-Essayistic Explorations of Fragile Planetary Configurations". *New Cinemas* 15, n.º 1 (2017): 13-32.

Iparraguirre, Sylvia. *La Tierra del Fuego*. Buenos Aires: Taurus, 1998.

Latour, Bruno. *Politics of Nature. How to Bring Sciences into Democracy*. Traducido por Catherine Porter. Cambridge: Harvard UP, 2004.

Lefebvre, Martin. "Between Setting and the Landscape". En *Landscape and Film*. Edición de Martin Lefebvre, 22-40. London: Routledge, 2006.

Lem, Vanessa y Miguel Vatter. *The Government of Life. Foucault, Biopolitics and Neoliberalism*. New York: Fordham UP, 2014.

Ludmer, Josefina. *Aquí América Latina. Una especulación*. Buenos Aires: Eterna Cadencia, 2010.

Mbembe, Achille. *Crítica de la razón negra*. Traducido por Enrique Schmuckler. Barcelona: Futuro Anterior, 2016.

Mistral, Gabriela. "Contadores de Patria". En *Chile o una loca geografía*. Edición de Benjamín Subercaseaux, 15-17. Santiago: Editorial Universitaria, 2005.

Moulian, Tomás. *Chile actual, anatomía de un mito*. Santiago: Lom, 1997.

Nouzeilles, Gabriela. "El retorno de lo primitivo: aventura y masculinidad". En *La naturaleza en disputa. Retóricas del cuerpo y el paisaje en América Latina*. Edición de Gabriela Nouzeilles, 163-86. Buenos Aires: Paidos, 2002.

Palacios, José Miguel. "Paisaje, cine y memoria en *Nostalgia de la luz* y *Botón de nácar* de Patricio Guzmán". https://www.coleccioncisneros.org/es/editorial/statements/paisaje-cine-memoria-nostalgia-de-la-luz-y-el-bot%C3%B3n-de-n%C3%A1car-de-patricio-guzm%C3%A1n.

Palacios, Nicolás. *Raza chilena. Libro escrito por un chileno y para los chilenos*. Santiago: Editorial Chilena, 1918.

Pratt, Mary Louise. *Imperial Eyes: Literature and Transculturation*. London: Routledge, 2010.

Prieto, Adolfo. *Los viajeros ingleses y la emergencia de la literatura argentina: 1820-1850*. Buenos Aires: Fondo de Cultura Económica, 2006.

Servelli, Martín. "¿Literatura de frontera? Notas para una crítica". *Iberoamericana* 10, n.°39 (2010): 31-52.

Subercaseaux, Benjamín. *Chile o una loca geografía*. Santiago: Editorial Universitaria, 2005.

———. *Jemmy Button*. Santiago: Ediciones Ercilla, 1954.

Torrano, Andrea. "La máquina teratológica en el *Facundo* de Sarmiento. Una lectura biopolítica de la literatura argentina". *Amerika. Mémoirs, identités, territoires* 11 (2014). https://journals.openedition.org/amerika/5642.

Vezzetti, Hugo. *Pasado y presente: guerra, dictadura y sociedad en Argentina*. Buenos Aires: Siglo XXI, 2002.

Vicuña Mackenna, Benjamín. "La Conquista de Arauco. Discurso pronunciado en la cámara de diputados en su sesión del 10 de agosto de 1868". *El ferrocarril*. Agosto de 1868.

Viñas, David. *Indios, ejército y frontera*. Buenos Aires: Santiago Arcos, 2003.

Zarini, María Emilia. "Constelaciones de la memoria: sobre *Nostalgia de la luz* (2010) y *El botón de nácar* (2015) de Patricio Guzmán". *Tempo e Argumento* 9, n.° 29 (2017): 74-93.

Parte IV
Tropos y géneros

El hambre nueva:
Puerto Rico en el capitalismo tardío

Persephone Braham
UNIVERSITY OF DELAWARE

Desventurado, pobre y flaco ha sido siempre nuestro pueblo; operamos en diminutivo.¹

EN *Ánima Sola: Hambre* (2003), novela gráfica del escritor puertorriqueño Pedro Cabiya ilustrada por Israel González, el espíritu popular del título sale del Purgatorio para combatir al Voras Carnífize, un monstruoso parásito que, conforme a su nombre, devora violentamente todo lo destinado a alimentar a sus víctimas, condenándolas a una larga y dolorosa muerte por inanición. Desesperadas, las víctimas invocan al Ánima Sola para combatir el mal. El Ánima Sola y el Voras Carnífize libran una tremenda batalla en las calles de Santurce, batalla que se da no solo entre espíritu y carne, sino entre dos avatares de una misma potencia, el hambre.

El hambre figurada en el Voras y Ánima Sola registra la condición atópica de una isla que, siendo un "territorio libre asociado" no se encuentra libre ni realmente asociada. Aunque son ciudadanos de una poderosa democracia, los puertorriqueños quedan excluidos de sus privilegios esenciales y empeñados en su voraz persecución de la felicidad. El hambre metafórica y carnal acecha la isla de Puerto Rico desde el primer contacto con los europeos; en nuestra época, la isla es una víctima trágica y visible, entre muchas, de un capitalismo depredador de vidas y albedríos. Es el propósito de este ensayo trazar el hambre vital, espiritual y económica en un conjunto de discursos de distintas épocas puertorriqueñas desde la colonia española hasta la atopía estadounidense. Todos estos discursos presentan el hambre en forma de un monstruo: ahora persecución, ahora pecado. En estos textos la monstruosidad figura los matices de un vacío —la merma, la carestía, la abulia y la necesidad— con raíces en la biopolítica insular.

Puerto Rico es una realización histórica y material de la biopolítica de acuerdo al concepto elaborado por Michel Foucault:

> [e]l control de la sociedad sobre los individuos no sólo se efectúa mediante la conciencia o por la ideología, sino también en el cuerpo y con el cuerpo. Para la sociedad capitalista es lo bio-político lo que importa ante todo, lo biológico, lo somático, lo corporal. El cuerpo es una entidad biopolítica, la medicina es una estrategia biopolítica.[2]

Para Foucault, un Estado capitalista busca administrar la vida humana al nivel individual y colectivo con el fin de "optimizarla". Esto significa el manejo de la natalidad, la mortalidad, la enfermedad y la salud según las prioridades del momento, ya sean económicas, éticas o sociales. De este modo, el cuerpo humano se convierte en un objeto de valor económico y político. Se trata en el caso caribeño de fenómenos colectivos, masivos, no solo de discursos médicos e institucionales, sino de holocausto para la población indígena y diáspora para los africanos traídos para sustituirlos.[3] En la colonización del Caribe ambos grupos son reducidos a una función económica que los priva de soberanía biológica. Al mismo tiempo, en el pensamiento puertorriqueño el concepto del pueblo-organismo también se acerca a la teoría original de la biopolítica propuesta por Rudolf Kjellén en 1905. El teórico sueco concibe la nación como un organismo vivo que expresa la identidad étnica (orgánica) de sus ciudadanos; más allá de un contrato social, es un sujeto auténtico y eterno que precede la política.[4] La metáfora del Estado-organismo ha tenido importantes repercusiones dada la persistencia del determinismo ambiental en la filosofía social de América Latina, especialmente en lo concerniente a lo tropical. En la época colonial, los españoles consideraban a los criollos "débiles e incapaces de razón".[5] Pensadores latinoamericanos fundamentales como el argentino Domingo Faustino Sarmiento atribuían a la topografía argentina —de la cual formaban parte "los bultos siniestros de la horda salvaje"— el salvajismo de su vida política.[6] El gran sociólogo puertorriqueño Eugenio María de Hostos (1839–1903) también veía la sociedad como extensión de la naturaleza:

> el fundamento de los deberes que la moral impone está en el conocimiento de las relaciones que ligan al hombre con la naturaleza general ó con algunos

de los aspectos particulares de la naturaleza. Y como la sociedad es un aspecto particular de la naturaleza, el conocimiento de los deberes sociales se funda en el conocimiento de las relaciones del individuo con la sociedad.[7]

De esta manera, la moral del individuo emana de su circunstancia ambiental. En el caso de Puerto Rico, el calor tropical será la causa de la supuesta indolencia de los isleños, la relativa pequeñez de la isla entre las Antillas mayores se convertirá en el discurso de la insuficiencia, y su historia colonial impulsará el hambre por la autodeterminación.

Por último, Puerto Rico ha sido el objeto de varios proyectos explícitamente biopolíticos, desde la política inmigratoria del siglo XIX hasta los ejercicios eugénicos y económicos de los siglos XX y XXI. Ante el positivismo científico de los siglos XIX y XX, las antiguas preocupaciones por la limpieza de sangre encontraron no solo su justificación biológica, sino una arquitectura jurídica, disciplinaria e institucional, y con la invasión estadounidense la economía de la isla se desarrolla en función de una agenda eugenésica. Actualmente la isla está en la vanguardia de la gran investigación planetaria sobre los efectos del cambio climático, con una pérdida de un seis por ciento de sus habitantes a raíz del Huracán María en 2017.[8]

Etiología del hambre insular

Para algunos intérpretes, Puerto Rico —como espacio, concepto y pueblo— siempre ha padecido del "apocamiento". Escribe Antonio S. Pedreira (1898–1939) que el mismo nombre de la isla es un engaño: "[e]l nombre de Puerto Rico fue nuestra primera lección de retórica al borde de la pila bautismal".[9] En un principio, el hambre insular se desprende de una ausencia. En el histórico viaje de 1492, Cristóbal Colón no encuentra al Gran Khan ni al emperador de Cipango; no encuentra sedas ni especias; tampoco encuentra las razas monstruosas que según las autoridades vigilan los caminos al Oriente. De esta decepción sale la inspiración: en su primer comunicado al secretario de los Reyes Católicos, el Almirante dice tener noticias de una isla Quaris (Carib), donde viven hombres que comen carne humana.[10] Estos viven al lado de la isla de Matinino, a su vez morada de mujeres guerreras. Acuñando el vocablo *caniba* (de la putativa tribu del Gran Khan o Gran Can), Colón acopla retóricamente al pueblo "caribeño" con una imaginaria comunidad antropófaga, vecina de amazonas.

La carta de Colón es ampliamente difundida en toda Europa.[11] En los próximos años las voces *caribe*, *caribeño* y *caníbal* se canjean en los comentarios del Dr. Diego Álvarez Chanca (1493), fray Ramón Pané (1498), Américo Vespucio (1503), Pedro Mártir de Anglería (1504) y muchos más.[12] La más reiterada y consistente alegoría gráfica de América es la de una mujer caníbal con arco y flechas de amazona.[13] De este modo, el hambre europea —por el oro, por la grandeza, por el señorío— se encubre en el "hambre" impía y bestial (y por las amazonas, implícitamente femenina y sexual) imputada a los habitantes de las islas caribeñas. El libelo de sangre justificará el despojo del Caribe hasta nuestros días.

Cabe señalar, también, que el Caribe sufre en el siglo XV una catástrofe demográfica ante el aparato político, económico e institucional del mercantilismo. El sistema de flota que trae riquezas a Europa se alimenta de cuerpos caribeños hasta que se agotan. Antonio Benítez-Rojo describe esta "máquina" voraz:

> [l]a máquina que Cristóbal Colón armó a martillazos en La Española era una suerte de *bricolage*, algo así como un *vacuum cleaner* medieval. El plácido flujo de la naturaleza isleña fue interrumpido por la succión de su boca de fierro para ser redistribuido por la tubería trasatlántica y depositado en España.[14]

El caso de Puerto Rico no es tan dramático, pero es igualmente determinante. Vicente Yáñez Pinzón (c. 1462–1514) solicita el puesto de corregidor de la más pequeña isla de Borinquén, pero nunca llega a establecerse en la isla. A partir de 1508 la política del primer gobernador Juan Ponce de León (1474–1521) reduce tan radicalmente la población indígena que los encomenderos se ven obligados a traer indios de otras islas, tales como las Antillas menores e incluso de Tierra Firme y México.[15] Para 1531 los españoles mismos escasean. Como máxima expresión del biopoder —el sometimiento de cuerpos humanos para fines de lucro— más de diez millones de africanos esclavizados serán trasplantados de un hemisferio a otro, transfigurando de nuevo la biosfera humana del Caribe. La máquina mercantilista que consume como aspiradora al indígena será sustituida en el Caribe por la máquina de la plantación, alimentada a su vez por cuerpos africanos. Cuando el gobernador Francisco Manuel de Lando (1530–1536) realiza el primer censo de Puerto Rico, se encuentran tan solo 3.058 habitantes: 387 españoles, 1.148 indios y 1.523 esclavos negros.[16] Según fray Iñigo Abbad y Lasierra (1745–1813), ya en 1783 la mayor parte de la población de la isla es mulata.[17] A partir del 1808, se elimina la categoría "indígena" del censo.[18]

En Puerto Rico, a la escasez demográfica se le suma una retórica de escasez moral. En la primera historia oficial de la isla, fray Iñigo Abbad enumera como resultado de la mezcla racial las características esenciales del puertorriqueño —indolencia, inconstancia y abatimiento—:

> [d]e esta variedad y mezcla de gentes resulta un carácter equívoco y difícil de explicar; pero á todos convienen algunas circunstancias que podemos considerar como características de los habitantes de Puerto-Rico: el calor del clima los hace indolentes y desidiosos; la fertilidad del país que les facilita los medios de alimentarse los hace desinteresados y hospitalarios con los forasteros; la soledad en que viven en sus casas de campo los acostumbra al silencio y cavilación; la organización delicada de su cuerpo auxilia la viveza de su imaginación que los arrebata á los extremos; la misma delicadeza de órganos que los hace tímidos, los hace mirar con desprecio todos los peligros y aun la misma muerte; las diferentes clases que hay entre ellos infunden vanidad y orgullo en unos, abatimiento y emulación en otros.[19]

De esta manera, y desde muy temprano, se le adscribe al carácter puertorriqueño la idea de la insuficiencia materializada en la falta de ánimo, la ausencia de voluntad, la escasez de sociabilidad y la carencia de orientación.

Sin embargo, el pesimismo no es la nota dominante del siglo XIX. Frente al movimiento independentista del continente, los intelectuales caribeños del siglo XIX buscan modelos autóctonos de identidad y rebeldía. Los héroes indígenas como Agüeybaná el Bravo, el cacique taíno que encabezara la rebelión contra Ponce de León en 1511, sirven como ejemplo retórico del derecho territorial y de la resistencia, a la vez que su temprana extinción comprende un hueco biológico e identitario. Por su parte, la reivindicación romántico-nacionalista de lo taíno en el imaginario decimonónico evoca una nostalgia colectiva por un pasado inconcreto. El taíno rebelde presenta un precursor postizo para el criollo independentista, pero esta prestidigitación, y el escamoteo del elemento africano a favor de un anhelo taíno, ocasiona continuos socavones en la formación de una identidad nacional.[20]

La enunciación de la identidad nacional en base al jíbaro —el criollo aindiado— se plasma en la más conocida obra de la época, *El Gíbaro* (1849), de Manuel Alonso (1822–1889).[21] Sin embargo, en vista de los datos demográficos mencionados, el jíbaro viene a ser una violencia histórica que suprime lo africano a favor del indio ya borrado. Como se sabe, Alonso adopta las jergas y costumbres del campesino para desarrollar la agenda de una élite liberal, valiéndose de la rusticidad en pro de la autoctonía.[22] La resultante imagen es mucho más blanca, próspera y culta que el original. El historiador Salvador Brau (1842–1912) condena la indolencia del jíbaro y la élite por igual, citando "las influencias del mundo físico sobre la economía moral" como causa del mal.[23] Para los liberales de la época, el jíbaro viene a ser "la figura simbólica de un criollismo patriota".[24] El arquetipo esquivo e inconsecuente se arraiga en la tierra por derecho natural (del indígena), en contraste con el cosmopolita invasor europeo. El concepto de la mezcla racial y el clima tropical como elementos determinantes del carácter puertorriqueño tendrá igual persistencia en la imagen literaria de la isla, como se ve en *La charca* (1894), novela de Manuel Zeno Gandía.[25]

La anhelada autonomía puertorriqueña, apenas conseguida de España a principios del 1898, se esfuma en la invasión de los Estados Unidos. Como pan quemado en la puerta del horno, el hito produce en los patriotas isleños una abulia colectiva, a pesar de sus incesantes actividades en pro de la integridad política. El sentimiento de desarraigo es palpable: el poeta y fundador del Partido Autonomista, Luis Muñoz Rivera (1859–1916), describe una "isla náufraga" navegando "proa a la playa con incendio abordo".[26] El historiador Mariano Abril (1861–1935) la ve "desquiciada"; Rosendo Matienzo Cintrón (1855–1913) caracteriza la isla como un conjunto de organismos sin alma.[27] El mismo Hostos advierte el desánimo:

> [a] fuerza de enviciados por el coloniaje, ni aun los hombres más cultos de Puerto Rico (y son muchos más de los que el patriotismo tenía el derecho de esperar después de una dominación tan desastrosa como la española), se deciden a tener iniciativa para nada, ni a contar por completo consigo mismos, ni a dejar de esperarlo todo de los representantes del poder.[28]

En el siglo XX proliferan retratos de insuficiencia, desgano y ambigüedad al margen de una ciudadanía anhelada. Antonio S. Pedreira volverá en *Insularismo* (1934) a la metáfora de una isla a la deriva, "transeúnte [...] buscando rumbo" entre la historia hispana y el presente anglosajón. Según Pedreira, "nos faltó la base autóctona".[29] La esquivez, la ambivalencia, la duplicidad son elementos de un carácter que carece de definición, integridad, resolución, y entrega. De modo análogo, la "fusión" racial siembra la "con-fusión" política e identitaria. Desde esta perspectiva, Puerto Rico vive un perpetuo merodeo no solo expresivo, sino fundamental.

Como Salvador Brau, Pedreira concibe a Puerto Rico dentro del marco del determinismo ambiental. La isla "pobre" y "reducida" padece un conjunto de males topográficos, demográficos, climáticos, geográficos y naturales que, para Pedreira, destruyen la voluntad humana o manifiestan la falta de la misma. Una sensibilidad biopolítica permea el texto. Como Hostos, Pedreira concibe la sociedad como extensión de la naturaleza; como Sarmiento, atribuye la moral (o falta de la misma) a las particularidades geográficas de la isla. Comparte con los yanquis una óptica "optimizante" ante las cuestiones demográficas. Al yuxtaponer el hambre espiritual o moral de la autodeterminación con el hambre de una población privada de su conuco, Pedreira evoca un destierro vital.

Buscando "dar sentido biológico y político a nuestros modos", Pedreira enumera los efectos que tiene el ambiente en el alma isleña: "vivimos en perpetuo acecho de cataclismos geográficos inevitables"; mientras tanto, "el clima nos derrite la voluntad".[30] Brau había advertido sobre la superioridad numérica de las mujeres en la isla, su "fecundidad notoria", y el "constante incremento" de la población en un territorio reducido.[31] Pedreira introduce la idea del "apocamiento geológico" y lamenta que Puerto Rico es "entre las Grandes, la menor de las Antillas".[32] Recalca la ausencia de minerales y la sustitución de árboles recios, "machos" por otros, "femeninos" y ornamentales.[33] A la isla le faltan extremos "épicos" de temperatura, grandes altitudes, desiertos, serpientes venenosas y fieras bestias; sin estos no puede haber grandes sentimientos, protagonismo, ni invención. Pequeñez, debilidad, carencia, falta, añoranza, mengua, sed, anhelo, pobreza, indigencia y angustia son los términos del apocamiento.

Pedreira no deja de señalar las depredaciones de la agricultura industrial yanqui sobre la tierra y el "subsuelo espiritual" de Puerto Rico: "la tierra se nos va de las manos sin sentirla y los bosques han desaparecido a golpe de hacha, dejando llanuras y colinas huérfanas de árboles en una inmisericorde despoblación". Las tecnologías de comunicación y trasporte "anulan" distancias; las centrales azucareras "invaden", "acortan" y "aprietan" espacios.[34] La presión económica no solo engulle la tierra, sino, por su imbricación con el arquetipo y carácter puertorriqueño, al pueblo mismo. Termina el capítulo con esta triste reflexión e interrogante:

[l]a tierra, ayer no más, nos caía por el corazón en el regazo de la cultura; hoy se nos cae de las manos en los vaivenes de la compraventa alterando su patriótico sentido por uno exclusivamente económico [...] La tierra, pues, se encuentra en este apenado proceso de transacción, que es como decir de transición histórico-económica. ¿A dónde va la tierra? Nadie podrá decirlo en tanto no se sepa qué pueblo ha de decir la última palabra.[35]

Las críticas, eminentemente válidas, en base al racismo, elitismo, o la burguesía detrás de sus argumentos, no reducen su valor sintético.[36] Como asevera Eduardo Béjar: "[d]esde el año de su publicación hasta la fecha actual el análisis de Pedreira ha llegado a constituir un punto tradicional de referencia en todo planteamiento de la problemática borinqueña, y [...] se mantiene vigente en el subconsciente colectivo nacional".[37] La evidente deferencia que Pedreira guardaba con respecto a los discursos seudocientíficos del determinismo biológico y ambiental tampoco impide su perspicaz interpretación del proceso transaccional que, bajo los conceptos de progreso, planificación, modernización, nivel de vida, y desarrollo, está consumiendo la isla.

El concepto del apocamiento tiene un siniestro contrapunto: el de la insuficiencia de la tierra para sostener la "inquietante superpoblación".[38] No es de sorprender que, al lado de la seudociencia determinista, Pedreira reproduzca los argumentos del US Eugenics Record Office (1910-1939), cuya misión era la mejora de "la raza" mediante la eliminación de elementos genéticos que se juzgaran indeseables. A partir de la ocupación estadounidense, Puerto Rico será incluida o excluida del concepto nacional de los yanquis de acuerdo a su utilidad como ejemplar de los beneficios del desarrollo capitalista y, cómo no, proveedor de recursos humanos para los proyectos eugénicos y militares. La ley de ciudadanía estadounidense cínicamente otorgada a los puertorriqueños en 1917 introduce las semillas de una crisis financiera al instaurar la emisión de bonos exentos de impuestos y anticipar, en apenas tres meses, la ley de servicio militar.[39] La Eugenics Office fue cerrada ante el oprobio público en 1939, pero su misión siguió viva en Puerto Rico. El gobierno estadounidense había manifestado desde el principio su preocupación por la fecundidad de las mujeres pobres y de color, mientras los nacionalistas denunciaban esta política como genocidio.[40] El movimiento eugenésico llevaría a la infame Ley 116 promulgada en mayo de 1937, que legalizaba la esterilización de la mujer en Puerto Rico.[41]

Pedreira parece reconocer la comodificación de la tierra, sin advertir que la eugenesia es el mismo proceso aplicado al pueblo. De este cálculo —tierra insuficiente/población excesiva— se avala la biopolítica neocolonial. Dentro del paradigma de comodificación demográfica se defiende una gama de prácticas destinadas a suscitar, retóricamente, más problemas; estos a su vez exigen nuevas intervenciones. La misión estadounidense en Puerto Rico se nutre de la averiguación científica de diferencias —inferioridades, necesidades, y carencias— que autorizan intervenciones a la vez que ponen en tela de juicio la capacidad del pueblo para integrarse a la esforzada nación estadounidense.[42]

La campaña para controlar la sexualidad femenina y la natalidad en Puerto Rico viene a ser uno de los más notorios ejercicios biopolíticos en la historia de los Estados Unidos. Como observa Briggs: "la demografía poblacional resaltaba diferencias de clase social, raza, y geografía en el contexto de la reproducción", estableciendo la procreación como índice económico del hambre y el subdesarrollo.[43] Desde esta óptica la pobreza y el hambre emanan de un alto índice de natalidad, no de la desigualdad económica. Por su parte, una alta tasa de natalidad señala la ignorancia e incluso una incapacidad para la autodeterminación. Como resultado de su estatus neocolonial, la isla sirvió como laboratorio para esta política. El gobernador de la isla Rexford G. Tugwell (1941–1946) se ufanaba de que Puerto Rico era un "laboratorio social" para científicos estadounidenses.[44] De acuerdo con la proposición que la superpoblación impedía el desarrollo, las mujeres pobres, obreras, y de color sirvieron de materia prima. Para mediados del siglo XX, un tercio de las mujeres en edad reproductiva había sufrido la esterilización quirúrgica o "la Operación", a veces sin la oportunidad de consentir.[45] Estudios recientes destacan las imbricaciones entre esta campaña y la política del desarrollo que facilitaba los grandes préstamos desarrollistas a los países latinoamericanos del siglo XX.[46]

El biopoder, por consiguiente, se manifiesta de modo flagrante en el desarrollo de la industria farmacéutica en Puerto Rico, y particularmente en las pruebas que se hicieron sobre la población femenina. En las décadas cuarenta y cincuenta, la anticoncepción estaba prohibida en muchas partes de los Estados Unidos. Las compañías farmacéuticas se aprovecharon del clima desarrollista de la isla (y la falta de prohibiciones) para efectuar numerosos estudios de productos anticonceptivos. Entre 1955 y 1964, se llevó a cabo una serie de pruebas de una píldora anticonceptiva, patrocinada por la compañía G.D. Searle & Co., y realizada por investigadores estadounidenses con el apoyo de profesionales puertorriqueños. Casi 1.500 mujeres de barrios marginados en Puerto Rico, y en un caso, estudiantes de medicina, participaron sin ser informadas de que era una prueba experimental; tampoco recibieron avisos sobre los efectos adversos.[47]

Entre 1947 y 1964 el programa Operación Manos a la Obra transformó Puerto Rico en una gran fábrica de objetos de consumo para el mercado estadounidense. Se borran así la actividad agrícola, los trabajos y la tierra que sustentaran la población rural, y se engendran nuevas necesidades para el pueblo urbano: coches, televisores, alimentos importados del continente.[48] La industria farmacéutica protagonizó, además, una segunda ola de industrialización que tuvo lugar en Puerto Rico en la década del setenta, cuando el gobierno federal estableció un sistema de exenciones tributarias para empresas americanas en la isla (pero no *de* ella: los negocios puertorriqueños no quedaban exentos). Cuando las subvenciones fueron eliminadas entre 1996 y 2006 estas empresas abandonaron la isla, librando la crisis actual.[49]

Como señala Víctor Villanueva, la retórica de la escasez que justifica el desarrollo también autoriza el "capitalismo del desastre" en el que EE. UU. impone "reformas" neoliberales en nombre de la auto-determinación.[50] Aunque la fiebre desarrollista gozaba del apoyo de varias élites económicas e incluso progresistas de la isla, el resultado fue la destrucción económica y social de Puerto Rico. Semejante a la máquina-aspiradora que saqueó las islas caribeñas en el siglo XV, el desarrollismo capitalista consume cosas de valor —vidas, comunidades, albedríos, tierra, recursos naturales— y deja solo heces: escombros, contaminación, apagones y hambre.

El hambre futurista es ahora

La obra del autor puertorriqueño Pedro Cabiya ilumina el fenómeno que May Joseph denomina la "lógica antropofágica de la modernidad"; es decir, el algoritmo económico e ideológico que convierte cuerpos y paisajes en dinero.[51] Muchos de sus protagonistas son monstruos —fantasmas, zombis, gólems, vampiros, extraterrestres, y ciborgs— que encarnan la radical abyección del colonialismo. Cabiya es un autor sumamente literario cuyo arte se apropia de los géneros de consumo masivo en el mundo occidental: el horror gótico, la novela romántica, la ciencia ficción y la novela negra. Estos géneros no suelen figurar en los cánones literarios; tienen fama de ser extranjerizantes y pedestres. Sin embargo, todos representan hitos en el capitalismo y la colonización: los géneros gótico y romántico nacen con la colonización europea del Sur Global en los siglos XVIII y XIX; la ciencia ficción con el auge de los grandes imperios en vísperas de la Primera Guerra Mundial; y el género negro en la corrupción del Estado capitalista de posguerra. El gótico y la ciencia ficción, en particular, interrogan la humanidad del otro racial (o planetario) y las fronteras entre civilización y barbarie.

Al arrogarse estos géneros, Cabiya ejerce una política contra-colonial: en *La cabeza* (2005) el doctor Frankenstein se convierte en dentista frustrado y el Monstruo —representación del otro racial— en una esposa cursi; en *Malas hierbas* (2005) la sempiterna doncella gótica se presenta en forma de un científico zombi; y *María V* (2011) (de la novela de Jorge Isaacs, 1867) resulta ser vampiro.[52] Al readaptar estos modelos internacionales, Cabiya rebate la ideología que los generó: el subalterno despliega su propio espacio de articulación para comentar la insuficiencia de las narrativas hegemónicas. Por otro lado, Cabiya parece prescindir de las preocupaciones intelectuales sobre la autodefinición para enfocarse en las fuerzas exteriores —globalización, mercado, cultura popular y técnica— que realmente intervienen en la realidad del Caribe. Tampoco se acata a jerarquías tradicionales: en vez de difundir su obra a través de las editoriales poderosas, crea su propia casa.

En la novela gráfica *Ánima Sola: Hambre* (2003), el espíritu popular aparece como superhéroe en Santurce (un barrio de San Juan). Según la tradición popular, este espíritu es una figura de sufrimiento, representada principalmente en forma de una mujer encadenada entre las llamas de un calabozo del Purgatorio; esta imagen se reproduce como frontispicio de la novela de Cabiya. Históricamente, las mujeres abandonadas evocan al Ánima Sola para vengarse del amante o recuperar un amor.[53] En la cultura popular actual, el Ánima Sola puede interceder para liberar a los difuntos pecadores, pero igualmente puede atormentar a una persona mala, o amansar y dominar a una pareja. Como personaje literario, sin embargo, no tiene gran presencia y es difícil imaginarla como superhéroe (o heroína).

Ánima Sola: Hambre alude a géneros de consumo masivo en el mercado global: los cómics estadounidenses, el *animé* y el cine *kaiju* japonés (cine de género con monstruos gigantescos), y los videojuegos. Los dibujos de Israel González (con colores y efectos especiales por Yovanni Ramírez) representan al Ánima Sola desnuda con algunas llamas más o menos estratégicas. En términos iconográficos el Ánima Sola recuerda la Wonder Woman clásica, con las amplificaciones hiper-femeninas propias del estilo *animé*. En vez del lazo y brazaletes de Wonder Woman (y otras amazonas), el Ánima Sola lleva gruesas cadenas con las esposas como pulseras. Su carácter es recio, su manera cínica y soez. Su antagonista, el Voras Carnífize (resplandor de la ortografía popular), es un monstruo hiperdentado con rasgos de babosa, sanguijuela, y serpiente marina. *Il Carnefice*, tocayo del Voras, es un templario que sirve de verdugo al personaje Césare Borgia en el videojuego *Assassins Creed*. El Voras de la novela ha escapado de su tarea eterna de limpiar las tripas de Gamera, una gran tortuga famosa en el *animé* japonés.[54]

Estos géneros y arquetipos internacionales acuden a un escenario muy puertorriqueño. Fuerzas Ignotas (el gobierno celeste-infernal, espejo del gobierno terreno-infernal) ha decidido que el Ánima Sola se puede redimir si ayuda a los buenos y castiga a los malos del barrio de Santurce, donde ella murió. El Voras se ha instalado en el hogar de una pobre familia puertorriqueña, donde se entretiene despojando la mesa en el momento de la bendición. Durante el día se mofa de la "feliz rutina diaria" de la familia desde su guarida detrás del sofá. Las Fuerzas Ignotas del Trasmundo evocan los caprichos de una burocracia de Ultramar. Más allá del suplicio doméstico, el aspecto famélico de la familia provoca la persecución de una burocracia social que, husmeando el desamparo y la debilidad, trueca el sufrimiento en afrenta. Despiden al papá de su trabajo. Las maestras de escuela inculcan subalternidad y racismo. Cuando llegan los niños a la escuela amenazan con llamar a los servicios sociales: "[m]ira, esos son los que no comen, parecen como de África [...] Hasta aquí de excusas y mentiras".[55] La explotación se justifica convirtiendo la pobreza en un fallo moral. El Voras hace eco de las instituciones paternalistas advirtiendo con frecuencia a la mamá, "no olvides que todo lo que hago, lo hago por tu bien y el de los tuyos" y exhorta a la familia a cenar las heces que deja en los platos, como él hiciera para Gamera.[56] En el bar donde acude el papá para buscar al Ánima Sola, la clientela refleja el sufrimiento de las ánimas olvidadas: invocan a los loas afrocaribeños y discuten en spanglish sobre el hambre, el aborto, los adulterios, el cáncer y la falta de seguro médico.

Al final de la novela, el Ánima Sola vence al íncubo infernal y lo devuelve a su puesto en la tripa de Gamera. Le explica al papá que el error del Voras ha sido reconocer exactamente lo que era y dónde estaba, y tratar de evadir su destino haciendo que los otros comieran sus heces "como todo un dios".[57] El libre albedrío es una ilusión, dice el Ánima, ya que todo está calculado y todos, ángeles, demonios, y seres humanos son hechos para realizar un destino predeterminado. En la doctrina católica, el Purgatorio es un espacio liminal entre pasado y futuro, muerte y resurrección, y pecado y absolución. Las almas del Purgatorio han recibido perdón por sus pecados en vida pero todavía requieren una purificación final para acceder al Cielo. Se entiende que estas almas eventualmente llegarán a la gloria, pero tienen que sufrir las llamas mientras esperan. Puerto Rico guarda cierto parecido con este Purgatorio, siendo un espacio liminal entre pasado y presente, América Latina y los Estados Unidos, soberanía e incorporación. Las ánimas puertorriqueñas son los presos de deudas pendientes, tienen manchas para expiar antes de ser admitidas a la plena ciudadanía, no saben cuánto va a durar la penitencia ni los términos de su resolución.

Huracán

Las crisis que afligen históricamente al pueblo se desbordan en el huracán María del 2017. La carestía de la isla se ostenta en una deuda de más de $73 mil millones de dólares con los fondos-buitre de Wall Street; los repetidos e inconclusos plebiscitos sobre la cuestión del estatus; el hambre, el desempleo, y un éxodo masivo que empezara muchas décadas antes del último ciclón.[58] Ante un verdadero espectáculo de devastación y necesidad, el presidente de los Estados Unidos emite una serie de tuits sobre la indisciplina de los puertorriqueños. Visitando la isla, regaña a los damnificados por la exigüidad de la catástrofe, la escasez de cadáveres, y la disparidad entre "ustedes" y "nosotros": "[c]ada muerte es un horror, pero si miramos una catástrofe real como Katrina y nos fijamos en los cientos y cientos de personas que murieron y lo que pasó aquí con una tormenta que fue totalmente imponente [...] ¿Cuántos muertos tienen ustedes?" —se preguntó, para contestarse—: "Dieciséis contra miles", citando la cifra oficial de fallecidos en Puerto Rico por el huracán María.[59]

La novela gráfica de Pedro Cabiya expone de modo sencillo esta lógica, que es la lógica del discurso del hambre: robarle comida a un pueblo para entonces inculparle del hambre; demandar que se alimente de heces y amonestarle porque no engorda. El Voras Carnífize encarna esta enormidad, y el Ánima Sola la rabia sobre ella. Como se sabe, aproximadamente 3.000 personas perecieron a causa del huracán.[60] El desastre ha atraído una nueva estirpe de buitres desarrollistas: los llamados cripto-millonarios que buscan crear "una criptoutopía, una nueva ciudad donde el dinero sea virtual y todos los contratos sean abiertos".[61] Ocupan grandes territorios y edificios históricos en San Juan; de esta nueva ola de consumo, tal vez, desemboque un criptoestado.

Notas

1. Antonio S. Pedreira, *Insularismo. Ensayos de interpretación puertorriqueña*, ed. de Angélica Barceló de Bauasorda (San Juan, P.R.: Puerto Rico Edil, 1968), 41, http://archive.org/details/Insularismo.

2. Michel Foucault, *Dits et Écrits (1976-1988)*, vol. II (París: Gallimard, 2001), 210.

3. Franklin Knight, "The African Diaspora in the Americas: The Caribbean Dimension", en *African Diaspora in the Cultures of Latin America, the Caribbean, and the United States*, ed. de Persephone Braham (Newark, DE: U of Delaware P, 2015), 9–28.

4. Thomas Lemke, *Biopolitics: An Advanced Introduction*, trad. Eric Frederick Trump (New York: NYU P, 2011), 10.

5. Escribe el venezolano Arturo Uslar Pietri que "para el peninsular el criollo parecía un español degenerado. Muchas patrañas tuvieron curso. Se decía que les amanecía más pronto el entendimiento, pero que también se les apagaba más pronto. Que era raro el criollo de más de cuarenta años que no chochease". Arturo Uslar Pietri, "Lo criollo en la literatura", en *Nuevo mundo, mundo nuevo*, Fundación Cultural Chacao (Caracas: Biblioteca Ayacucho, 1998), http://www.cervantesvirtual.com/obra-visor/nuevo-mundo-mundo-nuevo--0/html/.

6. Domingo Faustino Sarmiento, *Facundo. Civilización y barbarie* (Buenos Aires: Editorial Losada, 1945), 28.

7. Eugenio María de Hostos, *Moral social* (Madrid: Impr. de Bailly-Bailliere e hijos, 1906), 25, http://archive.org/details/moralsocial00hostgoog.

8. Martín Melgar y Luis Echenique, "Watch the Exodus and Return of Puerto Rico's Hurricane Migrants", *CityLab*, consultado el 28 de julio de 2018, https://www.citylab.com/environment/2018/05/watch-puerto-ricos-hurricane-migration-via-mobile-phone-data/559889/.

9. Pedreira, *Insularismo...*, 98.

10. Cristóbal Colón, *Cristóbal Colón. Textos y documentos completos*, ed. Consuelo Varela (Madrid: Alianza, 1982).

11. Osher Map Library, "The Diffusion of Columbus's Letter through Europe, 1493-1497", consultado el 16 de agosto de 2018, http://www.oshermaps.org/special-map-exhibits/columbus-letter/iv-diffusion-columbuss-letter-through-europe-1493-1497.

12. Dr. Diego Álvarez Chanca, "Letter of Dr. Chanca on the Second Voyage of Columbus", en *The Northmen, Columbus and Cabot, 985–1503: The Voyages of the Northmen; The Voyages of Columbus and of John Cabot*, ed. Julius E. Olson y Edward Gaylord Bourne (New York: Charles Scribner's Sons, 1906), 279–313; Fray Ramón Pané, *Relación de Fray Ramón acerca de las antigüedades de los indios*, ed. de UW-Madison TEI (México: Ediciones Letras de México, 1932), http://digital

.library.wisc.edu/1711.dl/IbrAmerTxt.Spa0006; Amerigo Vespucio y Lorenzo di Pierfrancesco de'Medici, *Alberic[us] Vespucci[us] Laure[n]tio Petri Francisci de Medicis salutem plurima[m] dicit*. (Paris: Felix Baligault and Jehan Lambert, 1503), http://galenet.galegroup.com/servlet/Sabin?af=RN&ae=CY102721605&srchtp =a&ste=14; Pietro Martire d'Anghiera y Edmundo O'Gorman, *Décadas del Nuevo Mundo* (México: J. Porrúa, 1964).

13. Véanse: Américo Vespucio *Mundus Novus* (Augsburg: Johann Froschauer, 1505); Vespucio, *Carta a Soderini* (Strasburg: Johann Grüniger, 1509); Theodore Galle, Philippe Galle y Jan Collaert al modo de Jan Van der Straet, 1580, "Americae Retectio"; Adriaen Collaert, 1588-1589, "América"; Phillipe Galle ca. 1589-1600, "América"; Walter Raleigh, portada de *Brevis & admiranda descriptio Regni Guianae* (Núremberg: Levinus Hulsius, 1599); Cavalier d'Arpino ca. 1603 (attr.), "America", en Cesare Ripa, *Iconologia*; etc.

14. Antonio Benítez Rojo, *La isla que se repite: el Caribe y la perspectiva posmoderna* (Hanover, NH: Ediciones del Norte, 1989), 118.

15. Miguel Rodríguez, "Entradas y cabalgadas: 1511-1513; la segunda o 'postrera' guerra contra los indios taínos de Borinquen", *Boletín del Museo del Hombre Dominicano* 42 (2008): 147–56, 150.

16. Salvador Brau, *Historia de Puerto Rico* (Río Piedras: Editorial Edil, 1983), 53.

17. Fray Iñigo Abbad y Lasierra, *Historia geográfica, civil y natural de la Isla de San Juan Bautista de Puerto Rico* (Puerto Rico: Imp. y Librería de Acosta, 1866), 399.

18. L. Antonio Curet, "The Taíno: Phenomena, Concepts, and Terms", *Ethnohistory* 61, n.º 3 (el 1 de julio de 2014): 467–95, 209, https://doi.org/10.1215/00141801 -2681759. Los numerosos debates sobre la población indígena de Puerto Rico antes y después del contacto apuntan la discordancia sobre su impacto y contribución al carácter nacional. Para un análisis de perspectivas y cálculos, véase a Armando J. Martí Carvajal, "Sobre la población aborigen de Boriquén (Puerto Rico)", *Revista de Indias* 62, n.º 225 (2002): 495–510.

19. Abbad y Lasierra, *Historia geográfica*..., 400.

20. Véase a Curet, "The Taíno...", para un estudio del movimiento neo-taíno, que empieza fuera de la isla, principalmente en Nueva York y Nueva Jersey en la década del ochenta, como una defensa contra el racismo yanqui, y que posteriormente se difunde en Puerto Rico, la República Dominicana y otros pueblos caribeños. Laura Briggs, *Reproducing Empire: Race, Sex, Science, and U.S. Imperialism in Puerto Rico* (Berkeley: U of California P, 2002); Suzanne Oboler, *Latinos and Citizenship: The Dilemma of Belonging* (New York: Palgrave Macmillan, 2006); y Thomas Lemke, *Biopolitics: An Advanced Introduction*, trad. por Eric Frederick Trump (New York: NYU P, 2011) describen el proceso de racialización que sufren los migrantes puertorriqueños en la metrópoli.

21. Manuel A. Alonso, *El Gíbaro: cuadro de costumbres de la isla de Puerto Rico* (Barcelona: D. Juan Oliveres, Impresor de S.M., 1849), http://www.aspresolver.com/aspresolver.asp?CALI;1000003013.

22. Luis Miletti, "Reinterpretando a Arriví y las dinámicas raciales en Puerto Rico", *Afro-Hispanic Review* 31, n.º 1 (2012): 119–32; Francisco A. Scarano, "The 'Jíbaro' Masquerade and the Subaltern Politics of Creole Identity Formulation in Puerto Rico, 1745-1823", *American Historical Review* 101, n.º 5 (dic. 1996): 1398–1431, https://doi-org.udel.idm.oclc.org/10.1086/ahr/101.5.1398.

23. Salvador Brau, *Puerto Rico y su historia; investigaciones críticas* (Valencia: Impr. de F. Vives Mora, 1894), 79, http://archive.org/details/puertoricoysuhis00brau.

24. Gordon K. Lewis, *Main Currents in Caribbean Thought: The Historical Evolution of Caribbean Society in Its Ideological Aspects, 1492-1900* (Baltimore: Johns Hopkins UP, 1987), 270, http://hdl.handle.net/2027/heb.04580.

25. Manuel Zeno Gandía, *La charca* (Río Piedras, P.R.: Instituto de Literatura Puertorriqueña Universidad de Puerto Rico, 1954).

26. Citado en la introducción de Angélica Barceló de Bauasorda en Pedreira, *Insularismo...*, 9, http://archive.org/details/Insularismo.

27. Barceló de Bauasorda en Pedreira, *Insularismo...*, 9.

28. Eugenio María de Hostos, *Madre Isla: campaña política por Puerto Rico, 1898-1903*, vol. V, *Obras completas* (La Habana: Cultural, 1939), http://www.cervantesvirtual.com/obra-visor/madre-isla-campana-politica-por-puerto-rico-1898-1903/html/.

29. Pedreira, *Insularismo...*, 31.

30. Pedreira, *Insularismo...*, 36-37.

31. Brau, *Puerto Rico y su historia...*, 81, 309.

32. Pedreira, *Insularismo...*, 41.

33. Pedreira, *Insularismo...*, 37.

34. Pedreira, *Insularismo...*, 38-39.

35. Pedreira, *Insularismo...*, 40.

36. Juan Flores, *Insularismo e ideología burguesa: nueva lectura de A. S. Pedreira* (Río Piedras, P.R.: Ediciones Huracán, 1979); Carlos Pabón Ortega, "El lenguaje de la diferencia y la nación imaginada", *Op. Cit.* 8 (1994): 7-10, http://dire.upr.edu/handle/11721/1494.

37. Eduardo C. Béjar, "Antonio S. Pedreira en *Insularismo*: figuración trópica triple de Puerto Rico", *Revista de Estudios Hispánicos* 17–18 (1990-1991): 319–28, 319.

38. Pedreira, *Insularismo...*, 39.

39. El Acta Jones-Shafroth, Carta Orgánica de 1917 de Puerto Rico, promulgada el 2 de marzo de 1917; el Acta de Servicio Militar (Selective Service Act) de 1917, el 18 de mayo de 1917.

40. Laura Briggs, *Reproducing Empire: Race, Sex, Science, and U.S. Imperialism in Puerto Rico* (Berkeley: U of California P, 2002).

41. Apenas un mes antes, el gobernador de Puerto Rico, el General Blanton Winship había mandado a la Policía Insular a suprimir una manifestación nacionalista en Ponce, acción que produjo la masacre de 19 civiles.

42. César J. Ayala y Rafael Bernabe, eds., *Puerto Rico in the American Century: A History since 1898* (Chapel Hill, NC: U of North Carolina P, 2007), https://doi.org/10.5149/9780807895535_ ayala.14; Solsiree del Moral, "Colonial Citizens of a Modern Empire: War, Illiteracy, and Physical Education in Puerto Rico, 1917-1930", *NWIG: New West Indian Guide* 87, n.º 1/2 (el 1 de marzo de 2013): 30–61.

43. Briggs, *Reproducing Empire...*, 82.

44. Michael Lapp, "The Rise and Fall of Puerto Rico as a Social Laboratory, 1945-1965", *Social Science History* 19, n.º 2 (1995): 169–99, 170, https://doi.org/10.2307/1171509.

45. Michael Cook, "50 Years on, Puerto Rico Remembers the Pill", *BioEdge*, el 16 de abril de 2004, https://www.bioedge.org/bioethics/50_years_on_puerto_rico_remembers_the_pill/7766; Xavi Burgos Peña, "The Hidden History of Puerto Rican Sterilization", *La Respuesta* (blog), el 1 de febrero de 2016, https://larespuestamedia.com/eugenics-pr/.

46. Briggs, *Reproducing Empire....*

47. Briggs, *Reproducing Empire...*; Cook, "50 Years on..."; Bethy Squires, "The Racist and Sexist History of Keeping Birth Control Side Effects Secret", *Broadly* (blog), el 17 de octubre de 2016, https://broadly.vice.com/en_us/article/kzeazz/the-racist-and-sexist-history-of-keeping-birth-control-side-effects-secret.

48. Ayala y Bernabe, eds., *Puerto Rico in the American Century....*

49. Ángel Collado-Schwarz, Francisco Catalá-Oliveras, y Juan Lara, "The Flight of the Pharmaceuticals and Commonwealth: May 27, 2010", en *Decolonization Models for America's Last Colony, Puerto Rico* (Syracuse UP, 2012), 225–27, https://doi.org/ 10.2307/j.ctt1j5dccs.41; Nick Brown, "Puerto Pobre: How Dependence on Corporate Tax Breaks Corroded Puerto Rico's Economy", *Reuters*, consultado el 25 de agosto de 2018, http://www.reuters.com/investigates/special-report/usa-puertorico-economy/.

50. Victor Villanueva, "Puerto Rico: A Neoliberal Crucible", *Journal of Cultural Economy* 8, n.º 1 (el 2 de enero de 2015): 62–74, https://doi.org/10.1080/17530350.2014.942348.

51. May Joseph, *Nomadic Identities: The Performance of Citizenship* (Minneapolis: U of Minnesota P, 1999), 136, http://public.eblib.com/choice/publicfullrecord.aspx?p=310450.

52. Pedro Cabiya, *La cabeza* (New York: Zemí Book, 2013); Pedro Cabiya, *Ma-*

las hierbas (New York: Zemí Book, [2005] 2011); Pedro Cabiya, Paolat Cruz, y Jorge Isaacs, *Maria V* (New York: Zemí Book, 2011).

53. María Helena Sánchez Ortega, "Sorcery and Eroticism in Love Magic", en *Cultural Encounters: The Impact of the Inquisition in Spain and the New World*, eds. Mary Elizabeth Perry et al. (Berkeley: U of California P, 1991), 61.

54. En la película *kaiju Gamera vs. Jiger* de 1970, Jiger, un monstruo femenino con rasgos de triceratops, penetra con un dardo el pulmón de Gamera y le implanta un óvulo parásito. Un equipo de niños científicos tiene que entrar en las entrañas de la bestia, donde utilizan ondas sonoras para matar al bebé.

55. Pedro Cabiya, Israel González, y Yovanni Ramírez, *Ánima Sola: Hambre* (Santo Domingo, R.D.: Zemí Comics, 2003), 3.

56. Cabiya, González, y Ramírez, *Ánima Sola*, 8, 15.

57. Cabiya, González, y Ramírez, *Ánima Sola*, 17.

58. Michal Kranz, "Here's How Puerto Rico Got into So Much Debt", *Business Insider*, consultado el 25 de agosto de 2018, https://www.businessinsider.com/puerto-rico-debt-2017-10.

59. "Trump lanza papel higiénico a damnificados en Puerto Rico", *Resumen Latinoamericano* (blog), el 4 de octubre de 2017, http://www.resumenlatinoamericano.org/2017/10/04/trump-lanza-papel-higienico-a-damnificados-en-puerto-rico/.

60. Joshua Hoyos y Alexander Mallin, "Death Toll in Puerto Rico from Hurricane Maria Officially Raised to 2,975 from 64", *ABC News*, el 29 de agosto de 2018, https://abcnews.go.com/US/death-toll-hurricane-maria-3000-puerto-rico-study/story?id=57179291.

61. Nellie Bowles, "Making a Crypto Utopia in Puerto Rico", *The New York Times*, el 2 de abril de 2018, https://www.nytimes.com/2018/02/02/technology/cryptocurrency-puerto-rico.html.

Obras citadas

Abbad y Lasierra, Fray Iñigo. *Historia geográfica, civil y natural de la Isla de San Juan Bautista de Puerto Rico*. Puerto Rico: Imp. y Librería de Acosta, 1866.

Alonso, Manuel A. *El Gíbaro: cuadro de costumbres de la isla de Puerto Rico*. Barcelona: D. Juan Oliveres, Impresor de S.M., 1849.

Álvarez Chanca, Dr. Diego. "Letter of Dr. Chanca on the Second Voyage of Columbus". En *The Northmen, Columbus and Cabot, 985–1503: The Voyages of the Northmen; The Voyages of Columbus and of John Cabot*. Editado por Julius E. Olson y Edward Gaylord Bourne, 279–313. New York: Charles Scribner's Sons, 1906.

Anghiera, Pietro Martire d', y Edmundo O'Gorman. *Décadas del Nuevo Mundo*. México: J. Porrúa, 1964.

Ayala, César J., y Rafael Bernabe, eds. *Puerto Rico in the American Century: A History since 1898*. Chapel Hill, NC: U of North Carolina P, 2007. https://doi.org/10.5149/9780807895535_ayala.14.

Béjar, Eduardo C. "Antonio S. Pedreira en *Insularismo*: figuración trópica triple de Puerto Rico". *Revista de Estudios Hispánicos* 17–18 (1990-1991): 319–28.

Benítez Rojo, Antonio. *La isla que se repite: el Caribe y la perspectiva posmoderna*. Hanover, NH: Ediciones del Norte, 1989.

Bowles, Nellie. "Making a Crypto Utopia in Puerto Rico". *The New York Times*. 2 de feb. de 2018. https://www.nytimes.com/2018/02/02/technology/cryptocurrency-puerto-rico.html.

Brau, Salvador. *Historia de Puerto Rico*. Río Piedras: Editorial Edil, 1983.

———. *Puerto Rico y su historia; investigaciones críticas*. Valencia: Impr. de F. Vives Mora, 1894. http://archive.org/details/puertoricoysuhis00brau.

Briggs, Laura. *Reproducing Empire: Race, Sex, Science, and U.S. Imperialism in Puerto Rico*. Berkeley: U of California P, 2002. http://www.jstor.org/stable/10.1525/j.ctt1pncqs.1.

Brown, Nick. "Puerto Pobre: How Dependence on Corporate Tax Breaks Corroded Puerto Rico's Economy". *Reuters*. Consultado el 25 de agosto de 2018. http://www.reuters.com/investigates/special-report/usa-puertorico-economy/.

Burgos Peña, Xavi. "The Hidden History of Puerto Rican Sterilization". *La Respuesta* (blog). Consultado el 1 de febrero de 2016. https://rpitremedia.blogspot.com/2018/02/the-hidden-history-of-puerto-rican.html.

Cabiya, Pedro. *La cabeza*. New York: Zemí Book, 2013.

———. *Malas hierbas*. New York: Zemí Book, 2011.

———. *Trance*. San Juan, P.R.: Grupo Editorial Norma, 2008.

Cabiya, Pedro, Paolat Cruz, y Jorge Isaacs. *María V*. New York: Zemí Book (Crown Octavo), 2011.

Cabiya, Pedro, Israel González, y Yovanni Ramírez. *Ánima Sola: Hambre*. Santo Domingo, R.D.: Zemí Comics, 2003.

Collado-Schwarz, Ángel, Francisco Catalá-Oliveras, y Juan Lara. "The Flight of the Pharmaceuticals and Commonwealth: May 27, 2010". En *Decolonization Models for America's Last Colony: Puerto Rico*, 225–27. Syracuse, NY: Syracuse UP, 2012. https://doi.org/10.2307/j.ctt1j5dccs.41.

Colón, Cristóbal. *Cristóbal Colón. Textos y documentos completos*. Editado por Consuelo Varela. Madrid: Alianza, 1982.

Cook, Michael. "50 Years on, Puerto Rico Remembers the Pill". *BioEdge*. 16

de abril de 2004. https://www.bioedge.org/bioethics/50_years_on_puerto_rico_remembers_the_pill/7766.

Curet, L. Antonio. "The Taíno: Phenomena, Concepts, and Terms". *Ethnohistory* 61, n.º 3 (el 1 de julio de 2014): 467–95. https://doi.org/10.1215/00141801-2681759.

Flores, Juan. *Insularismo e ideología burguesa: nueva lectura de A. S. Pedreira*. Río Piedras, P.R.: Ediciones Huracán, 1979.

Foucault, Michel. *Dits et Écrits (1976-1988)*, vol. II. París: Gallimard, 2001.

Hostos, Eugenio María de. *Madre Isla: campaña política por Puerto Rico, 1898-1903*, vol. V. *Obras completas*. La Habana: Cultural, 1939. http://www.cervantesvirtual.com/obra-visor/madre-isla-campana-politica-por-puerto-rico-1898-1903/html/.

———. *Moral social*. Madrid: Impr. de Bailly-Bailliere é hijos, 1906. http://archive.org/details/moralsocial00hostgoog.

Hoyos, Joshua, y Alexander Mallin. "Death Toll in Puerto Rico from Hurricane Maria Officially Raised to 2,975 from 64". *ABC News*. 29 de ago. de 2018. https://abcnews.go.com/US/death-toll-hurricane-maria-3000-puerto-rico-study/story?id=57179291.

Isaacs, Jorge. *María*. Barcelona: Vosgos, 1977.

Joseph, May. *Nomadic Identities: The Performance of Citizenship*. Minneapolis: U of Minnesota P, 1999.

Knight, Franklin. "The African Diaspora in the Americas: The Caribbean Dimension". En *African Diaspora in the Cultures of Latin America, the Caribbean, and the United States*. Editado por Persephone Braham, 9-23. Newark, DE: U of Delaware P, 2015.

Kranz, Michal. "Here's How Puerto Rico Got into So Much Debt". *Business Insider*. Consultado el 25 de agosto de 2018. https://www.businessinsider.com/puerto-rico-debt-2017-10.

Lapp, Michael. "The Rise and Fall of Puerto Rico as a Social Laboratory, 1945-1965". *Social Science History* 19, n.º 2 (1995): 169–99. https://doi.org/10.2307/1171509.

Lemke, Thomas. *Biopolitics: An Advanced Introduction*. Traducido por Eric Frederick Trump. New York: NYU P, 2011.

Lewis, Gordon K. *Main Currents in Caribbean Thought: The Historical Evolution of Caribbean Society in Its Ideological Aspects, 1492-1900*. Baltimore: Johns Hopkins UP, 1987. http://hdl.handle.net/2027/heb.04580.

Martí Carvajal, Armando J. "Sobre la población aborigen de Boriquén (Puerto Rico)". *Revista de Indias* 62, n.º 225 (2002): 495–510.

Melgar, Martín, y Luis Echenique. "Watch the Exodus and Return of Puerto Rico's Hurricane Migrants". *CityLab*. Consultado el 28 de julio de 2018.

https://www.citylab.com/environment/2018/05/watch-puerto-ricos-hurricane-migration-via-mobile-phone-data/559889/.

Miletti, Luis. "Reinterpretando a Arriví y las dinámicas raciales en Puerto Rico". *Afro-Hispanic Review* 31, n.º 1 (2012): 119–32.

Moral, Solsiree del. "Colonial Citizens of a Modern Empire: War, Illiteracy, and Physical Education in Puerto Rico, 1917-1930". *NWIG: New West Indian Guide* 87, n.º 1/2 (el 1 de marzo de 2013): 30–61.

Oboler, Suzanne. *Latinos and Citizenship: The Dilemma of Belonging.* New York: Palgrave Macmillan, 2006.

Osher Map Library. "The Diffusion of Columbus's Letter through Europe, 1493-1497". Consultado el 16 de agosto de 2018. http://www.oshermaps.org/special-map-exhibits/columbus-letter/iv-diffusion-columbuss-letter-through-europe-1493-1497.

Pabón Ortega, Carlos. "El lenguaje de la diferencia y la nación imaginada". *Op. Cit.* 8 (1994):7-10. http://dire.upr.edu/handle/11721/1494.

Pané, Fray Ramón. *Relación de Fray Ramón acerca de las antigüedades de los indios.* UW-Madison TEI edition. México: Ediciones Letras de México, 1932. http://digital.library.wisc.edu/1711.dl/IbrAmerTxt.Spa0006.

Pedreira, Antonio S. *Insularismo. Ensayos de interpretación puertorriqueña.* Editado por Angélica Barceló de Bauasorda. San Juan, P.R.: Puerto Rico Edil, 1968. http://archive.org/details/Insularismo.

Raleigh, Walter. *Brevis & admiranda descriptio || REGNI GVIANAE, AVR.* Nürnberg: Hulsius, Lievin, 1599. http://resolver.staatsbibliothek-berlin.de/SBB0001A4BB00000000.

Rodríguez, Miguel. "Entradas y cabalgadas: 1511-1513; la segunda o 'postrera' guerra contra los indios taínos de Borinquen". *Boletín del Museo del Hombre Dominicano* 42 (2008): 147–56.

Sánchez Ortega, María Helena. "Sorcery and Eroticism in Love Magic". En *Cultural Encounters: The Impact of the Inquisition in Spain and the New World.* Eds. Mary Elizabeth Perry et al., 58-92. Berkeley: U of California P, 1991.

Sarmiento, Domingo Faustino. *Facundo. Civilización y barbarie.* Buenos Aires: Editorial Losada, 1945.

Scarano, Francisco A. "The 'Jíbaro' Masquerade and the Subaltern Politics of Creole Identity Formulation in Puerto Rico, 1745-1823". *American Historical Review* 101, n.º 5 (dic. de 1996): 1398–1431.

Squires, Bethy. "The Racist and Sexist History of Keeping Birth Control Side Effects Secret". *Broadly* (blog). 17 de oct. de 2016. https://broadly.vice.com/en_us/article/kzeazz/the-racist-and-sexist-history-of-keeping-birth-control-side-effects-secret.

"Trump lanza papel higiénico a damnificados en Puerto Rico". *Resumen Latinoamericano* (blog). 4 de oct. de 2017. http://www.resumenlatinoamericano.org/2017/10/04/trump-lanza-papel-higienico-a-damnificados-en-puerto-rico/.

Uslar Pietri, Arturo. "Lo criollo en la literatura". En *Nuevo mundo, mundo nuevo*. Caracas: Biblioteca Ayacucho, 1998. http://www.cervantesvirtual.com/obra-visor/nuevo-mundo-mundo-nuevo--0/html/.

Vespucci, Américo. *Uon der neüw gefunden Region*. Ausburg: Johann Schönsperger, 1505. Consultado el 16 de ago. de 2018. https://nbn-resolving.org/urn:nbn:de:bvb:22-dtl-0000087100.

Vespucci, Amerigo, y Jean Basin. *Quattuor Americi vesputij Nauigationes*. Strasburg, 1509.

Vespucci, Amerigo, y Lorenzo di Pierfrancesco de'Medici. *Alberic[us] Vespucci[us] Laure[n]tio Petri Francisci de Medicis salutem plurima[m] dicit*. Paris: Felix Baligault and Jehan Lambert, 1503.

Villanueva, Víctor. "Puerto Rico: A Neoliberal Crucible". *Journal of Cultural Economy* 8, n.º 1 (el 2 de enero de 2015): 62–74. https://doi.org/10.1080/17530350.2014.942348.

Zeno Gandía, Manuel. *La charca*. Río Piedras, P.R.: Instituto de Literatura Puertorriqueña Universidad de Puerto Rico, 1954.

Mutantes, monstruos y zombis en el cine latinoamericano de superhéroes

Vinodh Venkatesh
VIRGINIA TECH

MUTANTES, MONSTRUOS Y ZOMBIS son sujetos arquetípicos presentes en un archivo universal de tradiciones literarias que, a su vez, siguen siendo re-imaginados de forma sincrónica y diacrónica tanto en la literatura como en las plataformas mediáticas y digitales. Caminan por las calles oscuras y vacías de ficciones distópicas, señalando un nuevo amanecer en el apocalipsis biopolítico del antropoceno; realizan actos impúdicos de carnicería en los cuentos de terror, señalando nuestros temores colectivos de contagio y/o invasión; aparecen como la antítesis del héroe heterosexual encargado de salvaguardar el *status quo* en las narrativas de fantasía. A grandes rasgos, estos tres arquetipos surgen como vectores biopolíticos de una ansiedad cultural sobresaliente que canaliza y metonimiza el *zeitgeist* de la crisis. La crisis aquí es multidimensional; puede ser económica, como reaccionaria a la crisis financiera mundial del 2008; puede ser social, cuando el zombi funciona como una metáfora de las epidemias que conllevan algún tipo de estigma social, como fue la crisis del VIH/SIDA en la década de los ochenta; también puede ser política, como se observa en el surgimiento de un género cinematográfico hegemónico basado en el paradigma de la guerra (perpetua) contra el terrorismo posterior al 2001.

Este género cinematográfico hegemónico, dentro del mercado y sistema circulatorios del cine global, es la película de superhéroes: un género caracterizado por la presencia del otro biopolítico frente a la humanidad, ya sea como un héroe que se convierte en un "súper" héroe debido a una mutación extraordinaria, o como un villano sobrenatural y sobrehumano empeñado en acabar con la civilización. Todas estas películas se caracterizan por algún tipo de otredad sobrehumana en el núcleo de la dialéctica ética del héroe-villano.

En las últimas dos décadas, el cine de superhéroes ha recaudado las ventas de boletos más altas en las taquillas estadounidenses y globales. Tal y como señala Martin Zeller-Jacques:

> desde el cambio de milenio, las películas de superhéroes producidas por Hollywood han dominado la taquilla estadounidense y mundial. Este ciclo de películas, que comienza con *X-Men* (Brian Singer, 2000), ha proporcionado tres de las diez recaudaciones más altas de todos los tiempos […] [y] obtuvo una nueva respetabilidad cultural para los superhéroes.[1]

En varios mercados latinoamericanos, las recientes películas de superhéroes han superado las ventas individuales de fin de semana y anuales; en México durante 2012, 2013 y 2015, por ejemplo, las películas con mayor recaudación fueron *The Avengers*, *Iron Man 3* y *Avengers: Age of Ultron*, respectivamente. Igual, en 2016, las tres películas más vistas en el cine mexicano pertenecen a los universos cinematográficos de Marvel y DC. Las películas de superhéroes han alcanzado una posición de hegemonía cultural inédita, estando presentes en una multiplicidad de paisajes culturales que atraviesan fronteras nacionales y lingüísticas y entrando por ósmosis comercial en la experiencia de la vida cotidiana como significantes y significados que codifican el momento presente.[2]

Un proceso paralelo al auge del superhéroe en el siglo XXI es la entrada de América Latina en el llamado paradigma neoliberal. Como parte de un cambio global codificado por la lógica del capitalismo tardío, las economías latinoamericanas se caracterizan por o han experimentado con políticas de privatización, desregulación, medidas de austeridad y mercados abiertos. Tales políticas (que tienen su raíz en el continente en los Chicago Boys de Pinochet) tenían como meta el mejoramiento de las condiciones precarias experimentadas en la década perdida de los ochenta, tras años de crecimiento económico en los respectivos "milagros" que tuvieron su auge a lo largo de la región después de la Segunda Guerra Mundial. Esta promesa, sin embargo, no se ha cumplido, ya que las economías neoliberales se caracterizan por una falta de sostenibilidad y la ampliación de brechas socioeconómicas entre la clase adinerada y las clases bajas.

Por lo tanto, podemos correlacionar el ascenso del superhéroe con un momento económico global específico: un momento condicionado por la precariedad, la escasez y la creciente desigualdad. Esto no nos debe sorprender, ya que el superhéroe tiende a aparecer en momentos de crisis, cuando el *telos* sociocultural está en su punto más frágil y el espíritu político se caracteriza por una bipolaridad viciosa. Los superhéroes dominan el imaginario colectivo cuando los héroes normales ya no son suficientes para concedernos una sensación de estabilidad. Los superhéroes galvanizan el espíritu popular cuando se cuestionan los pilares axiales e ideológicos que sustentan nuestra vida cotidiana. Como han argumentado críticos tales como Umberto Eco, Ariel Dorfman y Armand Mattelart, el superhéroe es un agente de estasis, que rescata el *status quo* cuando este está en peligro. Richard Reynolds observa que:

> la importancia ideológica del superhéroe es infligir una sensación de impotencia y resignación a los lectores [...] Un mito ideológico clave del cómic del superhéroe es que los valores positivos normales y cotidianos deben ser defendidos a través de la acción heroica [...] el superhéroe lucha en nombre del status quo [...].[3]

El superhéroe es, al fin y al cabo, un actor conservador en un momento de cambio, que lleva al espectador a un punto cero ante la crisis, sin afrontar necesariamente las condiciones subyacentes de dicha crisis. Las acciones del superhéroe tratan los síntomas sin atacar la causa fundamental de la enfermedad; de hecho, uno incluso podría argumentar que el superhéroe es como el fármaco milagroso (y bienvenido) que te quita los síntomas de las alergias ambientales sin necesariamente tratar los desequilibrios hormonales y químicos de dicha alergia en el sistema inmune.

Dicho todo esto, sin embargo, los superhéroes latinoamericanos presentes en la gran pantalla en las primeras décadas del siglo XXI son bien diferentes. Un espectador casual, por supuesto, reconocería que ningún superhéroe latinoamericano ha alcanzado la ubicuidad cultural de los diversos superhumanos de Hollywood. Esto no quiere decir que estos personajes autóctonos carezcan de profundidad narrativa o compromiso ético; más bien, a diferencia de sus colegas estadounidenses, ellos están explícitamente en contra del *status quo* neoliberal. El cine de superhéroes en Latinoamérica se enfrenta a la episteme de crisis, ya que el superhéroe busca defender la justicia y la equidad. Sus acciones desafían la lógica del capitalismo tardío, poniendo en tela de juicio las condiciones supuestamente ineludibles que nos plantea la política neoliberal. Estos superhéroes no simplemente rescatan a la doncella en apuros o al grupo inocente retenido como rehén por un supervillano, sino que, por el contrario, interrogan las condiciones que permiten dicha crisis narrativa.

Además, ponen en marcha líneas de investigación centrífugas que critican y desmantelan el *status quo* político-económico. El superhéroe es, por lo tanto, un actor biopolítico que obliga a la audiencia a abordar cuestiones difíciles de la ciudadanía y la subjetividad en el momento contemporáneo.

Las páginas que siguen sondean la presencia del otro biopolítico en el cine de superhéroes de América Latina, prestando atención a cómo estas narrativas representan y desafían la episteme neoliberal. El análisis empieza con una examinación de la presencia del tropo en el cine de los años sesenta a ochenta, un período decididamente no neoliberal, antes de pasar a un estudio de superhéroes recientes en una amplia variedad de contextos. En estas primeras películas, el superhéroe emerge como un bastión del capitalismo, que apoya al conservadurismo frente a la embestida del izquierdismo. A diferencia de esta primera etapa donde el superhéroe parece apoyar las políticas capitalistas, el superhéroe contemporáneo demuestra una afinidad hacia la crítica neoliberal y parece sugerir posibilidades y futuros alternativos para estas sociedades en crisis. El superhéroe contemporáneo es un actor positivo que engendra una crítica punzante de la episteme neoliberal que no muestra signos de desvanecerse.

Antes de continuar, es imprescindible aclarar una definición del superhéroe. Peter Coogan afirma que el arquetipo es:

> un personaje heroico con una misión universal, desinteresada, prosocial; que posee superpoderes: habilidades extraordinarias, tecnología avanzada o habilidades físicas y/o mentales altamente desarrolladas (incluidas las habilidades místicas); quien tiene una identidad de superhéroe encarnada en un nombre en clave y un traje icónico, que normalmente expresa su biografía o carácter, poderes y origen (transformación de una persona común a un superhéroe); y es genéricamente distinto, es decir, puede distinguirse de los personajes de géneros relacionados (fantasía, ciencia ficción, detective, etc.) por una preponderancia de convenciones genéricas. A menudo, los superhéroes tienen identidades duales, la ordinaria de las cuales suele ser un secreto muy bien guardado.[4]

Marc DiPaolo matiza esta definición al afirmar que "las narrativas de superhéroes [...] involucran íconos heroicos coloridos que muestran una fuerza asombrosa, inteligencia, poderes sobrenaturales y casi infalibilidad".[5] Agrega que "pueden ser el resultado de sus orígenes divinos o míticos [...]; herencia alienígena [...]; o magia", y que "hay otros superhéroes [...] que son irrelevantemente 'humanos', pero que son sumamente poderosos gracias al acceso a tecnología avanzada, o, [...] a través de los años que pasan dominando técnicas de combate y perfeccionando habilidades detectivescas".[6] Agregaría a estos postulados la importancia del reconocimiento, es decir, un superhéroe solo es súper como actor dentro de una narrativa cuando es reconocido como tal por otros actores dentro de la diegesis. Los superhéroes no pueden ser anónimos o desconocidos: tienen que ser reconocibles y reconocidos para promulgar el cambio.

El superhéroe latinoamericano tiene sus orígenes en un género cinematográfico muy visto, pero con frecuencia ignorado en los trabajos críticos: el cine de luchadores protagonizado por superestrellas como El Santo, Blue Demon y Mil Máscaras. El género aparece y se populariza durante dos crisis distintas. La primera es la conclusión de la Edad de Oro, en un momento en que la industria cinematográfica mexicana entró en una etapa de crisis debido a estructuras de financiamiento anticuadas e insostenibles y al aumento de la competencia de Hollywood en un mercado mundial posterior a la Segunda Guerra Mundial.[7] Las películas del Santo (junto con otros géneros populares como las ficheras) se produjeron como "churros" para compensar los problemas económicos de una industria que hasta hace poco había sido económicamente solvente apelando, así, a una audiencia urbana popular que no siempre se veía reflejada en las obras maestras de la Edad de Oro.[8]

En segundo lugar, el género de luchadores-superhéroes surgió cuando el milagro mexicano estaba en pleno apogeo. El Milagro describe un período de aproximadamente tres décadas donde la economía, debido a la implementación exitosa de la industrialización por sustitución de importaciones y la proliferación de la industria petrolera, estaba en perpetuo crecimiento. Una economía próspera provocó cambios demográficos significativos, como el crecimiento del ingreso per cápita, mejoras en las métricas de salud y educación y, lo que es más importante, la rápida urbanización.[9] La trayectoria positiva de la economía, sin embargo, se llevó a cabo en consonancia con el crecimiento de un sentimiento antiautoritario característico de un movimiento global a fines de los años sesenta. En México, los estudiantes de la capital organizaron protestas y huelgas para exigir mayores libertades civiles y un gobierno más transparente y democrático (el gobernante Partido Revolucionario Institucional había controlado el país desde el final de la Revolución). Sus peticiones de cambio fueron recibidas con impunidad cuando el ejército y la policía del presidente Gustavo Díaz Ordaz (y su secretario del interior, Luis Echeverría

Álvarez) ordenaron una masacre indiscriminada el 2 de octubre de 1968 en la Plaza de las Tres Culturas en Tlatelolco. El encubrimiento gubernamental posterior solo sirvió para resaltar la episteme de crisis en la que había entrado la vida civil e intelectual mexicana, aunque el país disfrutaba de un éxito económico sin precedentes. En resumen, el superhéroe mexicano nace en un momento de inestabilidad, donde el género asume múltiples roles dentro de la episteme de la crisis. Su principal impulso en este momento fue, al igual que sus primos de Hollywood, mantener un *status quo* en estado de sitio.

Las primeras películas de lucha reaccionaron a los vertiginosos cambios económicos, sociales y políticos en México, y los monstruos que lanzaron como villanos canalizaban ansiedades y preocupaciones particulares. Entre estos villanos se encuentran ciertos arquetipos, incluyendo el zombi, los mutantes y monstruos, como vampiros y hombres lobo, que ya formaban parte de la historia de Hollywood. *Santo contra los Zombies* (1961) es una de las primeras películas del Santo, y la primera en ser filmada en México (las dos películas anteriores se hicieron en Cuba). Un científico que estudia a los zombis es secuestrado y a continuación se produce una ola de crímenes perpetrada por los zombis. Después de una serie de enfrentamientos que muestran los talentos de lucha del actor, descubrimos que el verdadero villano es el hermano del científico secuestrado. Como verán, *Santo contra los Zombies* carece de profundidad narrativa y temática, pero sí presenta un modelo que las siguientes entregas en el género emularán.

La película fue parte de un período de transición en las películas de zombis. A diferencia de las películas de los años treinta y cuarenta, que describían a los zombis como referencias hiperbólicas del vudú,[10] los años cincuenta y sesenta vieron zombis atrincherados en un género popularmente conocido como "raros", o "una nomenclatura inexacta para una película poco convencional de ciencia ficción, fantasía, monstruo, zombi o película de choque, generalmente de financiamiento marginal, contenido fantástico y título ridículo".[11] Todd Platts agrega que las películas de esta época "en gran medida evitaron elementos como el vudú, el racismo, el colonialismo y la xenofobia absoluta, reemplazándolos por temores de invasión, homogeneización social, [y] apocalipsis".[12]

En *Santo contra los Zombies*, los zombis saquean a los joyeros, secuestran a huérfanos de un orfanato (para llevar a cabo experimentos humanos) y son seres humanos horribles que amenazan los pilares socioeconómicos de la clase alta. Los zombis, como argumenta Platts, "abordan los temores que son tanto inherentes a la condición humana como específicos para el momento de su resurrección".[13] El Santo como superhéroe que conquista la amenaza nohumana devuelve la civilidad y tranquilidad a una sociedad en constante cambio. El superhéroe en este momento se erige como una figura sinónima de sus homólogos norteamericanos que, hasta el día de hoy, dejan sin cuestionar los principios de la misma sociedad a la que tienen la tarea de proteger. El Santo trae estabilidad a la élite urbana que veía que sus espacios ahora estaban siendo invadidos por migrantes de las zonas rurales. El superhéroe, además, reafirma los valores de dicha clase que la clase media creciente sostenía como principios aspiracionales.

Atacan las brujas (1964) es otra película que vale la pena mencionar dentro de esta breve genealogía de superhéroes. La trama es, para decirlo con amabilidad, extraña y limitada: una joven, Ofelia, sueña que ella y El Santo deben ser sacrificados por un grupo de brujas a Satanás. Las brujas están lideradas por Mayra, quien a su vez fue sacrificada hace unos trescientos años por un pueblo histérico. Ofelia se despierta del sueño y su novio Arturo le dice que El Santo existe realmente (aparentemente son conocidos, aunque esto no se explica en la película). Nos enteramos de que Ofelia heredó una casa de sus padres, que se convertirá en suya después de vivir en ella durante un año. La secretaria de los padres fallecidos, Elisa Cárdenas, es la que entrega este mensaje, aunque luego descubrimos que la verdadera Elisa murió hace quince años. Mayra se hace pasar por la secretaria, aparentemente para obtener acceso a Ofelia como una ofrenda a Satanás. La trama consiste en que El Santo acude a la ayuda de Ofelia y lucha contra Mayra, Medusa y las otras amenazas sobrenaturales.

Si bien la trama carece de profundidad, hay algunos puntos temáticos que merecen ser señalados. Primero, el espectador no puede dejar escapar el papel de la religión en la película, lo cual no sorprende, ya que el antagonista principal es un subordinado del Diablo. De hecho, incluso podríamos decir que la verdadera superpotencia de El Santo en esta película (y en las primeras películas de su carrera) es su fe. En la escena del sueño inicial, él espanta a las brujas al pararse en forma de cruz; la sombra que proyecta es la kriptonita para los adoradores de Satanás. En una escena climática donde se enfrenta a las brujas y sus secuaces, blande una gran cruz que hace que estallen en llamas. Después de derrotarlos, la cruz también lo ayuda a curar a un apuñalado Arturo. La fe como superpotencia no debe ser una sorpresa en un terreno cultural donde la religión ha desempeñado un papel sociocultural y político central. La religión también estuvo presente tangencialmente en *Santo contra los Zombies*, ya que los zombis aquí no son producto de la magia (como fue el caso de la tradición haitiana tradicional), sino de "una especie de ciencia 'ilegítima', ya que estamos hablando de prácticas que van más allá de las leyes naturales (y de alguna manera son castigadas)".[14] Como señalan John Vervaeke, Christopher Mastropietro y Filip Miscevic:

> Si bien el zombi es un símbolo lo suficientemente versátil como para representar muchos tipos de contaminación humana, el símbolo en última instancia debe su validez a la perversión de los mitos cristianos de la muerte y la resurrección, y al hecho de que la mayoría de sus rasgos y características hayan emergido de la matriz de la cosmovisión cristiana.[15]

Añaden que el zombi "ha evolucionado para convertirse en una representación de la pérdida del dosel sagrado tradicionalmente proporcionado por el cristianismo".[16] La religión, una institución conservadora, es así una fuerza centrípeta en el núcleo del arco narrativo del superhéroe.

Si bien El Santo tiene un interés amoroso o novia en varias películas de la década del sesenta (y en futuros filmes), el nudo amoroso en *Atacan las brujas* está compuesto por Ofelia y Arturo, y no el superhéroe (este punto de la trama también se ve en *Santo en el museo de cera* [1963]). La asexualidad del superhéroe es un síntoma de un cambio social más amplio que vio la tensión entre la liberalización sexual y un pensamiento más conservador, lo que refleja la observación de Héctor Fernández L'Hoeste de que "a pesar de la revolución sexual, o precisamente a causa de ella, los productos culturales latinoamericanos de los años cincuenta y sesenta mantuvieron habitualmente un aire puritano, tratando de aferrarse al alcance efímero de lo normativo".[17] Esta característica del superhéroe en *Atacan*, combinada con el fervor religioso de sus poderes, subraya el espíritu conservador de las películas.

En medio de la mala actuación, los efectos especiales rudimentarios y los arcos narrativos repetitivos, la película hace hincapié en debates ideológicos importantes. Dorfman y Mattelart argumentan que los superhéroes viven "en un mundo del orden regido por la ley del orden [...] no pueden desviarse de la norma, son irreductiblemente buenos y concentran además todo el poder divino del orden en su cuerpo y su mente, no tienen conflicto con el mundo ni consigo mismos".[18] En línea con la lectura que hace Eco sobre Superman (publicada un año después), Dorfman y Mattelart coinciden en que el superhéroe es un bastión del *status quo*, ya que "su cruzada de rectificación moral [...] es una restauración de su mundo armónico, inmaculado. Al expulsar a la maldad, el mundo queda limpiecito, y ellos pueden veranear".[19] En esta línea de argumentación, el lector (o espectador) se autoidentifica con el héroe ya que tiene una identidad dual de "lo cotidiano" y lo "supremo y poderoso", lo que resulta en una trayectoria axial y epistemológica en la que "el único movimiento es desde lo cotidiano a lo superior y de vuelta, pero nunca dentro del mundo de lo habitual".[20] Esta línea de fuga (y retorno) es significativa, ya que concibe al superhéroe como un género de lo descomunal, una condición replicada en las películas de luchadores. Las películas de El Santo y sus contemporáneos se caracterizan por una suspensión de verosimilitud. Aunque están salpicadas por escenas de lucha (que son reales o simuladas para la película en particular), el nudo narrativo y axial de la trama gira en torno a lo irreal y lo sobrenatural que es ajeno al "mundo de lo habitual". Los monstruos, zombis y mutantes tan prevalentes como villanos en estas películas han de ser entendidos como metáforas de un momento contemporáneo en crisis, donde solo el superhéroe puede salvaguardar la supervivencia de la patria.

Estrenadas casi una década después de las películas originales de El Santo, *Kalimán, el hombre increíble* (1972) (también conocido como *Profanadores de tumbas: Kalimán, el hombre increíble*) y *Kalimán en el siniestro mundo de Humanón* (1976) son paradas importantes en nuestro bosquejo del género de superhéroes. Kalimán tiene sus inicios como un superhéroe de radionovelas cuyos misteriosos orígenes, nombre exótico y apariencia muscular crean una especie de enigma que cautiva al oyente. Pertenece a la séptima generación de la diosa Kali, de un reino remoto llamado Agharta y fue rescatado de una canasta que flotaba en un río abandonada por sus padres biológicos. El Rajá del reino de Kalimantán y su esposa adoptan al bebé, pero su destino aún no está asegurado ya que un enemigo del monarca, quien desea que no haya un sucesor, arroja al niño a un río. El niño pequeño, ahora llamado Kali, es encontrado por un hombre (Krishna) y su hijo (Ali) en la jungla india. Padre e hijo se entregan al cuidado del pequeño Kali quien madurará en habilidades, sabiduría y poderes en un viaje formativo que lo llevará por toda Asia.

Kalimán es un superhéroe del mundo, y no un personaje autóctono como fue el caso de El Santo. Fernández L'Hoeste afirma que Kalimán no es "particularmente latinoamericano", sino que es "un individuo culto y racional que usa sus impresionantes poderes físicos y mentales para ayudar a otros seres humanos en apuros"; es un "individuo refinado, conocedor de las artes marciales, filosofías orientales, dominio lingüístico, notable erudición y conocimientos occidentales".[21] El personaje posee una variedad de poderes que incluyen la capacidad de cambiar de forma, la telequinesia y la telepatía (con humanos y animales), además de una fuerza sobrehumana (aunque sus poderes reales son los de la mente).

Quizás la mayor contradicción en el personaje es su piel blanca. Fernández L'Hoeste sostiene que Kalimán es "una mezcla de marcadores étnicos, que facilita la confusión del lector y la reafirmación de muchos estereotipos".[22] Las cualidades fenotípicas y ontológicas de Kalimán no son un accidente o una coincidencia, sino que posicionan al superhéroe en un eje central alrededor del cual la cultura popular mexicana podría crear un imaginario en el que la nación (y sus lectores) se alinearía con un bloque sociocultural que reprodujera sistemáticamente un discurso orientalista. En otras palabras,

> a través de [Kalimán], México legitima su papel como parte del mundo occidental [...] cuando sus creadores imaginaron al héroe, [...] proclamaron el hecho de que los mexicanos también podrían ser orientalistas. Podrían compartir la actitud prepotente y arrogante de la mirada europea (y estadounidense) y participar en su beneficio.[23]

Fernández L'Hoeste sostiene que el objetivo de esto es crear la representación de México como un estado occidental industrializado que estaba listo para abrazar el mundo como una potencia económica en los últimos años de la década de los sesenta y setenta. Kalimán, como todos los superhéroes, es ideología, pero con una mirada hacia el interior y el exterior (a diferencia de las películas de El Santo que establecieron una agenda interna de la modernidad y lo mexicano). El superhéroe es un modelo de lo mexicano, un ser ejemplar para las clases conservadoras. Dicho todo esto, nos conviene plantear llegado este punto las cualidades biopolíticas del superhéroe frente a su momento histórico.

Mientras que la primera película de Kalimán abordaba las momias y lo sobrenatural (que era un elemento básico en las películas de luchadores), la segunda se enfrentó al otro supervillano mexicano por excelencia: el loco científico ególatra que deseaba el control completo de la raza humana. La película desarrolla una historia adaptada de "Cerebros infernales", una historia clásica de Kalimán, donde Kalimán y su compañero Solín asisten a una conferencia de parapsicología en Brasil. Allí descubren que el viejo amigo de Kalimán, el Dr. Rabadam, está muerto. En su lugar, son recibidos por su supuesta viuda, Xiomara, y el Dr. Ferrao, otro luminario del mundo de la parapsicología. El superhéroe es el objetivo de Humanón, un súper villano empeñado en experimentar con la vida humana y crear el humano perfecto. Vestido con una capucha y una túnica roja adornada con el signo de un átomo en su capa, Humanón amenaza al mundo en general al querer transformar a todos los humanos en zombis que son "seres liberados [...] todos iguales". Sus intenciones contra natura demuestran un rechazo completo de la vida humana y amenazan el tejido de la civilización.

Humanón es un villano importante porque combina el miedo al comunismo y a los movimientos estudiantiles de izquierda en un personaje singular. Mientras que las películas del Santo retrataban al antagonista extranjero como un proveedor de una ideología fascista que era antitética al espíritu de democracia revolucionaria que se propagaba en el México postrevolucionario, Humanón materializa al extranjero como un comunista malvado que busca controlar la mente y el pensamiento de Occidente. El comunismo y la amenaza de una guerra nuclear (como lo simboliza el átomo, aunque no se menciona una bomba nuclear en la película) se encuentran en el núcleo axial de la película, aunque este detalle resulta ser irónico porque la Guerra Fría en este momento ya había entrado en un período de *détente*. Quizás, entonces, el villano simbólico no sea el bloque comunista, es decir, las tensiones macropolíticas, sino el desafío político-cultural que plantea la contracultura estudiantil en México, y las masacres posteriores en 1968 (y 1971). El superhéroe, después de todo, sostiene el *status quo*, y no hay una prueba mayor de esto que el estancamiento de la vida política mexicana frente al desafío montado por una multitud de estudiantes políticamente comprometidos que demandaban un cambio real y el cumplimiento de los ideales originales de la Revolución Mexicana. Es oportuno que un superhéroe, y especialmente un superhéroe conservador como Kalimán, se enfrente a la amenaza de la izquierda y el pensamiento izquierdista.

Esto se hace a través de un retrato cómicamente patético de la izquierda a través de estereotipos que dejan poco para analizar o descifrar a la audiencia. Cuando Kalimán entra en el escondite de Humanón, se encuentra con un secuaz que proclama que "no está permitido pensar". Los zombis creados y controlados por el supervillano son también caricaturas de los pueblos indígenas de la Amazonía, lo que alimenta aún más la idea de que Humanón y todo lo que representa son un anatema para el proyecto mestizo-nacional mexicano promulgado por el PRI. El mensaje para el público es muy claro: alinearse con el villano rojo que controla la mente (y con su bárbaro grupo de zombis) es alinearse con todo lo que se interpone en el camino de un Estado-nación moderno y occidental.

La popularidad de El Santo y otras películas de superhéroes mexicanos se cerró con el cambio de la década, a medida que los precios volátiles del petróleo y las fallas estructurales en la economía mexicana dieron paso a la década perdida de los años ochenta. Los gobiernos de Miguel de la Madrid y Carlos Salinas de Gortari implementaron cambios radicales que reestructuraron la economía y la vida cotidiana, llevando al país a la era neoliberal con la firma del TLCAN y la entrada en el GATT. Estas medidas se producen en medio de un clima general de austeridad y privatización, que mueven al país de una economía proteccionista a un sistema de mercado abierto que alienta la inversión extranjera directa.

En el terreno cultural, "el tema de la crisis se instaló definitivamente en el discurso de los sectores letrados",[24] lo que conllevó cambios radicales en la distribución y el consumo del cine. Ignacio Sánchez Prado señala que la privatización del ecosistema cinematográfico "creó cambios importantes en las comunidades de espectadores y en la función social del cine",[25] es decir, audiencias de clase media que podían sostener una industria cinematográfica —las mismas que se veían aisladas del cine de luchadores y otras películas de género de los años sesenta y setenta— ahora tuvieron que volver a la sala de cine. En lugar de un cine *kitsch* de bajo presupuesto que tenía poca profundidad, el público ahora tenía que complacerse con películas que reflejaban lo que Sánchez Prado llama una estructura de sentimiento neoliberal, atrayendo a los espectadores a través de "desplazamientos en las ideologías y estéticas del cine provocadas por los cambios económicos en la producción y en la distribución".[26] A su paso, las películas mexicanas recurrieron a la comedia romántica y otros géneros que atraían a las clases media y alta, mientras que una audiencia general seguía consumiendo todo lo que Hollywood enviaba al sur de la frontera.

Los aficionados del superhéroe mexicano estaban ahora cautivados por el *boom* de la película de acción de Hollywood y sus estrellas musculosas y por la posterior ubicuidad del superhéroe. El superhéroe estadounidense salta a la pantalla con las películas de Batman de finales de los años ochenta y noventa, y luego en el siglo XXI con la serie de películas sobre los X-Men. Más recientemente, las entregas del Marvel Cinematic Universe han dominado las taquillas mexicanas y latinoamericanas, remplazando así al superhéroe local con personajes e historias importados del Norte Global, casi como un síntoma del giro neoliberal. En el cambio de época hacia el presente neoliberal, los espectadores vieron sus vidas y preocupaciones reflejadas en la homogeneización del superhéroe norteamericano que lucha contra la extinción planetaria en un escenario occidental reconocible: todas estas películas tienen lugar en el Norte Global, con la excepción de Black Panther que se desarrolla en un espacio africano futurista y fantástico.

Mientras que el superhéroe de Hollywood puede dominar las taquillas locales, también existen superhéroes latinoamericanos que se enfrentan a la episteme neoliberal. En películas, series de televisión y series web en diversos contextos como Chile, Colombia, El Salvador, Honduras y Argentina, los superhéroes latinoamericanos contemporáneos se presentan como un desafío a la hegemonía capitalista. Son una amalgama de arquetipos regionales (en gran medida reciclan los tropos del famoso luchador mexicano y el modo paródico de *El Chapulín Colorado*) y personajes archiconocidos de los universos de DC y de Marvel. Canalizan ansiedades locales específicas que ya dominan el horizonte cultural de sus respectivos contextos nacionales, es decir, estos superhéroes locales (aunque globales en su linaje y circulación) participan en conversaciones culturales, sociales, políticas y económicas *in situ*. En Chile, por ejemplo, *Mirageman* (2007) responde a los problemas de la dictadura de Pinochet y sus consecuencias traumáticas, mientras que en *Chinche Man* (2015) los temas del neoliberalismo y la violencia de pandillas en Honduras son los principales nudos temáticos. En *El Man, el superhéroe nacional* (2009), a su vez, la rápida urbanización de Colombia (y su relación con los cárteles) es la preocupación principal del protagonista paródico, mientras que la corrupción, el cinismo y las maquinaciones políticas del Estado se destacan en *Capitán Centroamérica* (series web 2011, series de televisión 2013). El Alambrista de Alfonso Sahagún Casas es un superhéroe que defiende los derechos de los inmigrantes indocumentados que cruzan la frontera entre los Estados Unidos y México en *El Alambrista: The Fence Jumper* (2005) y *El Alambrista: la venganza* (2014). Su traje es una capa y una máscara de luchador con los colores de la bandera nacional que usa mientras lucha en el ring y mientras lucha contra una pandilla de vigilantes gringos que pretenden transformar a los indefensos migrantes en una legión de zombis. Si bien estos superhéroes pueden caracterizarse superficialmente por sus presupuestos bajos y una estética *kitsch*, un estudio más agudo demuestra que estos problematizan los complejos problemas a los que se enfrenta América Latina hoy día.

Los superhéroes latinoamericanos contemporáneos están firmemente enraizados en la episteme neoliberal contemporánea; sus historias, disfraces y superpoderes aparecen dentro de un sistema mediático internacional definido por su homólogo estadounidense. Provienen de una época digital donde sus historias de origen están ligadas a la era del Internet y los teléfonos inteligentes. Casi siempre utilizan estas plataformas digitales para conectarse a su público, demostrando así un compromiso democrático con el ciudadano y no necesariamente con las instituciones de poder con las que solía alinearse el superhéroe clásico (como la policía o el servicio secreto). Son verdaderos héroes de abajo, es decir, surgen de la plebe en los momentos de mayor necesidad, lo que demuestra que el "héroe" en el superhéroe puede ser cualquier persona y no un superhumano dotado con poderes especiales. Al ser así, los superhéroes latinoamericanos, a diferencia de sus homólogos estadounidenses, cuestionan el *status quo* político-económico, en lugar de defender, como ha argumentado Umberto Eco, los principios estructurales de la injusticia que a menudo se suavizan en las narrativas arquetípicas. Al esquivar las estructuras de poder subyacentes, es decir, al operar fuera de la ley y no dentro de ella, estos superhéroes se erigen como actores democráticos que abogan por los derechos y el bienestar de la gente común.

Al ser personajes de abajo, los supervillanos a los que se enfrentan suelen ser bastante comunes en el sentido de que a menudo no son mutantes, zombis o monstruos, sino banqueros, prestamistas y jefes del crimen organizado. Tal es el caso en los ejemplos que cito arriba, ya que los villanos en estas películas son claramente normales en comparación con las amenazas sobrenaturales a las que se enfrenta la generación anterior de superhéroes mexicanos. No hay necesidad de que el monstruo sea una metáfora, como observamos en las películas ambientadas en los años sesenta a ochenta, ya que el monstruo está presente en el día a día de la realidad económica de una mayoría que vive en la desigualdad y la pobreza. Sus ansiedades colectivas no tienen que ser canalizadas a través de un villano específico, sino que están siempre presentes en el mundo cotidiano de donde surge el superhéroe.

Los propios héroes también son a menudo bastante ordinarios, sin un superpoder real. Tal es el caso de Mirageman y Chinche Man; Capitán Centroamérica, sin embargo, tiene cualidades sobrehumanas obtenidas a través de la mutación, mientras que El Man tiene un superpoder distintivo latinoamericano bajo sus mangas: su fe. El caso de Capitán Centroamérica es particularmente interesante ya que sus poderes provienen de la ingeniería genética, un calco tangible del personaje homónimo de Marvel. Algunos de sus enemigos son mutantes como él, pero no son los principales antagonistas de la trama, posición ocupada por una banda de narcotraficantes que se ha infiltrado en el gobierno y el ejército.

Otro superhéroe con poderes mutantes aparece en *Zenitram* (2010), de Luis Barone. Protagonizada por Juan Minujín y Verónica Sánchez, la coproducción argentino-española aborda temas relacionados con el Estado neoliberal, la privatización de los recursos públicos y el empobrecimiento de la población cuando las multinacionales toman el control de los recursos naturales en el año 2025. Minujín juega el papel de Rubén Martínez, un joven de un barrio periférico de Buenos Aires que trabaja como basurero. La película empieza con una voz en *off* que informa al espectador de que la ciudad se está recuperando de una sequía generada por el cambio climático y de que la apropiación y explotación capitalista de las fuentes de agua ha provocado un sufrimiento generalizado y una depresión económica; en otras palabras, "no había esperanza para la gente ni para el mundo en general". Pero la esperanza brota de los escombros de una civilización en decadencia, de "el culo del mundo", "un pibe [...] un boludo más [...] nos vino a salvar". Vistiendo la camisa albiceleste de la selección, Rubén se convierte en Zenitram, o Martínez deletreado al revés, a través de un momento de origen donde un hombre misterioso le informa de que es un superhéroe. Simplemente tiene que decir el nombre Zenitram mientras agarra sus testículos para activar sus poderes, que incluyen la capacidad de volar y la fuerza sobrehumana. Zenitram es un superhéroe mutante cuyas acciones pueden salvar este espacio futurista argentino.

La principal antagonista es una multinacional extranjera, WaterWay, encabezada por Daniel Durbán, cuyo destacado acento español peninsular evoca la reconquista económica de América Latina en la década de los noventa por parte de las grandes entidades financieras españolas. No solo roba el agua de la ciudad, sino que también quiere conquistar el interés amoroso de Rubén. Lo privado y lo público chocan, lo que lleva a Zenitram a enfrentarse a WaterWay y liberar a la población de las ataduras económicas del conquistador. La película no solo presenta una crítica de lo globalizante en el momento contemporáneo, sino que también es auto-crítica en su desenlace. En una escena, Zenitram se lamenta de que "este país destruye a sus héroes", lo que lo lleva a querer emigrar a Miami. También evidenciamos la ineficacia de la burocracia argentina, cuando el superhéroe es asignado como el nuevo Ministro de Asuntos Especiales, que en realidad es un trabajo inundado por un sinfín de papeles. A lo largo de la película, también, se critica la evolución de la izquierda en Argentina mediante una serie de conversaciones entre Rubén, Laura y Durbán. El *status quo* que ha oscilado entre mareas izquierdistas y derechistas en Argentina cae bajo la crítica punzante del superhéroe que aboga por el pueblo y no por ninguna ideología en particular.

La adaptación homónima de Nicanor Loreti en 2015 de la novela *Kryptonita* (2011), de Leonardo Oyola también es de interés. Basada en el paradigma de Elseworlds de DC Comics, que permite readaptaciones e reimaginaciones de personajes y guiones arquetípicos en contextos y universos alternativos, la película traslada a los famosos superhéroes de la Liga de la Justicia a un Buenos Aires contemporáneo. Cada personaje renace como un superhéroe local, pero mantiene la personalidad y los súper rasgos del original: Nafta Super es Superman; El Federico es Batman; Faisán es la Linterna Verde; Ráfaga tiene la velocidad sobrehumana del Flash; Cuñatai Güirá es una Chica Halcón Guaraní; y Lady Di completa la banda como una trans Wonder Woman.

La trama se desarrolla en el transcurso de una sola noche en el hospital de un barrio de clase obrera, donde la pandilla de Nafta Super llega en busca de atención médica para su líder lesionado. Allí se encuentran con un médico que se droga con pastillas para sobrevivir los largos turnos que son un producto de los recortes que sufre el sistema sanitario gracias a las medidas de austeridad ejercidas por el gobierno. La pandilla está siendo perseguida por la policía corrupta que rodea rápidamente el hospital, liderada por dos villanos que son las encarnaciones locales del Joker y Doomsday. Loreti favorece los diálogos y monólogos profundos e introspectivos sobre las secuencias de acción, lo que resulta en una película que puede ser lenta para algunas audiencias, pero un tesoro para los espectadores interesados en ver cómo estos personajes conocidos se adaptan a un entorno sociocultural bien diferente al capitalismo utópico que se ve en las películas que tienen lugar en el Norte Global. El éxito de la película en taquillas fue seguido por una serie de televisión de ocho episodios, *Nafta Súper* estrenada en 2016 y que ahora está disponible de manera gratuita a través del sitio web del productor (naftasuper.spacego.tv). La serie se despega de los eventos de la película, enfocándose más bien en la lucha contra la policía y una nueva banda de narcotraficantes que busca controlar el barrio de La Matanza. *Kryptonita* y *Nafta Súper* no se parecen a nada en el paisaje mediático de América Latina, ya que sus personajes y líneas narrativas pasan de la novela al cine y luego a las plataformas de televisión/web.

Los héroes y villanos de *Kryptonita* son mutantes y monstruos involucrados en un conflicto sobrehumano en una Argentina devastada por la austeridad neoliberal y la desolación económica. Si bien su apariencia y habilidades sugieren una realidad alternativa para el espectador, una en la que el superhombre es posible (como es el caso de las películas de Hollywood), el escenario de la trama es fácilmente reconocido por un público contemporáneo que ha vivido recientemente la turbulencia económica. Como tal, las series de cine y televisión no son tan descabelladas como se puede suponer en un principio. Es importante destacar que el antagonista tangible es el *status quo*, y no un villano de otro mundo enviado para destruir el momento presente.

El cine de superhéroes latinoamericanos contemporáneos es joven, incompleto y experimental. Estos superhéroes, sus superpoderes y los supervillanos contra los que luchan se dirigen hacia una crisis contemporánea que no muestra signos de disminuir. Dicho esto, sin embargo, es necesario señalar que el género latinoamericano se aparta de la norma al confrontar activamente el *status quo* neoliberal, instando al espectador a reconsiderar la lógica aparentemente ineludible del capitalismo y el consumismo e imaginar posibilidades y epistemologías alternativas. Ahí reside el verdadero superpoder de personajes tales como Capitán Centroamérica, Zenitram, y Chinche Man.

Notas

1. Martin Zeller-Jacques, "Daddy's Little Sidekick: The Girl Superhero in Contemporary Cinema", en *International Cinema and the Girl*, ed. de Fiona Handyside y Kate Taylor-Jones (New York: Palgrave Macmillan, 2016), 195. "since the turn of the Millennium, Hollywood-produced superhero movies have dominated U.S. and global box offices. This cycle of films, beginning with *X-Men* (Brian Singer, 2000) and continuing to the present day, has provided three of the ten highest grossing films of all time [...] [and] earned a new cultural respectability for superheroes". Todas las traducciones que aparecen en este ensayo son mías.

2. Vinodh Venkatesh, "Capitán Latinoamérica: Affect, Bodies, and Circulations in the Superhero Genre", *Arizona Journal of Hispanic Cultural Studies* 20 (2016): 270.

3. Richard Reynolds, *Superheroes: A Modern Mythology* (Jackson: U of Mississippi P, 1994), 236-37. "the ideological import of the superhero is to inflict a sense of powerlessness and resignation on readers [...] A key ideological myth of the superhero comic is that the normal and everyday enshrines positive values that must be defended through heroic action [...] the superhero is battling on behalf of the status quo".

4. Peter Coogan, "The Hero Defines the Genre, the Genre Defines the Hero", en *What is a Superhero?*, ed. de Robin Rosenberg y Peter Coogan (Oxford: Oxford UP, 2013), 3. "a heroic character with a universal, selfless, prosocial mission; who

possesses superpowers —extraordinary abilities, advanced technology, or highly developed physical and/or mental skills (including mystical abilities); who has a superhero identity embodied in a code name and iconic costume, which typically expresses his biography or character, powers, and origin (transformation from ordinary person to superhero); and is generically distinct, i.e. can be distinguished from characters of related genres (fantasy, science fiction, detective, etc.) by a preponderance of generic conventions. Often superheroes have dual identities, the ordinary one of which is usually a closely guarded secret".

5 Marc DiPaolo, *War, Politics and Superheroes: Ethics and Propaganda in Comics and Film* (Jefferson: McFarland, 2011), 2. "superhero narratives [...] involve colorfully garbed heroic icons that demonstrate uncanny strength, intelligence, supernatural powers, and near-infallibility".

6. DiPaolo, *War, Politics...*, 2. "may be a result of their divine or mythical origins [...]; alien heritage [...]; or magic"; "there are other superheroes [...] who are unremarkably 'human,' but are made supremely powerful by access to advanced technology, or, [...] through spending years mastering fighting techniques and honing detective skills".

7. Charles Ramírez Berg, *Cinema of Solitude: A Critical Study of Mexican Film, 1967-1983* (Austin: U of Texas P, 1992), 37.

8. Paul Schroeder Rodríguez, *Latin American Cinema: A Comparative History* (Berkeley: U of California P, 2016), 116.

9. Francisco Alba y Joseph Potter, "Population and Development in Mexico since 1940: An Interpretation", *Population and Development Review* 12, n.º 1 (1986): 47.

10. Bryan Senn, *Drums O Terror: Voodoo in Cinema* (Baltimore: Luminary, 1998), 11.

11. Thomas Doherty, *Teenagers and Teenpics: The Juvenilization of American Movies in the 1950s* (Philadelphia: Temple UP, 2002), 119. "weirdies"; "an inexact nomenclature for an offbeat science fiction, fantasy, monster, zombie, or shock film, usually of marginal financing, fantastic content, and ridiculous title".

12. Todd Platts, "Locating Zombies in the Sociology of Popular Culture", *Sociology Compass* 7, n.º 7 (2013): 550. "largely eschewed elements such as voodoo, racism, colonialism, and outright xenophobia, replacing them with fears of invasion, social homogenization, [and] apocalypse".

13. Platts, "Locating Zombies...", 547. "address fears that are both inherent to the human condition and specific to the time of their resurrection".

14. Sara Molpeceres, "The Zombie: A New Myth in the Making. A Political and Social Metaphor", *Journal of Comparative Literature and Aesthetics* 40, n.º 2 (2017): 157. "a sort of 'illegitimate' science, as we are talking about practices that go beyond natural laws (and are somehow punished)".

15. John Vervaeke, Christopher Mastropietro y Filip Miscevic, *Zombies in Western Culture: A Twenty-First Century Crisis* (Cambridge: Open Book, 2017), 5. "while the zombie is a versatile enough symbol to stand for many kinds of human defilement, the symbol ultimately draws its aptness from being a perversion of the Christian mythos of death and resurrection, and that most of its traits and features have emerged from, and harken back to, the matrix of the Christian worldview".

16. Vervaeke, Mastropietro y Miscevic, *Zombies...*, 5. "has evolved to become a representation of the loss of the sacred canopy traditionally provided by Christianity".

17. Héctor Fernández L'Hoeste, "Race and Gender in The Adventures of Kalimán", en *Redrawing the Nation: National Identity in Latin/o American Comics*, ed. de Héctor Fernández L'Hoeste y Juan Poblete (New York: Palgrave Macmillan, 2009), 66. "despite the sexual revolution—or precisely because of it—Latin American cultural products of the 1950s and 1960s habitually upheld an ersatz puritanical air, trying to cling to society's vanishing grasp of the normative".

18. Ariel Dorfman y Armand Mattelart, *Para leer al pato Donald* (La Habana: Ed. de Ciencias Sociales, 1975), 140.

19. Dorfman y Mattelart, *Para leer...*, 140.

20. Dorfman y Mattelart, *Para leer...*, 140-41.

21. Fernández L'Hoeste, "Race and Gender...", 58. "particularly Latin American"; "a cultured, rational individual who uses his impressive physical and mental powers to assist fellow human beings in distress"; "refined individual, cognizant of martial arts, Oriental philosophies, linguistic proficiency, remarkable erudition, and Western know-how".

22. Fernández L'Hoeste, "Race and Gender...", 61. "a mishmash of ethnic markers, facilitating the reader's confusion and the re-affirmation of many stereotypes".

23. Fernández L'Hoeste, "Race and Gender...", 62. "through [Kalimán], Mexico legitimates its role as part of the Western world [...] when his creators envisioned the hero, they were [...] proclaiming the fact that Mexicans could also be Orientalists. They could share the prepotent, arrogant attitude of the European (and U.S.) gaze and partake in its benefit".

24. Patricia Cabrera López, *Una inquietud de amanecer: literatura y política en México, 1962-1987* (México: Plaza y Valdés, 2006), 342.

25. Ignacio Sánchez Prado, *Screening Neoliberalism: Transforming Mexican Cinema, 1988-2012* (Nashville: Vanderbilt UP, 2015), 6. "led to major changes in the communities of spectatorship and in the social function of film".

26. Sánchez Prado, *Screening Neoliberalism...*, 6. "displacements in the ideologies and aesthetics of cinema brought about by the economic changes in production and distribution".

Obras citadas

Alba, Francisco y Joseph Potter. "Population and Development in Mexico since 1940: An Interpretation". *Population and Development Review* 12, n.º 1 (1986): 47-75.

Atacan las brujas. Dir. José Díaz Morales. México: Cinecomisiones, 1968. DVD, 76 min.

Cabrera López, Patricia. *Una inquietud de amanecer: literatura y política en México, 1962-1987*. México: Plaza y Valdés, 2006.

Capitán Centroamérica. Dir. Andrés Díaz. San Salvador: Puuuya, 2011. *YouTube*. Accesso el 13 de noviembre de 2018. https://www.youtube.com/watch?v=EnvgAi_sHpk.

Chinche Man. Dir. Igor Padilla. Tegucigalpa: IP Entretenimiento, 2015. 82 min.

Coogan, Peter. "The Hero Defines the Genre, the Genre Defines the Hero". En *What is a Superhero?* Edición de Robin Rosenberg y Peter Coogan, 3-10. Oxford: Oxford UP, 2013.

DiPaolo, Marc. *War, Politics and Superheroes: Ethics and Propaganda in Comics and Film*. Jefferson: McFarland, 2011.

Doherty, Thomas. *Teenagers and Teenpics: The Juvenilization of American Movies in the 1950s*. Philadelphia: Temple UP, 2002.

Dorfman, Ariel, y Armand Mattelart. *Para leer al pato Donald*. La Habana: Ed. de Ciencias Sociales, 1975.

Eco, Umberto. "The Myth of Superman". *Diacritics* 2, n.º 1 (1972): 14-22.

Fernández L'Hoeste, Héctor. "Race and Gender in The Adventures of Kalimán". En *Redrawing the Nation: National Identity in Latin/o American Comics*. Edición de Héctor Fernández L'Hoeste y Juan Poblete, 55-80. New York: Palgrave Macmillan, 2009.

Kalimán, el hombre increíble. Dir. Alberto Mariscal. México: Kalifilms, 1972. DVD, 107 min.

Kalimán en el siniestro mundo de Humanón. Dir. Alberto Mariscal. México: Kalifilms, 1976. DVD, 103 min.

Kryptonita. Dir. Nicanor Loreti. Buenos Aires: Crudo Films, 2015. DVD, 80 min.

Mirageman. Dir. Ernesto Díaz Espinoza. Santiago: Mandrill Films, 2007. DVD, 90 min.

Molpeceres, Sara. "The Zombie: A New Myth in the Making. A Political and Social Metaphor". *Journal of Comparative Literature and Aesthetics* 40, n.º 2 (2017): 151-68.

Nafta Súper. Dir. Nicanor Loreti. Buenos Aires: Crudo Films, 2016. DVD.

Platts, Todd K. "Locating Zombies in the Sociology of Popular Culture". *Sociology Compass* 7, n.º 7 (2013): 547-60.

Ramírez Berg, Charles. *Cinema of Solitude: A Critical Study of Mexican Film, 1967-1983*. Austin: U of Texas P, 1992.

Reynolds, Richard. *Superheroes: A Modern Mythology*. Jackson: U of Mississippi P, 1994.

Sánchez Prado, Ignacio. *Screening Neoliberalism: Transforming Mexican Cinema 1988-2012*. Nashville: Vanderbilt UP, 2015.

Santo contra los Zombies. Dir. Benito Alazraki. México: Filmadora Panamericana, 1962, DVD, 85 min.

Schroeder Rodríguez, Paul. *Latin American Cinema: A Comparative History*. Berkeley: U of California P, 2016.

Senn, Bryan. *Drums O Terror: Voodoo in Cinema*. Baltimore: Luminary, 1998.

Venkatesh, Vinodh. "Capitán Latinoamérica: Affect, Bodies, and Circulations in the Superhero Genre". *Arizona Journal of Hispanic Cultural Studies* 20 (2016): 269-84.

Vervaeke, John, Christopher Mastropietro and Filip Miscevic. *Zombies in Western Culture: A Twenty-First Century Crisis*. Cambridge: Open Book, 2017.

Zeller-Jacques, Martin. "Daddy's Little Sidekick: The Girl Superhero in Contemporary Cinema". En *International Cinema and the Girl*. Edición de Fiona Handyside y Kate Taylor-Jones, 195-206. New York: Palgrave Macmillan, 2016.

Zenitram. Dir. Luis Barone. Buenos Aires: Agua Films, 2010. DVD, 103 min.

SOBRE LOS AUTORES

Persephone Braham es profesora asociada de Letras Hispánicas en la Universidad de Delaware, EE. UU., con especialización en el Caribe. Es autora de las obras monográficas *From Amazons to Zombies: Monsters in Latin America* (Bucknell, 2015) y *Crimes Against the State, Crimes Against Persons* (Minnesota, 2004), editora de *African Diaspora in the United States, Latin America and the Caribbean* (Delaware, 2014), y autora de numerosos artículos sobre la monstruosidad, el género y la raza en América Latina y el Caribe.

María del Carmen Caña Jiménez es profesora asociada de Estudios Hispánicos en la Universidad de Virginia Tech. Es autora de numerosos artículos académicos sobre violencia, ciudadanía, neoliberalismo y afectos en la narrativa, el cine y la televisión latinoamericanas. Es también co-editora junto con Vinodh Venkatesh de *Horacio Castellanos Moya: el diablo en el espejo* (Albatros, 2016) y de la edición especial "Affect, Bodies, and Circulations in Contemporary Latin American Film" (*Arizona Journal of Hispanic Cultural Studies*, 2016) y editora de la edición especial "Beyond Violence (Criticism) in Contemporary Hispanic Narratives and Cinemas" (*Hispanófila*, 2016). En la actualidad está trabajando sobre seriales televisivos.

Antonio Córdoba es profesor asociado en Manhattan College, donde imparte clases sobre cultura, literatura y cine de Latinoamérica y España. Su área de especialización principal es la ciencia ficción hispanohablante en cualquier medio: literatura, cine, televisión y cómics. También se interesa por la intersección entre la modernidad y el concepto de lo sagrado. Ha publicado *¿Extranjero en tierra extraña?: el género de la ciencia ficción en América Latina* (2011) y coeditado el volumen *The Modern and the Sacred in Urban Spain: Beyond the Secular City* (2016). Ha publicado también artículos sobre la literatura de ciencia ficción latinoamericana y sobre películas de terror y de ciencia ficción en España y en Brasil.

Wesley Costa de Moraes imparte clases de español, literatura y cultura latinoamericanas en la Universidad de Nueva York en Geneseo. Nacido en Brasil, recibió su maestría en español en Virgina Tech y su doctorado, también en español, en la Universidad de Carolina del Norte en Chapel Hill. Sus intereses académicos incluyen el género, la identidad, la ciudadanía, los animales y la ecocrítica en la ficción contemporánea de América Latina. Se dedica mayormente a narrativas escritas por autores del Cono Sur, aunque su estudio de literatura brasileña ha contribuido a expandir los vínculos entre la ficción escrita en español y portugués en América Latina, tanto en su investigación como en su práctica docente. Ha publicado en revistas como *Revista Iberoamericana* y *Transmodernity*, además de haber co-coordinado una edición especial sobre literatura brasileña para *Romance Notes*.

Sandra Garabano es profesora asociada de Literatura Latinoamericana en la Universidad de Texas, El Paso. Ha publicado el libro *Reescribiendo la nación: la narrativa de Ricardo Piglia* (Universidad Autónoma de Ciudad Juárez, 2003) y artículos sobre la relación entre género y modernidad en la obra de Inés Echeverría Bello, Pedro Lemebel, y Diamela Eltit. Actualmente está investigando las relaciones entre políticas raciales y la representación de lo popular en la literatura chilena. Como parte de este proyecto ha publicado "Una herencia monstruosa: mestizaje y modernización en Chile" en la *Revista Iberoamericana* y "The Brilliance of Progress: People, Nature and Nation" en el *Journal of Latin American Cultural Studies*.

Lucía Herrera Montero es lingüista. Obtuvo su maestría en Letras y Estudios de la Cultura en la Universidad Andina Simón Bolívar, sede Ecuador, y su doctorado en el departamento de Lenguas y Literaturas Hispánicas de la Universidad de Pittsburgh, Estados Unidos. Ha sido profesora en los programas de maestría en Comunicación y Literatura de la Universidad Andina Simón Bolívar, y en los departamentos de Comunicación y Antropología de la Universidad Politécnica Salesiana, sede Quito, donde también ejerció los cargos de directora de la Escuela de Comunicación y del Área de Humanidades. Actualmente reside en Alemania y trabaja en calidad de investigadora independiente. Sus estudios exploran la manera en que diversos tipos de narrativas, tanto de carácter oral como escrito, dan cuenta de cuerpos y subjetividades marginales que, desde la perspectiva de los discursos oficiales y hegemónicos en América Latina, son considerados superfluos, carentes de valor y, con excesiva frecuencia, incluso desechables.

Vinodh Venkatesh es profesor de literatura, cultura y cine latinoamericanos en la Universidad de Virginia Tech. Es autor de varios ensayos académicos así como de los libros *The Body as Capital: Masculinities in Contemporary Latin American Fiction* (The University of Arizona Press, 2015), *New Maricón Cinema: Outing Latin American Film* (The University of Texas Press, 2016) y *Capitán Latinoamérica: Superheroes in Cinema, Television, and Web Series* (SUNY Press, 2020). Es también coeditor con María del Carmen Caña Jiménez de *Horacio Castellanos Moya: el diablo en el espejo* (Albatros, 2016) y de la edición especial "Affect, Bodies, and Circulations in Contemporary Latin American Film" (*Arizona Journal of Hispanic Cultural Studies*, 2016).

Sergio Villalobos-Ruminott es profesor de literatura latinoamericana en la Universidad de Michigan. Recibió su doctorado en la Universidad de Pittsburgh (2003). Es autor de *Soberanías en suspenso. Imaginación y violencia en América Latina* (Argentina, 2013), *Heterografías de la violencia. Historia Nihilismo Destrucción* (Argentina, 2016), *La desarticulación. Epocalidad, hegemonía e historicidad* (Chile, 2019). Actualmente prepara un volumen sobre literatura y destrucción en América Latina.

www.ingramcontent.com/pod-product-compliance
Lightning Source LLC
Chambersburg PA
CBHW021839220426
43663CB00005B/322